KB212617

세계 최초로
세 가지 번역을 주제에 따라 단락을 나누어

읽으면 이해되는 요한계시록

AN EXPOSITION OF

THE REVELATION OF JOHN

손법상 편저

박문사

"그가 큰 음성으로 이르되 하나님을 두려워하며 그에게 영광
을 돌리라 이는 그의 심판의 시간이 이르렀음이니 하늘과 땅과
바다와 물들의 근원을 만드신 이를 경배하라 하더라" (계14:7)

읽으면 이해되는
요한계시록

추천의 글

손법상 목사의 《읽으면 이해되는 요한계시록》은 한 번 읽고 지나칠 책이 아니다. 요한계시록에 대한 올바른 이해를 얻고 싶은 신앙인이라면 가까이 두고 필요할 때마다 펼쳐보아야 할 책이다. 이 책은 요한계시록에 대해서 저자가 쓴 삼부작의 완결본이라고 하겠다. 첫 작품인 계시록의 해석원리와 주요 주제를 다룬 《영원한 복음》과, 계시록 본문에 대한 두 권의 강해서 《쉽게 배우는 요한계시록, 예수 재림의 비밀과 실상》에 이어서, 세 번째로 계시록 본문 자체를 알기 쉽게 풀어서 번역한 것이다. 그러므로 이 책의 가치와 유용성은 앞선 두 작품들과 더불어 사용할 때 더욱 커지게 된다.

저자는 목회자이다. 목회자의 심정으로 썼기에, 난해하다고 여겨지는 요한계시록의 내용을 쉽고 분명하게 전달해준다. 저자가 요한계시록에 대해서 전문적인 연구를 하게 된 배경에는, 스스로 "저는 주님을 사랑하고, 교회를 사랑하고, 성도들을 사랑하는 목사"라고 밝히고 있듯이, 목회자로서의 교인들에 대한 깊은 사랑이 놓여 있다. 요한계시록을 내세운 이단적 사설에 미혹되어 교회를 떠나게 된 교인들이 어디 하나 둘이겠는가? 그렇지만 저자는 그런 교인들을 보며 안타까운 심정으로, 요한계시록에 대한 올바른 해석을 통해서 저들을 위로하고 바른 신앙의 길로 인도하기 위해서, 자신이 직접 연구에 뛰어들었던 것이다.

요한계시록은 고난의 자리에서 쓴 책이다. 사도 요한 이래로 '밧모 섬'은 고난의 현장을 상징하는 표현이 되었다. 보름스에서 열린 신성로마제국 의회 앞에 소환된 종교개혁자 마틴 루터는 참 믿음을 지키기 위해서 교황과 황제의 절대

권력에 맞서야 했고, 결국 박해자의 칼날을 피해서 바르트부르크 성에 갇힌 신세가 되었다. 루터는 '나의 밧모 섬'이라고 불렀던 바르트부르크 성에 숨어 지내야 했던 고난의 시기에, 그가 사랑한 모든 사람들이 하나님의 말씀을 읽고 깨달을 수 있도록 하기 위해서 성경을 번역했다. 계시록에 대한 손법상 목사의 책도 고난의 과정을 믿음으로 이겨낸 인내의 결실이다. 저자에게도 '밧모 섬'의 시기가 있었다. 교회를 다시 일으켜 세우기 위해서 애써야했던 고통스러운 시기에, 손목사는 묵묵히 요한계시록을 읽고 번역하고 해석하는 일에 전념했다.

이 책이 담고 있는 계시록 본문 번역과 해설에는 '성경으로 성경을 해석하는' 종교개혁의 해석원리가 반영되어 있다. 그리고 말씀의 해석을 통해서 믿음을 바로 세우고, 하나님의 교회를 바로 세워왔던 개혁신앙의 진면목이 드러난다. 그래서 이 책을 읽다보면, 예수 그리스도를 중심으로 한 신앙, 하나님의 의義가 실현되는 하나님의 역사, 그리고 하나님의 나라를 실현하기 위한 도구로 세움받은 교회의 소중함을 복음에 기초해서 온전하게 배우게 된다.

요한계시록은 교회의 책이다. 교회의 미래를 염려하는 사람은 오늘의 교회의 모습을 계시록의 말씀에 비추어 보아야 한다. 저자는 오늘의 교회가 성도들이 겪어야 할 고난을 직시하도록 가르치기보다, "세상과 똑같은 성공의 가치관을 가지고 교회 성장을 추구하기 시작하면서부터" 본래의 거룩함을 상실했다고 지적한다. 저자에 의하면 교회가 온갖 시련과 도전을 극복하고 "하나님의 영광의 빛으로 가득 싸여 있는 교회"로 바로 서려면 하나님의 말씀이, 무엇보다 요한계시록의 말씀이 바르게 해석되고 적용되어야 한다.

이 책으로 인해서 계시록의 말씀을 바르게 이해하게 되고, 하나님의 말씀이 주시는 "큰 위로와 소망"을 받게 되는 신앙인들이 늘어나기를 기대한다.

한국 기독교 장로회 목회와 신학 연구소 소장 이재천

머리말

　필자는 계시록을 연구하면서 세 가지 방면에서 계시록에 대한 책을 집필하였습니다. 첫 번째 책인 요한계시록 연구 시리즈 제 1권 《영원한 복음》(고려글방)에서는 계시록의 일곱 가지 해석 원리와 계시록을 이해하는 데 필요한 열두 가지의 주요 주제들 그리고 필자가 번역한 계시록의 본문을 실었습니다.

　요한계시록 연구 시리즈 두 번째는 전북 CBS 방송을 통해 1년 동안 계시록 전체 본문을 〈정통 교회와 이단들의 성경 해석 차이를 보여주는 손법상 목사의 요한계시록 강해〉라는 제목으로 강해하며 설교한 내용을 《배우기 쉬운 요한계시록 – 예수 재림의 비밀과 실상》(박문사)이라는 제목으로 두 권으로 나누어 출판하였습니다.

　두 번째 출판한 책들에는 《영원한 복음》에 담은 계시록의 해석 원리와 사도적 전승에 따른 바른 성경 해석과 기독교 이천 년 역사 속에서 형성되어 온 정통 기독교 교리에 근거하여 본문을 주해註解한 계시록 전체의 본문 강해를 담았습니다.

　또한 《배우기 쉬운 요한계시록 – 예수 재림의 비밀과 실상》에는 계시록에 대한 이단들의 주장을 계시록 본문 주해註解에서 비교 분석하여 그들의 해석이 정통교회의 해석과 어떤 면에서 차이가 있는지를 드러냄으로써 왜 그들의 해석과 주장이 잘못되었는지를 밝혀 놓았습니다.

　계시록 연구 시리즈의 세 번째 책인 이 책 《읽으면 이해되는 요한계시록》은 필자가 앞에 저술한 책들에서 밝힌 내용들과 같은 맥락에서 계시록에 대한 연구와 이해를 보다 더 쉽게 하기 위해 집필한 것입니다.

《영원한 복음》에서 밝힌 것처럼 계시록 전체는 11장까지의 전반부와 12장부터의 후반부로 나눌 수 있고 과거-현재-미래의 관점에서 세 부분으로 나눌 수도 있습니다. 그리고 또한 말세지말末世之末에 찾아올 환난의 시기를 상징하는 7년 환난을 중심으로 네 부분으로 나눌 수도 있고 "이일 후에"라는 특정한 용어를 중심으로 사건을 전개해가는 요한 사도의 성경 기술 방법에 따라 계시록 전체를 환상 속에 보인 사건들을 중심으로 아홉 부분으로 나누어 볼 수도 있습니다.

그 여러 가지 방법 가운데 이 책 《읽으면 이해되는 요한계시록》은 계시록의 저자인 요한 사도의 성경 기술 방식을 존중하여 아홉 부분으로 나누어 살펴보았습니다.

제Ⅰ부에서는 계시록 전체를 크게 아홉 개의 큰 사건으로 나누고 각 본문들을 주제와 단락에 따라 세세하게 나누어 자세히 살피도록 간단한 설명과 함께 소제목을 붙여 본문을 배열했습니다.

이 책에 쓰인 성경 본문은 개역 개정판과 N. I. V. 그리고 본문이 담고 있는 신학적인 의미와 그 시대의 역사 속에서 단어나 본문이 담고 있는 상징과 비유의 의미를 필자가 풀어 쓴 목자역을 같이 실었습니다. 이 세 본문들을 비교하면서 나누어진 단락에 따라 그 말씀들을 주의 깊게 묵상하면서 읽어가면 많은 영적인 통찰력을 얻을 수 있습니다.

또한 본문들 다음에 "묵상과 적용"을 위한 공간을 두어 본문을 읽어가면서 느낀 영적인 감흥들을 기록하고 생활 속에 적용하도록 했습니다. 이는 성경을 공부하는 공동체의 모임이나 개인의 Q.T를 통해 활용할 수 있습니다.

Ⅱ부에서는 필자가 번역한 계시록 전체를 연속해서 함께 실음으로써 한 번에 계시록을 읽어 가면서 계시록의 내용을 좀 더 쉽게 이해하도록 했습니다.

Ⅲ부에서는 필자가 진행하는 요한계시록 세미나에서 다루는 주제들의 내용을 간략하게 요약하여 실었습니다. 이 내용은 각 교회나 단체에서 계시록을 강의하기 원하시는 분들이 쉽게 활용할 수 있을 것입니다.

요한계시록은 하나님께서 다음과 같은 것들을 우리들에게 알려주시기 위하여 예수님에게 주신 것을 예수님이 주님을 섬기는 천사들을 통하여 요한에게 주신 말씀입니다.

1) **예수님만이 구세주이시고 심판지이시고 완성자이다.** 계시록은 부활하사 심판주로 다시 오실 예수님의 모습과 심판주가 되시는 예수님의 모습과 천국의 영광 가운데 보좌에 앉으신 예수님의 모습을 보여준다.

2) **예수님의 재림과 심판과 구원의 완성을 알도록 하신 분은 하나님이시다.** 성경 전체는 성령의 감동으로 쓰인 책인데 그 가운데 특히 계시록은 처음 1장 1절에서 성부 하나님이 직접 계시의 근본이요 원천이 되심을 밝혀주고 있다.

3) 그 계시는 예수님에게 주어졌고 예수님은 그 계시를 천사들을 통하여 요한에게 **알게 하심으로 계시록은 요한을 통하여 하나님의 종들과 교회들에게 주어진 계시이다.** 그러므로 이 말씀에 비추어 우리는 지금 우리 교회와 성도들의 모습이 어떠한지를 알 수 있게 되고 교회가 순결한 신부의 모습으로 주님을 맞이할 수 있도록 준비하게 된다. 이 준비는 교회 전체의 집단적인 것인 동시에 성도들 개인의 몫이다.

4) 계시록은 하나님께서 교회와 성도들에게 주신 말씀이기에 교회와 성도들에게는 **열려진 책이고 교회 밖에는 닫혀 있는 비밀의 책이다.** 그러므로 이 계시록의 말씀을 읽는 자와 듣는 자들과 그 말씀을 마음에 새기고 지키는 자들은 복이 있다.

5) **계시록의 주제는 신정론神正論이다. 하나님의 사랑은 하나님의 정의가 온전히 실현됨으로 완성된다.** 계시록에는 하나님께서 하나님의 정의를 온전히 이루시기 위해 죄악으로 가득 찬 세상을 어떻게 심판하시는지를 보여주는 여러 사건들이 나온다. 또 그 심판의 도구로 쓰이는 천사나 사탄과 귀신과 같은 다양한 영적인 존재들의 모습도 보여준다. 하나님께서는 때때로 하나님의 뜻에 따라 선한 자들과 천사들뿐만 아니라 악한 자들과 악한 영들을 쓰시기도 한다.

6) 계시록은 말세에 구원받을 사람들과 구원받지 못할 사람들의 존재를 명확하게 구분하여 보여준다. 그러므로 이 계시록의 말씀을 깊이 묵상하고 가슴에 새기면 오늘 우리가 주의 종으로서 또는 성도로서 어떻게 살아야 하는지 명확하게 알 수 있게 된다. 계시록은 믿음을 가진 자들이 시험과 환난이 많은 이 세상을 이기기 위해 어떻게 살아야 하는지에 대하여 말씀하고 있다. 따라서 구원으로 초청하는 중생重生을 위한 믿음보다는 성도로서 구별된 삶을 살아야 하는 성화聖化의 행위를 강조한다. 믿음 때문에 구원하시는 하나님은 행위대로 심판하신다.

7) 계시록에는 용이나 짐승이나 음녀와 바벨론과 같은 상징과 비유가 많이 사용되고 있다. 그러나 계시록은 성경 가운데 가장 늦게 쓰인 책이기 때문에 그 상징과 비유의 내용들은 대부분 이미 구약성경이나 계시록보다 먼저 쓰인 성경들에 있는 내용들을 인용하거나 종합한 것들이다.

그러므로 그 상징과 비유들을 자기 생각이나 입맛대로 억지로 해석하지 않고 예수 그리스도를 통한 하나님의 구원역사를 보여주는 신구약 성경 전체의 가르침을 따라 제대로 바르게 해석해야 한다.

그렇게 하면 우리는 이 계시록을 통하여 신구약 성경 전체를 통해 말씀하시는 하나님의 구원에 대한 섭리와 역사 경륜에 대해 알 수 있게 된다.

8) 계시록은 예수님의 재림과 더불어 이루어질 이 세상의 악한 자들과 적그리스도인 권력자들과 거짓 선지자들과 악한 영들인 귀신들과 귀신들의 왕인 사탄에 대한 심판을 보여준다. 그들의 마지막은 유황불이 타오르는 불 못이다. 그들은 그곳에서 영원한 형벌을 받는다. 이 심판은 최종적이고 영원한 심판으로 다시는 돌이킬 수 없는 것이다. 그러므로 성도는 이단의 미혹에 넘어가면 안 된다.

9) 계시록은 예수님의 마지막 심판 후에 이루어질 천국 곧 죽음이나 질병이나 고통이 없는 영원한 생명과 평안이 넘치는 새로운 세상을 우리에게 보여준다. 이와 같이 계시록의 내용은 이 역사 안에서 이루어질 일들을 보여주는 동시에 이 역사를 초월하는 새로운 세상을 우리에게 보여준다. 계시록이 보여주는 이 영원한 천

국이 우리 성도들의 본향이요 우리 모두가 가야 할 곳이다.

10) 계시록은 크게 보면 마치 8막 9장의 연극처럼 "이일 후에"라는 용어를 중심으로 아홉 가지의 사건이 연속되는 것으로 구성되어 있다. 그래서 계시록의 큰 사건의 틀을 아홉으로 나누어서 그 내용을 읽으면 누구나 쉽게 그 내용을 이해할 수 있다.

또한 계시록의 모든 사건들은 성도들의 이해를 빠르게 할 수 있도록 상징이나 비유와 같은 도구들을 통해 마치 그림을 보고 설명하는 것처럼 그림 언어로 쓰여 있다. 글은 이성의 언어이지만 그림은 감성의 언어이다. 그러므로 그림처럼 보여지는 상징과 비유의 의미를 바로 알면 계시록은 다른 성경들보다 훨씬 더 빠르고 쉽게 그 내용을 이해할 수 있다.

계시록은 계시록이 쓰여 질 당시 예수님을 믿는다는 이유만으로 재산을 빼앗기고 살던 곳에서 내쫓기고 잡혀서 옥에 갇히고 짐승들의 밥이 되고, 예수님을 부인할 것을 강요당하면서도 믿음을 부인하지 않고 순교하던 주의 종들과 성도들에게 주신 하나님의 말씀입니다.

계시록은 그 모진 핍박과 고난 속에서도 "오직 예수"의 믿음으로 천국을 소망하며 오직 하나님의 말씀과 예수님의 보혈의 능력에 의지하여 순결한 믿음을 지키며 순교하던 주의 종들과 짐승들(적그리스도와 거짓 선지자들)의 핍박을 믿음으로 이기며 승리한 거룩한 성도들의 기록입니다.

계시록은 하나님께서 1세기 말 고난 중에 있는 성도들이 그 박해를 이기고 순결한 성도로서 끝까지 승리하도록 그들의 믿음을 격려하고 이길 힘을 주시려고 주의 종들과 성도들에게 주신 말씀입니다.

또한 이 계시록의 말씀은 그 시대를 넘어 오늘 우리 시대에도 말세에 대한 바른 이해와 악한 세상에서 바른 믿음으로 주님을 섬기며 교회를 섬기는 아름다운 신앙생활을 하도록 오늘 우리에게도 주어진 하나님의 말씀입니다.

그러므로 이 귀한 계시록의 말씀을 누구나 읽으면 쉽게 알 수 있도록 풀어 쓴 이 책을 통하여 주의 종들과 성도들은 흐트러진 신앙을 바로 세우고 순결한 신부가 되기를 바랍니다. 그리고 아직도 예수님을 알지 못하고 믿지 못하는 분들에게 예수 그리스도 안에 있는 영원한 복음을 전하여 그들에게도 구세주이신 예수님을 믿고 천국 갈 수 있는 길이 신속하게 열리게 되기를 소망합니다.

　계시록의 핵심주제는 주님의 재림과 함께 이루어질 마지막 심판과 새 하늘과 새 땅 곧 영원한 천국인 하나님의 나라입니다. 이 천국은 우리 모든 믿는 신실한 성도들과 참된 주의 종들의 영원한 소망이며 우리 모두가 들어가야 할 본향입니다.

　그러나 천국으로 가는 그 길은 결코 평탄하거나 순탄한 길이 아닙니다. 계시록은 그 영원한 하늘나라인 천국으로 가는 여정에서 성도들이 겪는 그 엄청난 고난의 배후에 사탄 마귀가 있음을 밝혀주고 있고 그 사탄 마귀의 영을 받은 짐승들(적그리스도와 거짓 선지자들)이 있음을 보여주고 있습니다.

　영적인 눈으로 바라볼 때 오늘날 우리 교회들은 사도 요한이 밧모 섬에 유배되었던 때와 같이 사탄과 그 하수인인 짐승(적그리스도와 거짓 선지자)들의 핍박과 유혹에 직면해 있을 뿐만 아니라 종교 다원주의나 뉴 에이지 운동과 같은 신본주의가 아닌 인본주의의 도전에 의해 큰 위기에 처해 있습니다.

　그래서 주님께서는 이 계시록의 말씀들을 통해 우리 모두가 처해 있는 이 어려운 현실과 또 다가오고 있는 큰 환난의 고난과 시련을 믿음으로 잘 이길 수 있도록 미리 경고하시기도 하고 책망하시기도 하고 권면하시기도 하면서 오늘도 우리를 그 권능의 오른손으로 붙들고 계시는 것입니다.

　지금 여러 가지 세상의 징조를 볼 때 이제 주님의 재림이 바로 우리 눈앞에 다가왔습니다. 주님은 "내가 속히 오리라"라고 말씀하셨습니다. 이렇게 주님의 재림이 가까이 다가오고 있는 이때 세상 가운데 사탄의 역사는 갈수록 강해지고 있고 사탄의 명령을 받은 이단들이 성도들의 믿음을 갈수록 약화시키고 하나님의 교회들을 무너뜨리고 있습니다.

그러나 아무리 사탄의 역사가 강하고 우리들에게 견디기 힘든 고난이 찾아온다고 해도 결국 최후의 승리는 "**만왕의 왕이시고 만주의 주**"이신 우리 주님의 것입니다. 또한 주님의 보혈의 능력과 하나님의 말씀에 의지하며 성령님 안에 사는 참된 주의 종들과 신실한 믿음을 가진 성도들의 것입니다.

이 책은 편저자 본인이 저술한 계시록 연구의 첫 번째 결과물인 《영원한 복음》과 두 번째로 펴낸 《쉽게 배우는 요한계시록 – 예수 재림의 비밀과 실상》(1, 2권)과 마찬가지로 편저자 자신의 기도와 묵상과 연구의 성과물입니다. 계시록에 관심이 있는 분들은 이 세 종류의 책을 함께 보면서 계시록을 연구하면 좋을 것입니다.

저는 주님을 사랑하고 교회를 사랑하고 성도들을 사랑하는 목사입니다. 주님 다시 오시는 날 우리 모두 주님 앞에 들려 올림 받아 기쁨으로 주님을 만나는 저와 여러분이 되기를 바랍니다.

우리는 영원한 승리의 복음인 이 계시록의 말씀들을 통해 이단의 거짓된 가르침에 미혹되거나 세상의 유혹에 넘어가지 말고 더 굳센 믿음으로 무장하여 끝까지 승리하는 주의 종들과 성도들이 되어야 하겠습니다. 우리 앞에는 영원한 생명과 은혜와 축복과 사랑이 넘치는 빛으로 가득한 천국이 있습니다.

마라나타! 아멘! 주 예수여 오시옵소서!

이 책이 나오기까지 기도해주시고 후원해주신 모든 분들에게 마음속 깊은 곳에서 우러나오는 깊은 감사를 드립니다. 하나님의 평화가 여러분 모두에게 있기를 기원합니다.

손법상 목사

읽으면 이해되는
요한계시록

목차

제 I 부
계시록 각 장 주해註解

021

|제1부| 첫 번째 사건(1장 – 3장)
재림하실 예수 그리스도와 교회

|제2부| 두 번째 사건(4장 – 6장)
하늘나라의 예배와 심판 주 등극 예식과 인을 뗄 때 임하는 재앙

제II부

지혜와 계시의 영을 받아 그 시대의 역사적 상황과
정통 교회의 신학을 담아 상징과 비유를 풀어

알기 쉽게 번역한 요한 계시록

313

제III부

정통 교회의 신학과 성경에 나타난 구원사의 관점에서
풀어보는 쉽게 배우는 요한 계시록 세미나

영원한 복음인 요한 계시록을 아십니까?

381

1. **이 책 "읽으면 이해되는 요한 계시록"은** 세 가지(개역 개정, N.I.V, 목자역)로 번역된 본문을 비교하면서 함께 읽을 수 있도록 주제에 따라 소제목을 붙이고 단락을 나누어 놓았습니다. 급한 마음으로 서두르지 않고 먼저 제목을 보고 단락을 따라 나누어진 본문들을 천천히 읽어가면서 묵상하면 영적인 많은 통찰력을 얻을 수 있습니다.

2. **세 가지 번역 가운데 목자역은** 저자가 헬라어 본문을 기본으로 하고 다양한 영문 번역과 공동번역과 새 번역 등 계시록에 대한 일곱 가지 이상의 본문 번역을 비교하면서 현대적인 용어로 계시록 본문을 풀어 쓴 것입니다.

3. **이 목자역에 나오는 계시록의 상징과 비유에 대한 해석은** 그 시대의 교회와 역사에서 사용된 의미를 밝혀주는 동시에 또한 초대 교회 이후 정통 교회가 고수하고 있는 계시록 해석의 보편적 원리를 따르고 있습니다. 또한 이 목자역에는 그 해석을 단순히 과거에 머물지 않고 오늘의 교회와 성도들에게 적용할 수 있도록 하기 위하여 현대적인 신학적 의미를 담아 해석한 내용이 담겨 있습니다. 세심하게 잘 읽어보면 계시록에 대한 정통 교회의 보편적인 해석이 무엇인지를 알 수 있습니다.

4. **이 책은 주제에 따라 단락을 나누면서** 하나의 큰 단락이 끝나는 곳에 "묵상과 적용"란을 두어 개인의 경건생활을 위한 Q.T와 교회 공동체의 성경 공부를 위한 교재로 활용하도록 했습니다.

5. **본문 해석에 의문이 생기면** 저자가 계시록 해석에 대한 일곱 가지 기본 원리와 계시록의 열두 가지 주제를 담아 저술한 《영원한 복음》(고려글방)과 〈정통 교회와 이단들의 성경 해석 차이를 보여주는 손법상 목사의 요한 계시록 강해〉라는 제목으로 CBS 방송을 통하여 계시록 본문 전체를 한절도 빠짐없이 강해한 《쉽게 배우는 요한 계시록 – 예수 재림의 비밀과 실상 1. 2》(박문사)에서 해당 본문에 대한 해석을 찾아보시기 바랍니다.

6. **이 책의 II부에는** 저자가 번역한 목자역 요한 계시록을 연속하여 실어 놓았습니다. 본문

전체를 연속하여 몇 번 읽어보면 좋을 것입니다. 이 부분에서는 특히 "이일 후에"라는 용어를 중심으로 계시록 전체 22장을 아홉 가지의 연속된 사건으로 나누어 배열해 놓았기 때문에 계시록의 전체 흐름을 일목요연하게 알 수 있습니다.

7. **"이일 후에" 라는 용어는** 사도 요한이 계시록 이전에 저술한 요한복음에서 하나의 사건을 묘사하고 그 사건의 의미를 밝혀준 다음 그 다음 사건으로 넘어갈 때마다 특정하여 사용한 신학 용어입니다. 그러므로 "이일 후에"라는 용어를 중심으로 계시록을 살펴보면 계시록은 마치 8막 9장의 연극처럼 각각의 의미가 담긴 아홉 가지의 큰 사건들이 교회 시대로부터 천국(새 하늘과 새 땅)이 이루어지는 그날까지 연속하여 계속 이어져 있는 것을 알 수 있습니다.

8. **이 책의 3부에는** 교회에서 계시록을 가르치기 원하시는 목회자들과 계시록을 공부하기 원하시는 성도들이 네번 정도의 모임을 통해 계시록을 이해할 수 있도록 만들어 놓은 "계시록 세미나"의 기본 내용이 정리되어 있습니다. 이 내용은 계시록의 기본 틀과 계시록의 주제와 그 세세한 내용을 계시록 해석에 도움이 될 관련 성경 본문들까지 정리하여 알기 쉽게 이해하도록 만들어 놓은 것입니다. 각 교회나 성경을 공부하는 공동체에서 활용하면 좋을 것입니다.

9. **계시록은 "오직 예수" "믿음 구원" "행위 심판"의 영원한 복음을** 받아들이고 순결한 믿음을 지키는 것 때문에 사탄과 적그리스도와 거짓 선지자들에 의해 세상에서 핍박받는 어제와 오늘과 내일의 참된 교회들에게 주신 하나님의 말씀입니다. 또한 주님의 오른 손에 붙잡혀 있는 구별된 사명을 가진 주의 종들과 세상가운데 빛과 소금의 사명을 감당하는 성결한 하나님의 백성들 곧 성도들에게 주어진 영생의 말씀입니다.

10. **계시록은 끝까지 바른 믿음을 지키고 살 때 주님께서 주시는 상 곧 "영생과 천국"에 대해 말씀하고 있습니다.** 계시록은 이단들의 거짓된 주장처럼 오늘의 교회를 무너뜨리고 이단들의 집단을 세우기 위해 주신 말씀이 아닙니다. 그러므로 저나 여러분은 이 계시록을 바르게 읽고 바르게 듣고 깨달아서 그 말씀대로 살아 다시 오실 주님을 기쁨으로 맞이하면서 영원한 천국의 주인공이 되어야 합니다.

계시록 각 장 주해註解

AN EXPOSITION OF

THE REVELATION OF JOHN

읽으면 이해되는
요한계시록

재림하실 예수 그리스도와 교회

| 계시록 1장 | 예수 그리스도의 계시

1 요한이 받은 계시와 계시록의 첫 번째 복(1–3)

(계시록 전체의 머리글)

1.1. 예수 그리스도의 계시(1a)

□ 본문

"예수 그리스도의 계시라"

1a. The revelation of Jesus Christ,

■ 목자역

1a. 이 계시의 말씀은 우리의 모든 죄의 문제를 해결하여주신 우리의 구세주이신 예수님에 관해 알려주신 것이고 또 그 예수님이 말세에 이루어질 모든 일들에 대해 우리에게 알려주신 것입니다.

1.2. 계시의 전달 경로(1b)

□ 본문

"이는 하나님이 그에게 주사 반드시 속히 일어날 일들을 그 종들에게 보이시려고 그의 천사를 그 종 요한에게 보내어 알게 하신 것이라"

1b. The revelation of Jesus Christ, which God gave him to show his servants what must soon take place. He made it known by sending his angel to his servant John,

■ 목자역

1b. 이 계시의 내용은 성부 하나님께서 성자 예수님에게 주신 것입니다. 이 일들은 반드시 신속하게 이루어질 일들입니다. 하나님께서는 이 일들이 반드시 신속하게 이루어질 일들이기 때문에 그분의 종들에게 알게 하시려고 이 계시의 내용을 먼저 예수님에게 주셨습니다. 그래서 예수님은 그분을 돕는 천사들을 동원하여 이 계시록 전체의 내용을 요한에게 알려주었고 그 계시를 받은 요한이 우리에게 알게 한 것입니다.

1.3. 요한의 사명(2)

□ 본문

"요한은 하나님의 말씀과 예수 그리스도의 증거 곧 자기의 본 것을 다 증언하였느니라"

2. who testifies to everything he saw—that is, the word of God and the testimony of Jesus Christ.

■ 목자역

2. 요한은 그가 본 모든 것들 곧 그가 본 예수 그리스도에 관한 증거와 예수님이 보여주신 증거와 그가 듣고 알았던 하나님의 말씀을 사람이나 상황에 따라 더하거나 빼지 않고 자신의 생명을 걸고 모두 다 증언하였습니다.

1.4. 계시록의 첫 번째 복(3)

□ 본문

"이 예언의 말씀을 읽는 자와 듣는 자와 그 가운데 기록한 것을 지키는 자는 복이 있나니 때가 가까움이라"

3. and blessed are those who hear it and take to heart what is written in it, because the time is near.

■ 목자역

3. **복이 있습니다!** 예수님이 요한을 통하여 주신 그 예언의 말씀들을 읽는 사람과 그 말씀을 듣는 사람들과 그 안에 기록되어 있는 일들을 가슴에 새기고 지키는 사람들은! 왜냐하면 예수님이 재림하실 그때가 바로 우리들의 눈앞에 가까이 왔기 때문입니다.

 묵상과 적용(계시록 1장-1)

2 요한의 인사와 재림하실 주님 예수(4-7)

2.1. 요한의 인사(4-5a)

1) 인사의 형식과 내용(4a) : 송신자와 수신자

□ 본문

"요한은 아시아에 있는 일곱 교회에 편지하노니"

4a. John, To the seven churches in the province of Asia

■ 목자역

4a. 요한은 아시아에 있는 일곱 교회에 편지합니다.

2) 축복의 원천인 삼위 하나님과 축복(4b-5a)

□ 본문

"이제도 계시고 전에도 계셨고 장차 오실 이와 그의 보좌 앞에 있는 일곱 영과 또 충성된 증인으로 죽은 자들 가운데에서 먼저 나시고 땅의 임금들의 머리가 되신 예수 그리스도로 말미암아 은혜와 평강이 너희에게 있기를 원하노라"

4b. Grace and peace to you from him who is, and who was, and who is to come, and from the seven spirits before his throne,

5a. and from Jesus Christ, who is the faithful witness, the firstborn from the dead, and the ruler of the kings of the earth,

■ 목자역

4b. 지금도 계시고 전에도 계셨고 장차 오실 하나님과 하나님의 보좌 앞에 있는 일곱 영들(성령님)로부터 은혜와 평화가 있기를 빕니다.

5a. 그리고 또 목숨까지 바쳐 충성하신 신실한 증인이시고 죽은 자들 가운데에서 가장 먼저 부활하신 분이시며 땅에 있는 모든 왕들을 통치하실 수 있는 유일

하신 주님이신 예수 그리스도로부터 은혜와 평화가 있기를 빕니다.

2.2. 예수님께 영광과 능력을 돌리는 이유(5b-6)

□ 본문

"우리를 사랑하사 그의 피로 우리 죄에서 우리를 해방하시고 그의 아버지 하나님을 위하여 우리를 나라와 제사장으로 삼으신 그에게 영광과 능력이 세세토록 있기를 원하노라 아멘"

5b. To him who loves us and has freed us from our sins by his blood,

6. and has made us to be a kingdom and priests to serve his God and Father—to him be glory and power for ever and ever! Amen.

■ 목자역

5b. 예수님은 우리를 사랑하십니다. 우리를 사랑하시는 예수님이 십자가에서 흘리신 그 피에 의해 우리들은 우리들을 묶고 있던 모든 죄에서 해방되었습니다.

6. 그리고 예수님은 그분의 아버지이신 하나님을 위하여 우리를 하나의 나라로 만드시고 또 그 나라에서 하나님을 섬기는 제사장들로 만드셨습니다. 세세무궁토록 영광과 권능이 예수님께 있기를 원합니다. 아멘.

2.3. 예수님의 재림의 모습(7)

□ 본문

"볼지어다 그가 구름을 타고 오시리라 각 사람의 눈이 그를 보겠고 그를 찌른 자들도 볼 것이요 땅에 있는 모든 족속이 그로 말미암아 애곡하리니 그러하리라 아멘"

7. Look, he is coming with the clouds, and every eye will see him, even those who pierced him; and all the peoples of the earth will mourn because of him. So shall it be! Amen.

■ 목자역

7. 보십시오! 예수님께서 하늘의 영광 가운데 구름을 타고 오실 것입니다. 그리고 그때 땅에 있는 모든 사람들이 그들의 눈으로 재림하시는 예수님을 보게 될 것입니다. 그리고 예수님을 상하게 했던 사람들도 그분을 보게 될 것이며 지구 상의 모든 종족들이 재림하시는 예수님 때문에 슬피 울며 많은 눈물을 흘리게 될 것입니다. 반드시 그렇게 될 것입니다. 아멘.

 묵상과 적용(계시록 1장-2)

3 하나님의 자기소개(8)

□ 본문

"주 하나님이 이르시되 나는 알파와 오메가라 이제도 있고 전에도 있었고 장차 올 자요 전능한 자라 하시더라"

8. "I am the Alpha and the Omega,"says the Lord God, "who is, and who was, and who is to come, the Almighty."

8. 지금도 계시고 전에도 계셨고 장차 오실 전능하신 주 하나님께서 말씀하셨습니다. 나는 모든 것의 처음인 알파요 모든 것의 마지막인 오메가다.

 묵상과 적용(계시록 1장~3)

4 요한의 자기소개(9)

□ 본문

"나 요한은 너희 형제요 예수의 환난과 나라와 참음에 동참하는 자라 하나님의 말씀과 예수를 증언하였음으로 말미암아 밧모라 하는 섬에 있었더니"

9. I, John, your brother and companion in the suffering and kingdom and patient endurance that are ours in Jesus, was on the island of Patmos because of the word of God and the testimony of Jesus.

■ 목자역

9. 나 요한은 여러분의 형제입니다. 그리고 예수님이 당하신 그 환난과 나라와 참고 견디는 인내에 함께 참여한 사람입니다. 나는 지금 하나님의 말씀을 전한 일과 예수님을 증언한 것 때문에 밧모 섬에 유배되어 와 있습니다.

묵상과 적용(계시록 1장-4)

5 주의 날에 받은 은혜(10-12)

5.1. 성령의 감동(10a)

□ 본문

"주의 날에 내가 성령에 감동되어"

10a. On the Lord's Day I was in the Spirit,

■ 목자역

10a. 주일 곧 그 주님의 날에 나는 성령 안에 있었습니다.

5.2. 성령에 감동된 요한의 체험(10b-12)

1) 큰 음성과 나팔소리(10b)

□ 본문

"내 뒤에서 나는 나팔 소리 같은 큰 음성을 들으니"

10b. and I heard behind me a loud voice like a trumpet,

10b. 그때 나는 내 뒤에서 나는 나팔(트럼펫) 소리 같은 큰 음성을 들었습니다.

5.3. 사도 요한이 받은 첫 번째 사명(11)

□ 본문

"이르되 네가 보는 것을 두루마리에 써서 에베소, 서머나, 버가모, 두아디라, 사데, 빌라델비아, 라오디게아 등 일곱 교회에 보내라 하시기로"

11. which said: "Write on a scroll what you see and send it to the seven churches: to Ephesus, Smyrna, Pergamon, Thyatira, Sardis, Philadelphia and Laodicea."

■ 목자역

11. 그리고 그 음성 가운데 예수님은 나에게 말씀하셨습니다. : 네가 본 것은 무엇이든지 두루마리에 기록하여라. 그리고 그 두루마리에 쓴 내용을 에베소와 서머나, 버가모와 두아디라, 사데와 빌라델비아 그리고 라오디게아에 있는 일곱 교회에 보내라!

5.4. 돌이킴(12)

□ 본문

"몸을 돌이켜 나에게 말한 음성을 알아보려고 돌이킬 때에 일곱 금 촛대를 보았는데"

12. I turned around to see the voice that was speaking to me. And when I turned I saw seven golden lampstands,

12. 그래서 나는 나에게 말씀하신 그 목소리의 주인공이 누구인지 알아보려고 몸을 돌이켰습니다. : 그렇게 몸을 돌이켰을 때에 나는 일곱 개의 금 촛대(등잔대)를 보았습니다.

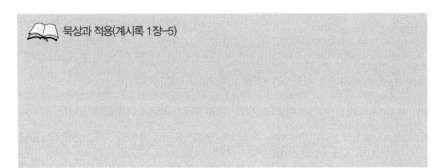

묵상과 적용(계시록 1장-5)

6 영광의 주님(13-16)

6.1. 인자 같은 이(13-14)

□ 본문

"촛대 사이에 인자 같은 이가 발에 끌리는 옷을 입고 가슴에 금띠를 띠고 그의 머리와 털의 희기가 흰 양털 같고 눈 같으며 그의 눈은 불꽃 같고"

13. and among the lampstands was someone "like a son of man," dressed in a robe reaching down to his feet and with a golden sash around his chest.

14. His head and hair were white like wool, as white as snow, and his eyes were like blazing fire.

■ 목자역

13. 그리고 나는 그 촛대들 사이에서 사람의 아들처럼 생긴 예수님을 보았습

니다. 그분은 발에 끌리는 옷을 입고 계셨으며 그 가슴둘레에 금띠를 띠고 계셨습니다.

14. 예수님은 머리와 머리털이 양털과 눈처럼 새하얀 분이셨습니다. 또한 그분의 눈은 타오르는 불꽃과 같았습니다.

6.2. 주님의 발과 음성(15)

□ 본문

"그의 발은 풀무 불에 단련한 빛난 주석 같고 그의 음성은 많은 물 소리와 같으며"

15. His feet were like bronze glowing in a furnace, and his voice was like the sound of rushing waters.

■ 목자역

15. 예수님의 발은 지독히 뜨거운 풀무 불로 잘 연마된 빛나는 놋쇠와 같았습니다. 또한 그분의 목소리는 폭포수처럼 많은 물들이 한꺼번에 흘러가는 소리와 같았습니다.

6.3. 주님의 오른손과 그 입에서 나오는 날선 검과 얼굴(16)

□ 본문

"그의 오른손에 일곱 별이 있고 그의 입에서 좌우에 날선 검이 나오고 그 얼굴은 해가 힘 있게 비치는 것 같더라"

16. In his right hand he held seven stars, and out of his mouth came a sharp double-edged sword. His face was like the sun shining in all its brilliance.

16. 예수님은 그 오른손에 일곱 개의 별을 가지고 계셨습니다. 그분의 입에서는 양쪽 끝이 아주 날카롭게 잘 벼려진 검과 같은 말씀이 나왔으며 얼굴은 해가 힘차게 빛나는 것 같았습니다.

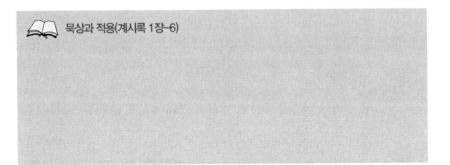

묵상과 적용(계시록 1장-6)

<h2>7   요한과 예수님(17-18)</h2>

7.1. 예수님의 영광 앞에 엎드려진 요한(17)

□ 본문

"내가 볼 때에 그의 발 앞에 엎드려져 죽은 자 같이 되매 그가 오른손을 내게 얹고 이르시되"

17. When I saw him, I fell at his feet as though dead. Then he placed his right hand on me and said:

■ 목자역

17. 내가 예수님을 보았을 때 나는 그분의 발 앞에 마치 죽은 것처럼 쓰러졌습니다. : 그러자 예수님이 오른손을 내 위에 올려놓으시고 말씀하셨습니다.

7.2. 예수님의 자기소개(17b–18)

□ 본문

"두려워 하지 말라! 나는 처음이고 마지막이니 곧 살아 있는 자라 내가 전에 죽었었노라 볼지어다 이제 세세토록 살아 있어 사망과 음부의 열쇠를 가졌노니"

17b. Do not be afraid. I am the First and the Last.

18. I am the Living One; I was dead, and behold I am alive for ever and ever! And I hold the keys of death and Hades.

■ 목자역

17b. : 두려워 말라! 내가 처음이고 마지막이다.

18. 나는 지금 살아 있다. 예전에는 나도 한때 영혼과 육체가 분리되는 죽음을 경험한 때가 있었다. 그러나 이제 나는 영원히 살아 있다. 지금 나는 육체적인 죽음을 해결할 열쇠와 육체적 죽음 이후에 지옥 형벌을 받을 자들이 들어가 그들의 영혼이 머무는 처소인 음부의 문을 열고 닫을 수 있는 열쇠를 가지고 있다.

 묵상과 적용(계시록 1장–7)

□ 본문

"그러므로 네가 본 것과 지금 있는 일과 장차 될 일을 기록하라 네가 본 것은 내 오른손의 일곱 별의 비밀과 또 일곱 금 촛대라 일곱 별은 일곱 교회의 사자요 일곱 촛대는 일곱 교회니라"

19. Write, therefore, what you have seen, what is now and what will take place later.

20. The mystery of the seven stars that you saw in my right hand and of the seven golden lampstands is this: The seven stars are the angels of the seven churches, and the seven lampstands are the seven churches.

■ 목자역

19. 그러므로 너는 네가 본 그 일들과 네가 지금 보고 있는 그 일들과 **이러한 일 들 후에** 앞으로 일어날 그 일들을 기록하라!

20. 네가 본 내 오른손에 있는 일곱 별들과 일곱 금 촛대의 비밀(미스터리)은 이러하다. 그 일곱 별들은 그 일곱 교회의 천사天使 곧 말씀을 전하는 주의 사자使者들이다. 그리고 그 일곱 촛대는 일곱 교회이다.

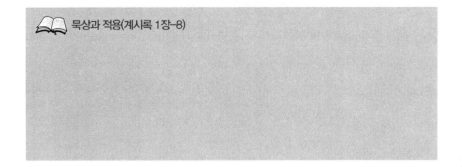

묵상과 적용(계시록 1장-8)

| 계시록 2장 | 성령께서 교회들에게 하시는 말씀 (l)

1 에베소교회 : 소아시아의 지도적 위치에 있던 교회

① 교회설립 : 사도 바울의 3차 선교 여행(A.D. 52-57년) 때 세워진 교회
② 목회자 : 바울의 3년 목회. 친히 옥중 서신(에베소서, 62년)으로 권면한 교
회. 바울은 이곳에서 목회하면서 골로새 교회를 개척함. 바울의 후임은 믿음
의 아들 디모데 그리고 사도 요한이 65년부터 100년까지 목회함.
③ 교회 주변의 상황 : 에베소는 로마의 직접 관할 지역인 아시아 주의 수도로
서 아시아 지역의 지도적 위치에 있던 교회. 상업 교통 문화의 중심지인 에
게 해로 흘러들어가는 카이스터 강 입구의 고지대에 자리 잡은 항구 도시.
성적 타락과 아데미 신전(파르테논 신전의 4배)으로 상징되는 우상 숭배와
신비주의가 극심했던 도시.

1.1. 주님의 자기소개(1)

□ 본문

"에베소 교회의 사자에게 편지하라 오른손에 있는 일곱 별을 붙잡고 일곱 금 촛
대 사이를 거니시는 이가 이르시되"

1. "To the angel of the church in Ephesus write : These are the words of him who
holds the seven stars in his right hand and walks among the seven golden lampstands"

■ 목자역

1. 너는 에베소 교회 안에서 말씀을 전하는 나의 종에게 편지를 써 보내라 : 이
러한 일들을 말씀하신 분은 그의 오른손으로 일곱 별들을 붙잡고 계시는 분, 그
일곱 개의 금 촛대 사이를 거닐고 계신 분이다.

1.2. 교회에 대한 칭찬과 책망(2-3, 6)

1) 교회에 대한 두 가지 칭찬(2-3, 6)

□ 본문

"내가 네 행위와 수고와 네 인내를 알고 또 악한 자들을 용납하지 아니한 것과 자칭 사도라 하되 아닌 자들을 시험하여 그의 거짓된 것을 네가 드러낸 것과 또 네가 참고 내 이름을 위하여 견디고 게으르지 아니한 것을 아노라"(2-3)

2. I know your deeds, your hard work and your perseverance. I know that you cannot tolerate wicked men, that you have tested those who claim to be apostles but are not, and have found them false.

3. You have persevered and have endured hardships for my name, and have not grown weary.

■ 목자역

2. 나는 너의 그 행위와 수고와 인내와 너희 가운데 악한 자들을 용납하지 않은 것을 안다. 그리고 그들 자신을 스스로 사도라고 부르지만 사도가 아닌 자들을 시험하여 그들의 거짓된 행위가 드러나게 함으로 그들이 거짓말하는 자들인 것이 나타나게 한 것을 안다.

3. 그리고 네가 나의 이름 때문에 견디어 내고 참아낸 것과 게으름을 피우지 않고 네가 하는 일들을 계속한 것을 안다.

□ 본문

"오직 네게 이것이 있으니 네가 니골라당의 행위를 미워하는도다 나도 이것을 미워하노라"(6)

6. But you have this in your favor: You hate the practices of the Nicolaitans, which I also hate.

■ 목자역

6. 그러나 이것이 너에게 있다. 그것은 네가 니골라당들이 하는 그 행위들을 미워하는 것이다. 그것은 나도 역시 미워하는 것이다.

2) 교회에 대한 한 가지 책망(4)

□ 본문

"그러나 너를 책망할 것이 있나니 너의 처음 사랑을 버렸느니라"

4. Yet I hold this against you: You have forsaken your first love.

■ 목자역

4. 그러나 내가 너를 책망할 것이 있으니 너는 나를 뜨겁고 진실하게 사랑하던 그 첫 사랑에서 떠나버렸다.

 묵상과 적용(계시록 2장-1,2,)

1.3. 교회에 대한 권면(5, 7a)

1) 회개하라(5)

□ 본문

"그러므로 어디서 떨어졌는지를 생각하고 회개하여 처음 행위를 가지라 만일 그리하지 아니하고 회개하지 아니하면 내가 네게 가서 네 촛대를 그 자리에서 옮기리라"(기억하라! – 회개하라! – 처음 행위를 가지라!)

5. Remember the height from which you have fallen! Repent and do the things you did at first

■ 목자역

5. 그러므로 네가 언제 어떻게 타락했는지 기억해내라! 그리고 회개하라! 그리고 처음에 나를 사랑하던 그때 그 사랑과 행위를 다시 하라 : 만일 네가 그렇게 하지 않고 끝까지 회개하지 않으면 내가 너에게 와서 너의 그 촛대를 지금 그 자리에서 다른 곳으로 옮길 것이다(기억하라! – 회개하라! – 처음 행위를 가지라!).

2) 들으래(7a)

□ 본문

(1) 들으라 : "귀 있는 자는 성령이 교회들에게 하시는 말씀을 들을지어다"

7a. He who has an ear, let him hear what the Spirit says to the churches.

■ 목자역

7a. 귀 있는 사람은 성령께서 교회들에게 말씀하시는 것들을 들어야 한다.

묵상과 적용(계시록 2장-1.3.)

1.4. 이기는 자에게 주어지는 상(7b)

□ 본문

"이기는 그에게는 내가 하나님의 낙원에 있는 생명나무의 열매를 주어 먹게 하리라"

7b. To him who overcomes, I will give the right to eat from the tree of life, which is in the paradise of God.

■ 목자역

7b. 이기는 그 사람에게 나는 생명나무의 열매를 주어 먹게 할 것이다. 그 생명나무는 하나님의 낙원에 있는 것이다.

 묵상과 적용(계시록 2장-1.4.)

1.5. 다짐의 기도

진리로 무장한 냉철한 머리와 아가페적인 사랑으로 가득한 뜨거운 가슴으로
주님과 성도들을 사랑하는 진리와 은혜가 균형 잡힌 교회되게 하소서!

1.6. 본문 요약 도표(에베소 교회)

교회명	에베소 교회
요절	계시록 2 : 1-7
교회 상황	1. 교회설립 : 사도 바울의 3차 선교 여행 때 세워진 교회(행19장) 2. 목회자 : 바울의 3년 목회. 친히 옥중 서신(에베소서)으로 권면한 교회. 이곳에서 목회하면서 골로새 교회를 개척함. 바울의 후임 디모데 그리고 사도 요한이 65년부터 100년까지 목회한 교회. 3. 교회 상황 : 아시아 지역의 지도적 위치에 있던 교회. 항구 도시. 성적 타락과 아데미 신전(파르테논 신전의 4배)으로 상징되는 우상 숭배와 신비주의가 극심한 도시.
주님의 자기소개(1)	오른손에 일곱 별을 붙잡고 　　　　　일곱 금 촛대 사이를 거니시는 이
칭찬(2-3,6)	1. 사도의 가르침을 잘 지킨 교회 : 행위(믿음의 역사), 수고(사랑의), 인내(소망의) - 살전1:3) 2. 이단(니골라당, 영지주의)을 배격 3. 박해를 잘 견딤 4. 부지런함
책망(4)	1. 처음 사랑(아가페적인 사랑)을 버림 2. 첫사랑을 버린 이유 : 이단과 우상숭배를 배격하다가 3. 교리 수호 때문에 사랑을 잃어버렸다(고전 13장을 기억하라)
권면(5)	회개 하라 (1) 아니면 촛대(교회)를 그 자리에서 옮긴다. 　　(교회의 지도적 위치를 빼앗으리라)
상급(7b)	이기는 자에게는 영생의 축복 1. 하나님의 낙원에 있는 생명나무 열매를 주어 먹게 하리라

우리 교회	진리에 대한 믿음과 사랑의 실천이 조화되어 있는가?
다짐 기도	진리에 대한 굳건한 믿음과 희생과 봉사와 섬김과 아가페적인 사랑의 실천이 조화를 이루게 하소서!

2 서머나 교회 : 고난 중에 승리한 교회

서머나는 헬라어로 고난을 상징하는 몰약이라는 의미이다. 서머나 교회는 엄청난 고난 가운데 있으면서도 믿음을 지킨 참된 교회였다. 서머나 교회는 한편으로는 황제 숭배를 강요하는 세력들과 또 한편으로는 A.D. 70년 유대가 멸망한 이후 서머나로 이주해 온 자신들만이 하나님을 제대로 믿는 성도들이요 정통 유대인이라고 주장하는 세력들에 의해 정체 경제 사회 종교적으로 핍박받는 부유한 도시 가운데 세워진 작은 교회였다.

2.1. 주님의 자기소개와 교회의 상황(8-9)

1) 주님의 자기소개(8)

□ 본문

"서머나 교회의 사자에게 편지하라 처음이며 마지막이요 죽었다가 살아나신 이가 이르시되"

8. To the angel of the church in Smyrna write: These are the words of him who is the First and the Last, who died and came to life again.

■ 목자역

8. 그리고 너는 서머나에 있는 그 교회에서 말씀을 전하고 있는 천사와도 같은 나의 종에게 편지를 써 보내라. : 이러한 일들은 처음이요 마지막이며 예전에 한 번 죽으신 일이 있었으나 다시 살아나신 예수님께서 말씀하신 것이다.

2) 교회의 상황과 교회에 대한 칭찬(9)

□ 본문

"내가 네 환난과 궁핍을 알거니와 실상은 네가 부요한 자니라 자칭 유대인이라
하는 자들의 비방도 알거니와 실상은 유대인이 아니요 사탄의 회당이라"

9. I know your afflictions and your poverty--yet you are rich! I know the
slander of those who say they are Jews and are not, but are a synagogue of
Satan.

■ 목자역

9. 나는 지금 네가 당하고 있는 그 고통스럽고 힘든 환난과 가난을 안다. 그러
나 내 눈으로 보기에는 네가 진짜 부자이다. 그리고 나는 유대인이라고 스스로
자칭하는 자들이 너를 핍박하고 모욕하는 것도 안다. 그러나 그들은 유대인들
이 아니라 사탄이 역사하는 모임에 속한 사람들이다.

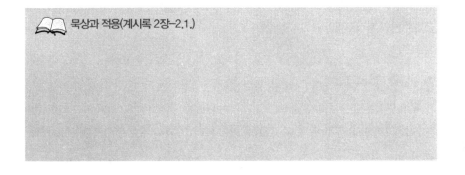

묵상과 적용(계시록 2장-2.1.)

2.2. 교회에 대한 권면(10-11)

□ 본문

"너는 장차 받을 고난을 두려워하지 말라 볼지어다 마귀가 장차 너희 가운데에
서 몇 사람을 옥에 던져 시험을 받게 하리니 너희가 십 일 동안 환난을 받으리

라 네가 죽도록 충성하라 그리하면 내가 생명의 관을 네게 주리라 귀 있는 자는 성령이 교회들에게 하시는 말씀을 들을지어다"

10a. Do not be afraid of what you are about to suffer. I tell you, the devil will put some of you in prison to test you, and you will suffer persecution for ten days.

10b. Be faithful, even to the point of death, and I will give you the crown of life.

11. He who has an ear, let him hear what the Spirit says to the churches.

■ 목자역

10a. 너는 이제 곧 다가올 고난을 두려워하지 마라! 보라 이제 곧 마귀가 너희 가운데 몇 사람을 시험하기 위하여 감옥에 집어넣을 것이다. 그래서 너는 십 일 동안 환난을 당할 것이다.

10b. 그 고난 가운데 네가 죽임을 당할지라도 너는 끝까지 믿음을 지키고 충성하라! 그러면 내가 너에게 생명의 면류관을 주겠다.

11a. 귀 있는 사람은 성령께서 교회들에게 말씀하시는 것들을 들어야 한다.

묵상과 적용(계시록 2장-2.2.)

2.3. 이기는 자에게 주어지는 상(11b)

□ 본문

"이기는 자는 둘째 사망의 해를 받지 아니하리라"

11b. He who overcomes will not be hurt at all by the second death.

■ 목자역

11b. 이기는 사람은 절대로 두 번째 죽음을 당하지 않을 것이다.

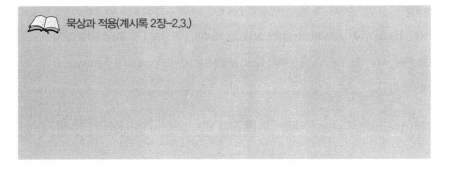

묵상과 적용(계시록 2장-2.3.)

2.4. 다짐의 기도

1) 바위 위에 씨가 떨어져 있는 것같은 사람처럼 시련 때문에 믿음을 배반하는 일이 없게 하소서! (눅8:13)
2) 고난은 정해진 기간이 있음을 알게 하시고 다가오는 모든 환난을 믿음 으로 잘 이기게 하소서!
3) 고난 후에 주어지는 영생의 상급을 사모하게 하소서!

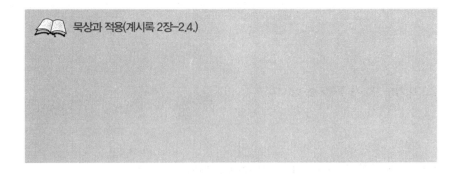

묵상과 적용(계시록 2장-2.4.)

2.5. 본문 요약 도표(서머나 교회)

교회명	서머나 교회
요절	계시록2 : 8 – 11
교회상황	1. 터키의 3대 도시 가운데 하나인 항구도시 2. 경제적인 부요함과 막강한 정치적인 영향력으로 친로마적이며 황제 숭배가 극심했던 도시 3. 부유한 도시 가운데 세워진 작은 교회
주님의 자기소개(8)	처음이며 마지막이요 죽었다가 살아나신 이
칭찬(9)	1. 신앙 때문에 겪는 외적인 환난과 내적인 경제적 궁핍을 주님이 아시는 교회 2. 작지만 믿음과 사랑의 교제로 영적으로 부유한 교회 3. 사탄의 도구로 쓰이는 유대인들의 비방을 잘 이기는 것을 주님이 아시는 교회
권면(10)	1. 고난을 두려워 말라 2. 십 일 동안의 환난(외적인 고통)을 이겨라(고난은 정해진 시간이 있다) 3. 죽도록 충성하라
상급(10 –11)	1. 죽도록 충성하는 자에게는 생명의 면류관을 주리라. 2. 이기는 자는 둘째 사망(불못 곧 지옥 형벌, 21:14)의 해를 받지 아니하리라
우리 교회	1. 다가오는 환난을 신앙으로 참고 이길 준비가 되어 있는가? 2. 바위 위에 씨가 떨어져 있는 것같은 사람처럼 시련 때문에 믿음을 배반하지는 않는가? (눅8:13)
다짐 기도	1. 고난은 정해진 기간이 있음을 알게 하시고 다가오는 모든 환난을 믿음으로 잘 이기게 하소서! 2. 고난을 이긴 후에 주어지는 면류관을 사모하게 하소서!

3 버가모 교회 : 우상들 가운데 서 있는 교회

버가모는 연합을 의미하는 결혼이라는 의미와 견고한 탑이라는 의미를 가지고 있다. 그 뜻대로 버가모 교회는 세상과 연합하여 세속화된 교회의 상징이다. 교회는 정결한 신부로서 그리스도와 결혼을 해야 하는데 버가모 교회는 그 가운데 많은 성도들이 세상과 결혼하는 영적인 음행에 빠져 있었다.

3.1. 주님의 자기소개(12)

□ 본문

"버가모 교회의 사자에게 편지하라 좌우에 날선 검을 가지신 이가 이르시되"

12. To the angel of the church in Pergamum write : These are the words of him who has the sharp, double−edged sword.

■ 목자역

12. 그리고 너는 버가모에 있는 그 교회에서 말씀을 전하는 나의 종에게 편지를 써 보내라. : 이러한 일들은 그 입에 양 쪽 끝이 시퍼렇게 날이 선 말씀의 검을 가지신 예수님이 말씀하신 것이다.

 묵상과 적용(계시록 2장-3.1.)

3.2. 교회의 상황(13a)

□ 본문

"네가 어디에 사는지를 내가 아노니 거기는 사탄의 권좌가 있는 데라"

13a. I know where you live——where Satan has his throne.

■ 목자역

13a. 나는 네가 살고 있는 곳을 안다. 그곳은 사탄의 권좌가 있는 곳이다.

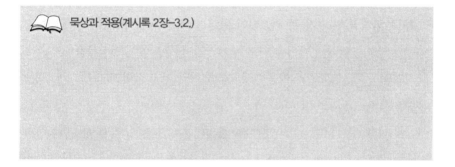

묵상과 적용(계시록 2장-3.2.)

3.3. 교회에 대한 칭찬과 책망(13b-15)

1) 교회에 대한 칭찬(13b)

□ 본문

"네가 내 이름을 굳게 잡아서 내 충성된 증인 안디바가 너희 가운데 곧 사탄이 사는 곳에서 죽임을 당할 때에도 나를 믿는 믿음을 저버리지 아니하였도다"

13b. Yet you remain true to my name. You did not renounce your faith in me, even in the days of Antipas, my faithful witness, who was put to death in your city—where Satan lives.

■ 목자역

13b. 사탄의 권좌가 있는 그곳에서 너는 나의 이름을 최선을 다해 붙잡고 있다. 나는 사탄이 살고 있는 곳에서 그렇게 충성된 나의 증인이었던 안디바가 너희들 가운데에서 살해를 당하던 그날에도 네가 나에 대한 믿음을 부인하지 않은 것을 안다.

2) 교회에 대한 책망(14-15)

□ 본문

"그러나 네게 두어 가지 책망할 것이 있나니 거기 네게 발람의 교훈을 지키는 자들이 있도다 발람이 발락을 가르쳐 이스라엘 자손 앞에 걸림돌을 놓아 우상의 제물을 먹게 하였고 또 행음하게 하였느니라 이와 같이 네게도 니골라당의 교훈을 지키는 자들이 있도다"

14. Nevertheless, I have a few things against you: You have people there who hold to the teaching of Balaam, who taught Balak to entice the Israelites to sin by eating food sacrificed to idols and by committing sexual immorality.

15. Likewise you also have those who hold to the teaching of the Nicolaitans.

■ 목자역

14. 그러나 내가 너를 책망할 일들이 몇 가지 있다. 그것은 지금 너희들 가운데 몇 사람이 발람의 가르침을 따르고 있는 것이다. 발람은 거짓된 가르침으로 발락을 꾀어 가나안을 향해 가던 이스라엘의 자손들에게 우상의 제물을 먹게 하고 부도덕한 성행위를 하게 함으로써 그들의 앞길에 엄청난 장애물을 놓았던 자이다.

15. 그런데 지금 너희들 가운데에서도 몇 사람이 발람과 비슷한 짓을 하는 니골라당의 가르침을 지키면서 따르고 있다.

묵상과 적용(계시록 2장-3.3.)

3.4. 교회에 대한 권면(16-17a)

□ 본문

"그러므로 회개하라 그리하지 아니하면 내가 네게 속히 가서 내 입의 검으로 그들과 싸우리라 귀 있는 자는 성령이 교회들에게 하시는 말씀을 들을지어다"

16. Repent therefore! Otherwise, I will soon come to you and will fight against them with the sword of my mouth.

17a. He who has an ear, let him hear what the Spirit says to the churches.

■ 목자역

16. 그러므로 회개하라! 그렇게 하지 않으면 내가 너에게 신속히 가서 내 입에 있는 말씀의 검으로 그들과 싸울 것이다.

17a. 귀 있는 사람은 성령께서 교회들에게 말씀하시는 것을 들어야 한다.

 묵상과 적용(계시록 2장-3.4.)

3.5. 이기는 자에게 주어지는 상(17b)

□ 본문

"이기는 그에게는 내가 감추었던 만나를 주고 또 흰 돌을 줄 터인데 그 돌 위에 새 이름을 기록한 것이 있나니 받는 자밖에는 그 이름을 알 사람이 없느니라"

17b. To him who overcomes, I will give some of the hidden manna. I will also give him a white stone with a new name written on it, known only to him who receives it.

■ 목자역

17b. 이기는 그 사람에게는 내가 지금까지 감추어 두었던 만나와 흰 돌을 줄 것이다. 그 흰 돌 위에는 하나의 새 이름이 쓰여 있는데 그 이름은 지금까지도 그랬던 것처럼 그것을 받는 사람 외에는 아무도 모르는 이름이다.

 묵상과 적용(계시록 2장-3.5.)

3.6. 다짐의 기도

1) 우상이 많은 세상 가운데 신실한 믿음으로 진리를 잘 지키게 하소서!
2) 특별한 은총의 주인공 되어 감추어진 하늘의 만나를 먹게 하소서!
3) 인생의 운명이 바뀌어지도록 새 이름이 새겨진 흰 돌을 받게 하소서!

묵상과 적용(계시록 2장–3.6.)

3.7. 본문 요약 도표(버가모 교회)

교회명	버가모 교회
요절	2 : 12–17
교회 상황	1. 소아시아 주의 수도(300년간) 2. 군사적 요새이며 행정 중심지 3. 황제 숭배의 신전(사탄의 위)이 최초로 세워진 도시 4. 제우스, 아테네, 아스클레피오스(치유의 신)신전이 세워진 곳 5. 다양한 우상숭배의 한 복판에 세워진 교회. 6. 충성된 증인(1:5, 3:14) 순교자 안디바가 있는 교회
주님의 자기소개(12)	좌우에 날선 검을 가지신 이(심판의 권세를 가지신 분)
칭찬(13)	1. 순교자가 나올 때에도 주님의 이름을 굳게 잡아 믿음을 저버리지 않은 교회
책망(14–15)	1. 발람의 교훈을 지키는 자들이 있음(민25:1–5) 2. 니골라당의 교훈을 지키는 자들이 있음 / 우상 숭배와 행음
권면(16)	1. 회개하라 회개하지 아니하면 말씀의 검으로 싸우리라 (진리와 비진리의 싸움)
상급(17)	이기는 자에게는 1. 감추었던 만나를 주리라 2. 새 이름이 새겨진 흰돌을 주리라 3. 주고 받는 자만 아는 특별한 사랑의 관계가 된다.

우리 교회	1. 우상이 가득한 세상 가운데에서 세상과 타협하지 않는 신실한 믿음을 잘 지키고 있는가? 2. 진리와 비 진리의 싸움에서 승리하고 있는가?
다짐 기도	1. 신실한 믿음으로 진리를 잘 지켜 주님과의 특별한 사랑의 주인공이 되게 하소서!

4 있는 것을 굳게 붙잡아야 할 두아디라교회

두아디라는 서머나의 북동쪽 버가모의 남동쪽 64Km 떨어진 곳에 위치해 있다. 그곳은 태양신 두림누스(후에 아폴로)의 성지로 건축되었다. 두아디라는 향기로운 희생제물, 끊임없는 희생제물을 뜻한다. 이 도시는 우상들에게 바치는 풍성한 제물이 있는 제사가 성행하였다.

4.1. 주님의 자기소개와 교회에 대한 칭찬(18-19, 24a)

1) 주님의 자기소개(18)

□ 본문

"두아디라 교회의 사자에게 편지하라 그 눈이 불꽃 같고 그 발이 빛난 주석과 같은 하나님의 아들이 이르시되"

18. "To the angel of the church in Thyatira write: These are the words of the Son of God, whose eyes are like blazing fire and whose feet are like burnished bronze.

■ 목자역

18. 그리고 너는 두아디라에 있는 그 교회에서 말씀을 전하는 나의 종에게 편지를 써 보내라. 이러한 일들을 말씀하시는 분은 타오르는 불꽃같은 눈을 가지고 계시고 불로 잘 연마된 놋쇠와 같은 발을 가지신 하나님의 아들이시다.

2) 교회에 대한 칭찬(19, 24a)

□ 본문

"내가 네 사업과 사랑과 믿음과 섬김과 인내를 아노니 네 나중 행위가 처음 것보다 많도다 24a 두아디라에 남아 있어 이 교훈을 받지 아니하고 소위 사탄의 깊은 것을 알지 못하는 너희에게 말하노니"

19. I know your deeds, your love and faith, your service and perseverance, and that you are now doing more than you did at first.

24a. Now I say to the rest of you in Thyatira, to you who do not hold to her teaching and have not learned Satan's so-called deep secrets

■ 목자역

19. 나는 네 사업과 사랑과 믿음과 섬김의 사역과 너의 그 한없는 인내를 안다. 그리고 네가 그 일들을 처음 시작할 때보다 지금 더 많이 하고 있다는 것도 안다.

24a. 나는 두아디라에 남아 있으면서도 이러한 이세벨의 거짓된 가르침을 따르지 않는 자들에게 말한다. 이들은 소위 그들이 말하는 사탄의 깊은 것 곧 거짓된 교리나 교훈을 알려고 하지 않는 사람들이다.

 묵상과 적용(계시록 2장-4.1.)

4.2. 교회에 대한 책망(20-21)

□ 본문

"그러나 네게 책망할 일이 있노라 자칭 선지자라 하는 여자 이세벨을 네가 용납함이니 그가 내 종들을 가르쳐 꾀어 행음하게 하고 우상의 제물을 먹게 하는도다 또 내가 그에게 회개할 기회를 주었으되 자기의 음행을 회개하고자 하지 아니하는도다"

20. Nevertheless, I have this against you : You tolerate that woman Jezebel, who calls herself a prophetess. By her teaching she misleads my servants into sexual immorality and the eating of food sacrificed to idols.

21. I have given her time to repent of her immorality, but she is unwilling.

■ 목자역

20. 그러나 나는 너를 책망한다. 그 이유는 네가 그 자신을 스스로 선지자라고 자처하는 거짓 선지자인 이세벨이라는 여인을 받아들였기 때문이다. 그 여자는 나의 종들에게 거짓된 것을 가르치고 그들을 속여서 음행하게 하고 우상의 제물을 먹게 하고 있다.

21. 그래서 나는 그 여자에게 회개할 수 있는 기회와 시간을 주었다. 그런데도 그 여자는 자신의 음행을 회개하기를 원하지 않았다.

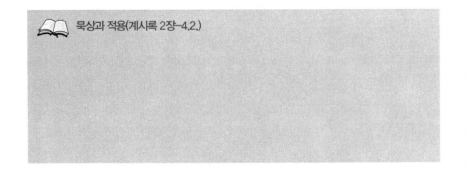

묵상과 적용(계시록 2장-4.2.)

4.3. 회개하지 않는 교회에 대한 징벌과 권면(22-25, 29)

1) 징벌(22-23)

□ 본문

"볼지어다 내가 그를 침상에 던질 터이요 또 그와 더불어 간음하는 자들도 만일 그의 행위를 회개하지 아니하면 큰 환난 가운데에 던지고 또 내가 사망으로 그의 자녀를 죽이리니 모든 교회가 나는 사람의 뜻과 마음을 살피는 자인 줄 알지라 내가 너희 각 사람의 행위대로 갚아주리라"

22. So I will cast her on a bed of suffering, and I will make those who commit adultery with her suffer intensely, unless they repent of her ways.

23. I will strike her children dead. Then all the churches will know that I am he who searches hearts and minds, and I will repay each of you according to your deeds.

■ 목자역

22. 보라! 이제 내가 그 여자를 아주 심한 병이 들게 하여 침상에 눕게 하리라. 그리고 그 여자와 함께 음행한 자들도 그 여자와 더불어 행한 그 음란한 일들을 회개하지 않는다면 큰 환난 가운데 던지리라!

23. 그리고 그 여자가 거짓된 교리를 가르쳐 낳은 그 여자의 자녀들은 살해당해 죽게 할 것이다. 그렇게 함으로써 모든 교회들은 내가 사람들의 생각과 마음의 깊은 곳까지 속속들이 살피는 자인 것을 알게 될 것이다. 그리고 나는 너희가 행한 그 행위대로 너희 각 사람에게 갚아줄 것이다.

2) 권면(24-25, 29)

□ 본문

"두아디라에 남아 있어 이 교훈을 받지 아니하고 소위 사탄의 깊은 것을 알지 못하는 너희에게 말하노니 다른 짐으로 너희에게 지울 것은 없노라 다만 너희에게 있는 것을 내가 올 때까지 굳게 잡으라"

24. Now I say to the rest of you in Thyatira, to you who do not hold to her teaching and have not learned Satan's so-called deep secrets (I will not impose any other burden on you):

25. Only hold on to what you have until I come.

■ 목자역

24. 그리고 나는 두아디라에 남아 있으면서도 이러한 이세벨의 거짓된 가르침을 따르지 않는 자들에게 말한다. 너희들은 소위 그들이 말하는 사탄의 깊은 것을 알려고 하지 않는 사람들이다. 나는 이렇게 순결한 믿음을 지키고 있는 너희들에게는 다른 짐을 지게 하지 않겠다.

25. 그러니 남아 있는 너희들은 너희가 지금 가지고 있는 것을 내가 올 때까지 놓치지 말고 꽉 붙잡고 있으라.

□ 본문

"귀 있는 자는 성령이 교회들에게 하시는 말씀을 들을지어다"(29)

29. He who has an ear, let him hear what the Spirit says to the churches.

■ 목자역

29. 귀 있는 사람은 성령께서 교회들에게 말씀하시는 것을 들어야 한다.

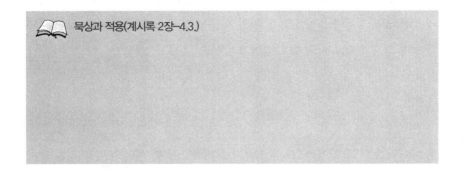

묵상과 적용(계시록 2장-4.3.)

4.4. 이기는 자와 끝까지 주님의 일을 지키는 자에게 주어지는 상(26-28)

□ 본문

"이기는 자와 끝까지 내 일을 지키는 그에게 만국을 다스리는 권세를 주리니 그가 철장을 가지고 그들을 다스려 질그릇 깨뜨리는 것과 같이 하리라 나도 내 아버지께 받은 것이 그러하니라 내가 또 그에게 새벽별을 주리라"

26. To him who overcomes and does my will to the end, I will give authority over the nations--

27. 'He will rule them with an iron scepter; he will dash them to pieces like pottery'-- just as I have received authority from my Father.

28. I will also give him the morning star.

■ 목자역

26. 그리하면 내가 끝까지 이긴 그 사람과 나의 일들을 끝까지 지킨 그 사람에게 모든 나라들을 다스리는 권세를 주겠다.

27. 그들은 철로 된 지팡이를 가지고 나라들을 다스리리라. 그것은 마치 쇠뭉둥이로 질그릇을 깨트리는 것과 같은 강력한 힘이 있는 권세이다. 내가 나의 아버지로부터 받은 것이 그와 같은 권세이다.

28. 그리고 나는 그에게 새벽별을 주겠다.

 묵상과 적용(계시록 2장-4.4.)

4.5. 다짐의 기도

1) 영적 순결을 잘 지키게 하소서!

2) 언제나 믿음으로 이기는 알곡 성도가 되게 하소서!

3) 갈수록 더 잘하게 하소서!

4.6. 본문 요약 도표(두아디라 교회)

교회명	두아디라 교회
요절	계시록 2 : 18–29
교회 상황	1. 버가모의 관문에 있는 상업도시 2. 양모와 염색공업의 중심지(루디아의 출신지, 행16:14) 3. 교회 내부의 도덕적 타락이 문제가 된 교회
주님의 자기소개(18, 23)	1. 그 눈이 불꽃같고 그 발이 빛난 주석과 같은 하나님의 아들 2. 사람의 뜻과 마음을 살피시는 분 3. 행위대로 갚아주시는 분
칭찬(19, 24)	1. 사업과 사랑과 믿음과 섬김과 인내가 있는 교회 2. 처음보다 나중에 더 잘한 교회 3. 사탄의 교훈을 받지 않은 성결한 믿음을 가진 성도가 있는 교회
책망(20, 21)	1. 이세벨을 용납한 것(왕상16:31, 우상숭배와 행음) / 음녀 2. 이단 사상을 용납한 것 3. 회개할 기회를 주었으나 회개하지 않은 것
징벌(22)	회개하지 아니하면 1.침상(죽음과 멸망)에 던져짐 2. 큰 환난(후 3년 반의 재앙)에 던져짐 3. 자녀들이 죽임을 당함
권면(24–25)	1. 너희에게 있는 것을 주님 오실 때까지 굳게 잡으라 2. 이겨라(이기는 자) 3. 끝까지 지켜라(지키는 자)

상급(26–27)	이기는 자에게는 1. 만국을 다스리는 권세(철장권세)를 주리라 2. 새벽별을 주리라
우리 교회	1. 교회 내부의 영적 순결이 잘 지켜지고 있는가? 2. 갈수록 더 잘하는가? 3. 믿음을 잘 지켜 승리하고 있는가?
다짐 기도	영적 순결을 잘 지키고 믿음으로 이기게 하시고 알곡 성도 되어 갈수록 더 잘하게 하소서!

| 계시록 3장 | 성령께서 교회들에게 하시는 말씀 (II)

1 살았다는 이름은 있으나 영적으로 죽어 있는 사데 교회

사데는 남은 것, 남은 이 또는 회복을 뜻한다. 사데 교회에는 교회 구성원들이 거의 다 타락해갈 때 순결한 믿음을 지킨 소수의 사람들이 남아 있었다. 사데는 두아디라 남동쪽 65Km쯤 떨어진 지역에 있는 도시이며 B.C. 700년부터 546년까지 리디아 왕국의 수도였다. 또한 사데는 에게해 주변 무역의 요충지로 인류 역사 최초로 금화와 은화를 만들어 사용한 부유한 도시였다. 사데 교회는 세속화의 물결에 빠져 세상 문화에 깊이 영향을 받은 교회였다.

1.1. 주님의 자기소개와 교회에 대한 칭찬

1) 주님의 자기소개(1a)

□ 본문

"사데 교회의 사자에게 편지하라 하나님의 일곱 영과 일곱 별을 가지신 이가 이르시되"

1a. To the angel of the church in Sardis write : These are the words of him who holds the seven spirits of God and the seven stars.

■ 목자역

1a. 그리고 너는 사데에 있는 그 교회에서 말씀을 전하는 내 종에게 편지를 써 보내라. 이러한 일들을 말씀하신 분은 하나님의 일곱 영들과 일곱 별을 가지고 계신 예수님이시다.

2) 교회에 대한 칭찬(4)

□ 본문

"그러나 사데에 그 옷을 더럽히지 아니한 자 몇 명이 네게 있어 흰 옷을 입고 나와 함께 다니리니 그들은 합당한 자인 연고라"

4. Yet you have a few people in Sardis who have not soiled their clothes. They will walk with me, dressed in white, for they are worthy.

■ 목자역

4. 그러나 아직 적은 숫자이지만 샤데에 그 옷을 더럽히지 않은 몇 사람이 있다. 그들은 흰 옷을 입고 나와 함께 다니게 될 것이다. 그들은 거의 모든 사람들이 믿음을 저버리고 타락해가는 상황에서도 끝까지 자기들의 순결을 지켰으므로 그럴 만한 자격이 충분히 있다.

 묵상과 적용(계시록 3장-1.1.)

1.2. 교회에 대한 책망(1b-2)

□ 본문

"내가 네 행위를 아노니 네가 살았다 하는 이름은 가졌으나 죽은 자로다 너는 일깨어 그 남은 바 죽게 된 것을 굳건하게 하라 내 하나님 앞에 네 행위의 온전한 것을 찾지 못하였노니"

1b. I know your deeds; you have a reputation of being alive, but you are dead.

2. Wake up! Strengthen what remains and is about to die, for I have not found your deeds complete in the sight of my God.

■ 목자역

1b. 나는 네가 해온 그 모든 행위들을 다 알고 있다. 네가 하는 그 행위들을 보니 너는 겉으로 보기에는 그럴듯한 이름도 있고 살아 있는 것 같은데 실제로는 속이 썩어 있고 죽어 있다.

2. 그러므로 깨어나라! 그리고 그 영이 죽어가는 자들 가운데 조금이라도 그 숨이 남아 있는 자들을 다시 깨워 일으켜 세워라. 나는 나의 하나님 앞에서 네가 해온 모든 일들 가운데 어느 것 하나 온전하게 제대로 된 것을 본 일이 없다.

 묵상과 적용(계시록 3장-1.2.)

1.3. 교회에 대한 권면(3, 6)

□ 본문

"그러므로 네가 어떻게 받았으며 어떻게 들었는지 생각하고 지켜 회개하라 일깨어 남은 바 죽게 된 것을 굳건하게 하라 만일 일깨지 아니하면 내가 도둑같이 이르리니 어느 때에 네게 이를는지 네가 알지 못하리라"

3. Remember, therefore, what you have received and heard; obey it, and repent. But if you do not wake up, I will come like a thief, and you will not know at what time I will come to you.

■ 목자역

3. 그러므로 너는 지금 네가 그때 어떻게 구원을 받았는지 그리고 어떻게 그 말씀을 들었는지를 기억하라! 그리고 스스로 회개하고 정결하게 하라! 이렇게까지 말하여도 네가 정신을 차리지 않고 깨어나지 않고 회개하지 않는다면 내가 도적같이 너를 찾아올 것이다. 내가 분명히 말하지만 그때 너는 내가 오는 그 시간을 절대로 알지 못할 것이다.

□ 본문

"귀 있는 자는 성령이 교회들에게 하시는 말씀을 들을지어다"(6절)

6. He who has an ear, let him hear what the Spirit says to the churches.

■ 목자역

6. 귀 있는 사람들은 성령께서 교회들에게 말씀하시는 것을 들어야 한다.

묵상과 적용(계시록 3장-1.3.)

1.4. 이기는 자에게 주어지는 상(5)

□ 본문

"이기는 자는 이와 같이 흰 옷을 입을 것이요 내가 그 이름을 생명책에서 결코 지우지 아니하고 그 이름을 내 아버지 앞과 그의 천사들 앞에서 시인하리라"

5. He who overcomes will, like them, be dressed in white. I will never blot out his name from the book of life, but will acknowledge his name before my Father and his angels.

■ 목자역

5. 이기는 그에게는 흰옷을 주어 입게 할 것이다. 그리고 내가 그의 이름이 기록된 생명책에서 그의 이름을 절대로 지우거나 없애지 않을 것이다. 그리고 나는 그의 이름을 나의 아버지와 그의 천사들 앞에서 시인할 것이다.

 묵상과 적용(계시록 3장-1.4.)

1.5. 다짐의 기도

1) 세상에 취해서 바리새적인 나태함에 빠지지 않게 하소서!
2) 올바른 기도 생활과 영적인 순결함을 지키기에 힘쓰게 하소서!
3) 이름뿐인 신자가 아닌 주님께 합당한 신자가 되게 하소서!

1.6. 본문 요약 도표(사데 교회)

교회명	사데 교회
요절	계시록 3 : 1 - 6
교회 상황	1. 두아디라 남동쪽 65Km쯤 떨어진 지역에 있는 도시 2. B.C. 700년부터 546년까지 리디아 왕국의 수도 3. 인류 역사 최초로 금화와 은화를 만들어 사용한 도시 4. 기둥 78개로 이루어진 아르테미스 신전이 있었던 곳 5. 세속화의 물결에 빠져 세상 문화에 영향을 받는 교회 6. 영적인 깊은 잠에 빠져 복음이 아닌 세상적인 성공과 쾌락이 소망이 되어버린 교회 7. 우상숭배에 대한 강요가 없는 교회 8. 이단의 유혹이 없는 교회 9. 핍박이나 환난이나 시련이나 고난이 없는 교회 10. 바리새적인 교회
주님의 자기소개(3:1)	하나님의 일곱 영과 일곱 별을 가지신 이
책망(1-2)	1. 살았다는 이름은 가졌으나 죽은 자 2. 행위의 온전함이 없는 교회
권면(2-3)	1. 일깨어 남은 바 죽게 된 것을 굳건하게 하라 2. 어떻게 받았으며 들었는지 생각하고 깨어나 회개하라.
징벌(3)	회개하지 아니하면 1. 주님이 갑자기 오셔서 심판하신다(도둑같이 이르리니).

상급(5)	1. 옷을 더럽히지 않은 자 몇 명이 있다(남은자, 합당한 자) 흰옷을 더럽히지 않은 자는 주님과 함께 다니리라 이기는 자는 1. 흰옷을 입음 2. 생명책에서 이름이 지워지지 않음 3. 주님이 아버지 앞에서와 천사들 앞에서 그 이름을 시인함
우리 교회	1. 세상에 취해서 바리새적인 나태함에 빠져 있지 않은가? 2. 기도 생활을 게으르게 하고 있지는 아니한가?
다짐 기도	1. 주님께 합당한 사람이 되게 하소서! 2. 평안할 때 주님과 더 깊이 교제하게 하소서! 3. 겉과 속이 함께 성숙한 성도가 되게 하소서!

② 주님이 기뻐하시는 빌라델비아 교회

빌라델비아는 형제 사랑을 의미한다. 그 이름의 뜻대로 그 교회 안에는 주님을 향한 사랑과 성도들 사이의 사랑이 풍성하였다.

빌라델비아 교회는 샤데에서 남동쪽으로 약 40Km 지점에 위치한 작은 도시에 위치하고 있었다. 빌라델비아는 포도주가 주산물이어서 술의 신 또는 식물의 신으로 일컬어지는 디오니소스를 주신主神으로 섬겼으며 따라서 방탕과 향락의 풍조가 그 도시 전체에 만연해 있었다. 빌라델비아 교회는 유대인의 핍박을 받고 회당에서 쫓겨난 작은 교회였다.

2.1. 주님의 자기소개(7)

□ 본문

"빌라델비아 교회의 사자에게 편지하라 거룩하고 진실하사 다윗의 열쇠를 가지신 이 곧 열면 닫을 사람이 없고 닫으면 열 사람이 없는 그가 이르시되"

7. To the angel of the church in Philadelphia write : These are the words of him who is holy and true, who holds the key of David. What he opens no one can shut, and what he shuts no one can open.

■ 목자역

7. 그리고 너는 빌라델비아에 있는 그 교회의 천사에게 써 보내라. 이러한 일들을 말씀하신 분은 거룩하시고 진실하시며 열면 닫을 사람이 없고 닫으면 열 사람이 없는 다윗의 열쇠를 가지신 예수님이시다.

 묵상과 적용(계시록 3장-2.1.)

2.2. 교회의 상황(8a)

□ 본문

"볼지어다 내가 네 앞에 열린 문을 두었으되 능히 닫을 사람이 없으리라. 내가 네 행위를 아노니"

8a. I know your deeds. I have placed before you an open door that no one can shut.

■ 목자역

8a. 나는 네가 하는 그 행위들을 안다. 내가 네 앞에 문을 열어두었는데 그 문은 누구도 닫을 수 없다.

묵상과 적용(계시록 3장-2.2.)

2.3. 교회에 대한 칭찬(8b, 10a)

□ 본문

"네가 작은 능력을 가지고서도 내 말을 지키며 내 이름을 배반하지 아니하였도다"

8b. I know that you have little strength, yet you have kept my word and have not denied my name.

■ 목자역

8b. : 왜냐하면 네가 아주 적은 능력을 가지고도 나의 말을 지키고 나의 이름을 부인하지 않았기 때문이다.

□ 본문

"네가 나의 인내의 말씀을 지켰은즉"(10a)

10a Since you have kept my command to endure patiently,

■ 목자역

10a. 고통스럽고 힘들어도 인내하라는 내가 한 그 명령들을 네가 잘 지켰기 때문에

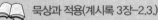

2.4. 교회에 대한 축복(9-10)

□ 본문

"보라 사탄의 회당 곧 자칭 유대인이라 하나 그렇지 아니하고 거짓말 하는 자들 중에서 몇을 네게 주어 그들로 와서 네 발 앞에 절하게 하고 내가 너를 사랑하는 줄을 알게 하리라 네가 나의 인내의 말씀을 지켰은즉 내가 또한 너를 지켜 시험의 때를 면하게 하리니 이는 장차 온 세상에 임하여 땅에 거하는 자들을 시험할 때라"

9. I will make those who are of the synagogue of Satan, who claim to be Jews though they are not, but are liars--I will make them come and fall down at your feet and acknowledge that I have loved you.

10. Since you have kept my command to endure patiently, I will also keep you from the hour of trial that is going to come upon the whole world to test those who live on the earth.

■ 목자역

9. 볼지어다. 내가 사탄의 회당 가운데 있는 몇 사람을 너에게 주리라. 그들은 자기들 스스로 유대인이라고 하지만 그들은 진짜 유대인이 아니다. 그들은 거짓말하는 자들이다. 보라! 내가 반드시 그들이 너를 찾아와 네 발 앞에 엎드려

절하게 만들겠다. 그렇게 함으로서 그들은 내기 너를 얼마나 사랑하는지 알게 될 것이다.

10. 고통스럽고 힘들어도 참고 견디며 인내하라는 나의 그 말씀들을 네가 잘 지켰기 때문에 나도 또한 그 땅 위에 살고 있는 모든 사람들을 시험하기 위해 이제 곧 찾아오게 될 큰 시험의 때에 너를 건져내어 지킬 것이다.

 묵상과 적용(계시록 3장-2.4.)

2.5. 교회에 대한 권면(11, 13)

□ 본문

"내가 속히 오리니 네가 가진 것을 굳게 잡아 아무도 네 면류관을 빼앗지 못하게 하라"

11. I am coming soon. Hold on to what you have, so that no one will take your crown.

■ 목자역

11. 나는 신속하게 올 것이다. : 네가 가진 것을 꽉 붙잡아 아무도 네가 가진 면류관을 빼앗지 못하도록 하라!

□ 본문

"귀 있는 자는 성령이 교회들에게 하시는 말씀을 들을지어다"(13)

13. He who has an ear, let him hear what the Spirit says to the churches.

■ 목자역

13. 귀 있는 사람은 성령께서 교회들에게 하시는 말씀을 들어야 한다.

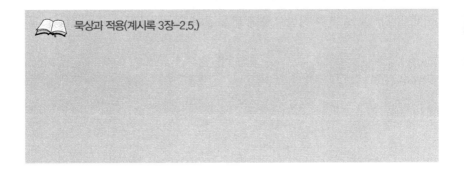

묵상과 적용(계시록 3장-2.5.)

2.6. 이기는 자에게 주어지는 상(12)

□ 본문

"이기는 자는 내 하나님 성전에 기둥이 되게 하리니 그가 결코 다시 나가지 아니하리라 내가 하나님의 이름과 하나님의 성 곧 하늘에서 내 하나님께로부터 내려오는 새 예루살렘의 이름과 나의 새 이름을 그이 위에 기록하리라"

12. Him who overcomes I will make a pillar in the temple of my God. Never again will he leave it. I will write on him the name of my God and the name of the city of my God, the new Jerusalem, which is coming down out of heaven from my God; and I will also write on him my new name.

■ 목자역

12. 이기는 그 사람, 나는 그를 나의 하나님의 성전의 기둥이 되게 할 것이다. 그러므로 그는 결코 더 이상 성전 밖으로 나가지 않을 것이다. 나는 그 사람에게 나의 하나님의 이름과 나의 하나님의 도성의 이름 곧 나의 하나님이 계시는

하늘에서 내려오는 새 예루살렘 성의 이름 그리고 나의 새로운 이름을 기록할 것이다.

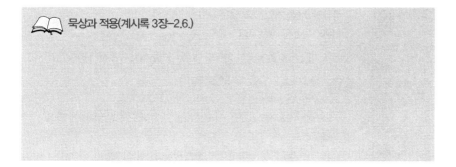

2.7. 다짐의 기도

1) 언제나 어디서나 상황이나 능력에 상관없이 주님의 말씀을 지키고 주님의 이름을 배반하지 않게 하소서!
2) 언제나 열린 자세로 형제를 사랑하며 선교 명령에 순종하게 하소서!
3) 언제나 전도와 사랑의 문이 열려 주님의 영광을 드러내는 교회가 되게 하소서!
4) 서로의 아픔과 상처를 사랑으로 감싸 안을 수 있는 교회되게 하소서!

2.8. 본문 요약 도표(빌라델비아 교회)

교회명	빌라델비아 교회
요절	계시록 3 : 7 – 13
교회 상황	1. 샤데에서 동남쪽으로 약 40Km 지점에 위치한 작은 도시 2. 유대인의 핍박을 받고 회당에서 쫓겨난 교회 3. 아델포스(형제) 필로스(사랑)로 유명한 교회

주님의 자기소개(7)	1. 거룩하고 진실하신 분
	2. 다윗의 열쇠를 가지신 이 곧 열면 닫을 사람이 없고 닫으면 열 사람이 없는 분
칭찬(8)	1. 작은 능력을 가지고 주님의 말씀을 지킨 교회
	2. 주님의 이름을 배반하지 않은 교회
	3. 인내의 말씀을 지킨 교회
권면(11)	1. 네가 가진 것을 굳게 잡아 아무도 네 면류관을 빼앗지 못하게 하라
상급(8-10, 12)	1. 열린 문의 축복 - 닫을 자가 없으리라
	2. 내가 너를 사랑하는 줄 알게 하리라
	- 핍박하던 자(자칭 유대인, 거짓말 하는 자)들이 오히려 굴복하게 되리라
	3. 시험의 때를 면하게 하리라
	- 장차 온 세상에 임하여 땅에 거하는 자들을 시험할 때
	이기는 자는
	1. 하나님 성전의 기둥이 되게 하리라
	2. 결코 다시 나가지 아니하리라
	3. 하나님의 이름과 하늘에서 내려오는 새 예루살렘의 이름과 예수님의 새 이름을 그이 위에 기록하리라
우리 교회	1. 언제나 능력에 상관없이 주님의 말씀을 지키고 주님의 이름을 배반하지 않는가?
	2. 형제를 사랑하며 선교 명령에 순종하고 있는가?
	3. 천국의 문이 열려 있는가?
	4. 면류관을 받았는가? 받은 면류관을 잘 지키고 있는가?
다짐 기도	1. 적은 능력으로도 주님의 영광을 드러내는 열린 교회가 되게 하소서!
	2. 언제나 전도와 선교와 천국의 문이 열려 주님의 영광을 드러내는 교회가 되게 하소서!
	3. 서로의 아픔과 상처를 사랑으로 감싸 안을 수 있는 교회가 되게 하소서!

3 차지도 뜨겁지도 않은 라오디게아교회

라오디게아는 사람들의 의견이나 판단을 의미한다. 이 교회는 주님의 뜻보다는 사람들의 의견을 중요하게 생각하는 영적으로 타락한 교회였다.

라오디게아는 원래 브리기아라고 불리는 시리아 제국의 한 부분이었으며 안티오커스 2세의 아내의 이름인 라오디게아를 따서 이름을 지은 도시이다. 이 교회는 에바브라에 의해 세워진 교회로 보이며 골로새 교회와 히에라 볼리 교회와 함께 사도 바울의 지도를 받았다. 이 교회는 눔바라는 여인의 집에서 시작한 교회로서 가정 교회에서 지역 교회로 점차 성장하면서 처음에 가졌던 거룩함과 열정을 상실한 교회였다.

3.1. 주님의 자기소개(14)

□ 본문

"라오디게아 교회의 사자에게 편지하라 아멘이시요 충성되고 참된 증인이시요 하나님의 창조의 근본이신 이가 이르시되"(14)

14. To the angel of the church in Laodicea write: These are the words of the Amen, the faithful and true witness, the ruler of God's creation.

■ 목자역

14. 그리고 너는 라오디게아에 있는 그 교회에서 말씀을 전하는 나의 종에게 편지를 써 보내라. 이러한 일들을 말씀하신 분은 아멘이시고 진실하시고 참된 증인이시며 하나님의 창조의 근원이신 예수님이시다.

묵상과 적용(계시록 3장–3.1.)

3.2. 교회의 상황(15)

□ 본문

"내가 네 행위를 아노니 네가 차지도 아니하고 뜨겁지도 아니하도다 네가 차든지 뜨겁든지 하기를 원하노라"

15. I know your deeds, that you are neither cold nor hot. I wish you were either one or the other!

■ 목자역

15. 나는 너의 그 행위들을 안다. 그것은 곧 네가 차지도 않고 뜨겁지도 않다는 것이다. 나는 네가 차든지 뜨겁기를 원한다.

 묵상과 적용(계시록 3장–3.2.)

3.3. 교회에 대한 칭찬 : 없음

3.4. 교회에 대한 책망(15-17)

□ 본문

"내가 네 행위를 아노니 네가 차지도 아니하고 뜨겁지도 아니하도다 네가 차든 지 뜨겁든지 하기를 원하노라 네가 이같이 미지근하여 뜨겁지도 아니하고 차 지도 아니하니 내 입에서 너를 토하여 버리리라 네가 말하기를 나는 부자라 부 요하여 부족한 것이 없다 하나 네 곤고한 것과 가련한 것과 가난한 것과 눈 먼 것과 벌거벗은 것을 알지 못하는도다"

15. I know your deeds, that you are neither cold nor hot. I wish you were either one or the other!

16. So, because you are lukewarm--neither hot nor cold--I am about to spit you out of my mouth.

17. You say, 'I am rich; I have acquired wealth and do not need a thing.' But you do not realize that you are wretched, pitiful, poor, blind and naked.

■ 목자역

15. 나는 너의 그 행위들을 안다. 그것은 곧 네가 차지도 않고 뜨겁지도 않다는 것이다. 나는 네가 차든지 뜨겁기를 원한다.

16. 그런데 네가 이처럼 미지근하여 차지도 뜨겁지도 않기 때문에 나는 내 입 에서 너를 토하여 뱉어버리겠다.

17. 너는 스스로 말하기를 나는 부자다. 나는 많은 것들을 가지고 있기 때문에 필요한 것이 없다고 한다. 그런데 너는 네가 지금 얼마나 곤고하고 불쌍하고 가 난하고 눈이 멀어 있고 벌거벗은 존재인지를 모르고 있다.

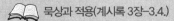
묵상과 적용(계시록 3장-3.4.)

3.5. 교회에 대한 권면(18-19, 22)

□ 본문

"내가 너를 권하노니 내게서 불로 연단한 금을 사서 부요하게 하고 흰 옷을 사서 입어 벌거벗은 수치를 보이지 않게 하고 안약을 사서 눈에 발라 보게 하라 무릇 내가 사랑하는 자를 책망하여 징계하노니 그러므로 네가 열심을 내라 회개하라"

18. I counsel you to buy from me gold refined in the fire, so you can become rich; and white clothes to wear, so you can cover your shameful nakedness; and salve to put on your eyes, so you can see.

19. Those whom I love I rebuke and discipline. So be earnest, and repent.

■ 목자역

18. 내가 네게 권한다. 네가 진짜 부자가 되기 위하여 불로 잘 제련된 정금을 나에게서 사라(순결한 믿음). 그리고 흰 옷을 사서 입어 너의 그 벌거벗은 수치를 가리도록 하라(성결). 그리고 새로운 세상을 보는 영적인 눈을 뜨기 위하여 안약을 사서 그 눈에 바르도록 하라(영적 분별력).

19. 나는 내가 사랑하는 사람은 누구나 책망한다. 그리고 징계한다. : 그러므로 너는 회개하라 그리고 열심을 내라!

□ 본문

"귀 있는 자는 성령이 교회들에게 하시는 말씀을 들을지어다"(22)

22. He who has an ear, let him hear what the Spirit says to the churches.

■ 목자역

22. 귀가 있는 사람은 성령께서 교회들에게 하시는 말씀을 들어야 한다.

묵상과 적용(계시록 3장-3.5.)

3.6. 교회에 대한 약속(20)

□ 본문

"볼지어다 내가 문 밖에 서서 두드리노니 누구든지 내 음성을 듣고 문을 열면 내가 그에게로 들어가 그와 더불어 먹고 그는 나와 더불어 먹으리라"

20. Here I am! I stand at the door and knock. If anyone hears my voice and opens the door, I will come in and eat with him, and he with me.

■ 목자역

20. 볼지어다. 나는 네 문 밖에 서 있다. 그리고 그 문을 두드리고 있다. : 이렇게 애타게 찾고 부르는 나의 그 음성을 듣고 회개하여 그 문을 여는 사람에게 나는 들어갈 것이다. 그리고 나는 그와 함께 먹을 것이며 그도 나와 함께 먹게 되리라. 볼지어다.

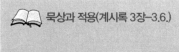 묵상과 적용(계시록 3장-3.6.)

3.7. 이기는 자에게 주어지는 상(21)

□ 본문

"이기는 그에게는 내가 내 보좌에 함께 앉게 하여주기를 내가 이기고 아버지 보좌에 함께 앉은 것과 같이 하리라"

21. To him who overcomes, I will give the right to sit with me on my throne, just as I overcame and sat down with my Father on his throne.

■ 목자역

21. 이기는 자는 나의 보좌에 나와 함께 앉게 해주겠다. 마치 내가 이기고 내 아버지의 보좌에 아버지와 함께 앉았던 것처럼!

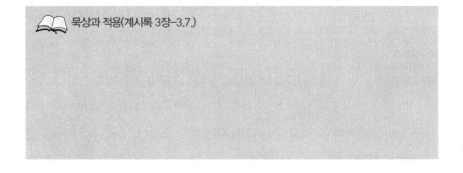 묵상과 적용(계시록 3장-3.7.)

3.8. 다짐의 기도

1) 세상에 취해 영적인 나태함 속에 빠져 있는 것을 회개하게 하소서!

2) 자신을 돌아보고 주님을 향한 열정이 되살아나게 하소서!

3.9. 본문 요약 도표(라오디게아 교회)

교회명	라오디게아 교회
요절	계시록 3: 14–22
교회 상황	1. 원래 시리아 제국의 한 부분이었으며 안티오커스 2세의 아내의 이름인 "라오디게아"를 따서 이름을 붙인 도시 2. 리쿠스 계곡을 따라 반경 15Km내에 골로새, 히에라볼리(파묵칼레)라는 도시와 삼각형을 이루는 도시 3. 물질적인 풍성함 속에 영적인 비참함을 모르는 교회 (금융업, 양모산업, 안약으로 유명한 도시) 4. 눔바라는 여인의 집에서 시작한 교회(골4:15) 5. 교회가 성장하면서 거룩성과 열정을 상실한 교회
주님의 자기소개 (14, 20, 21)	1. 아멘이시요 충성되고 참된 증인(신실함) 2. 하나님의 창조의 근본이신 이(새로운 창조를 필요로 하는 교회) 3. 문밖에서 문을 두드리시는 분 4. 이기고 아버지(성부 하나님)의 보좌에 함께 앉으신 분
책망(15–17)	1. 차지도 않고 뜨겁지도 않다(열정의 상실) 2. 스스로를 부자로 여김(자아 성찰 능력의 상실)
권면(15–19)	1. 차든지 뜨겁든지 하라! 아니면 토하여 버린다. 2. 주님께 불로 연단한 금(믿음)을 사서 부요하게 하라 3. 흰옷(거룩함)을 사서 입어 벌거벗은 수치를 보이지 않게 하라 4. 안약(영적인 치료)을 사서 눈에 발라 보게 하라(영적인 분별력) 5. 열심을 내라 회개하라(회복하라) (거룩한 변화, 열정의 회복)
약속	누구든지 주님의 음성을 듣고 문을 열면 주님이 그에게로 들어가서 그와 더불어 먹고 그는 주님과 함께 먹으리라

상급	이기는 자에게는 1. 주님의 보좌에 함께 앉게 한다.
우리 교회	1. 열정이 살아 있는가? 2. 세상에 취해 영적인 나태함 속에 빠져 있지는 않는가?
다짐 기도	1. 거룩한 변화를 통해 열정을 회복하게 하소서! 2. 세상에 취해 영적인 나태함 속에 빠져 있는 것을 회개하게 하소서!

하늘나라의 예배와 심판 주 등극 예식과 인을 뗄 때 임하는 재앙

| 계시록 4장 | 하늘에 있는 보좌와 예배

1 하늘로 들어가는 열린 문(1)

□ 본문

"이 일 후에 내가 보니 하늘에 열린 문이 있는데 내가 들은 바 처음에 내게 말하던 나팔 소리 같은 그 음성이 이르되 이리로 올라오라 이 후에 마땅히 일어날 일들을 내가 네게 보이리라 하시더라"

1. After this I looked, and there before me was a door standing open in heaven. And the voice I had first heard speaking to me like a trumpet said, "Come up here, and I will show you what must take place after this."

■ 목자역

1. **이러한 일들이 있은 후에** 나는 보았습니다. 그리고 자 보세요, 하늘에 하나의 문이 열려 있습니다. 그리고 나는 처음에 트럼펫 소리처럼 큰소리로 나에게 말씀하시던 주님의 그 음성을 다시 들었습니다. 이리로 올라오라 그러면 내가 **이러한 일들이 있은 후에** 일어날 그 일들을 너에게 보여주겠다.

묵상과 적용(계시록 4장-1)

2 하늘 보좌에 계신 주님과 그 주위에 있는 이십사 장로의 모습(2-6)

2.1. 하늘 보좌의 모습(2-3)

□ 본문

"내가 곧 성령에 감동되었더니 보라 하늘에 보좌를 베풀었고 그 보좌 위에 앉으신 이가 있는데 앉으신 이의 모양이 벽옥과 홍보석 같고 또 무지개가 있어 보좌에 둘렸는데 그 모양이 녹보석 같더라"

2. At once I was in the Spirit, and there before me was a throne in heaven with someone sitting on it.

3. And the one who sat there had the appearance of jasper and carnelian. A rainbow, resembling an emerald, encircled the throne.

■ 목자역

2. 그 즉시 나는 **성령 안에 있게 되었습니다.** 보십시오. 하늘에 하나의 보좌가 놓여 있는데 그 보좌 위에 한 분이 앉아 계십니다.

3. 보좌 위에 앉아 있는 하나님의 모습은 벽옥과 홍보석 같습니다. 그리고 그 보좌 주위에 둘려 있는 무지개는 에메랄드 같습니다.

2.2. 보좌 주위에 있는 이십사 장로의 모습(4)

□ 본문

"또 보좌에 둘려 이십사 보좌들이 있고 그 보좌들 위에 이십사 장로들이 흰 옷을 입고 머리에 금관을 쓰고 앉았더라"

4. Surrounding the throne were twenty-four other thrones, and seated on them were twenty-four elders. They were dressed in white and had crowns of gold on their heads.

■ 목자역

4. 그리고 그 보좌 주위에는 이십사 보좌가 있습니다. 그 보좌들 위에는 이십사 장로들이 흰 옷을 입고 앉아 있는데 그들의 머리에는 금 면류관이 있습니다.

2.3. 보좌로부터 나오는 것(5a)

□ 본문

"보좌로부터 번개와 음성과 우렛소리가 나고"

5a. From the throne came flashes of lightning, rumblings and peals of thunder.

■ 목자역

5a. 그리고 그 보좌로부터 번개와 음성들과 천둥소리들이 나왔습니다.

2.4. 보좌 앞에 있는 것(5b-6a)

□ 본문

"보좌 앞에 켠 등불 일곱이 있으니 이는 하나님의 일곱 영이라 보좌 앞에 수정과 같은 유리 바다가 있고"

5b. Before the throne, seven lamps were blazing. These are the seven spirits of God.

6a. Also before the throne there was what looked like a sea of glass, clear as crystal.

■ 목자역

5b. 그 보좌 앞에 불이 활활 타오르는 일곱 등불들이 있는데 이는 일곱 영의 특성을 가지신 성령님이십니다. :

6a. 그리고 그 보좌 앞에 수정과 같이 맑은 유리바다가 있습니다.

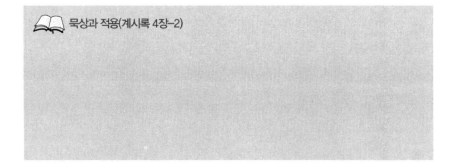

묵상과 적용(계시록 4장-2)

3 하늘 보좌 주위에 있는 네 생물의 모습(6b-8a)

□ 본문

"보좌 가운데와 보좌 주위에 네 생물이 있는데 앞뒤에 눈들이 가득하더라 그 첫째 생물은 사자 같고 그 둘째 생물은 송아지 같고 그 셋째 생물은 얼굴이 사람 같고 그 넷째 생물은 날아가는 독수리 같은데 네 생물은 각각 여섯 날개를 가졌고 그 안과 주위에는 눈들이 가득하더라"

6b. In the center, around the throne, were four living creatures, and they were covered with eyes, in front and in back.

7. The first living creature was like a lion, the second was like an ox, the third had a face like a man, the fourth was like a flying eagle.

8a. Each of the four living creatures had six wings and was covered with eyes all around, even under his wings.

■ 목자역

6b. : 그 보좌 앞의 한 가운데와 그 보좌 둘레에 모든 피조물을 대표하는 천사 장들인 앞뒤로 눈들이 가득한 네 생물이 있습니다.

7. 그 네 생물 가운데 첫째는 사자와 같고 둘째 생물은 송아지 같습니다. 그리고 셋째 생물은 그 얼굴이 사람의 얼굴과 같으며 네 번째 생물은 날아다니는 독수리 같습니다.

8a. 모든 피조물을 대표하는 천사 장들인 그 네 생물들은 모두 각각 여섯 개의 날개를 가졌는데 날개 안과 주위로 돌아가면서 눈들이 가득했습니다.

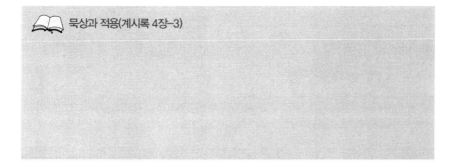

📖 묵상과 적용(계시록 4장-3)

---

4 네 생물이 하는 일(8b-9) : 찬양(1)

□ 본문

"그들이 밤낮 쉬지 않고 이르기를 거룩하다 거룩하다 거룩하다 주 하나님 곧 전능하신 이여 전에도 계셨고 이제도 계시고 장차 오실 이시라 하고 그 생물들이 보좌에 앉으사 세세토록 살아 계시는 이에게 영광과 존귀와 감사를 돌릴 때에"

8b. Day and night they never stop saying: Holy, holy, holy is the Lord God Almighty, who was, and is, and is to come.

9. Whenever the living creatures give glory, honor and thanks to him who sits on the throne and who lives for ever and ever,

■ 목자역

8b. 그들은 밤낮 쉬지 않고 말하였습니다. : 거룩하다, 거룩하다, 거룩하다, 전능하신 주 하나님, 전에도 계셨고 지금도 계시고 장차 오실 분이시여!

9. 이렇게 그 천사 장들이 영광과 존귀와 감사를 보좌에 앉아 계신 세세토록 살아 계신 하나님께 돌릴 때에

 묵상과 적용(계시록 4장-4)

5 이십사 장로가 하는 일(10-11) : 찬양(2)

□ 본문

"이십사 장로들이 보좌에 앉으신 이 앞에 엎드려 세세토록 살아 계시는 이에게 경배하고 자기의 관을 보좌 앞에 드리며 이르되 우리 주 하나님이여 영광과 존귀와 권능을 받으시는 것이 합당하오니 주께서 만물을 지으신지라 만물이 주의 뜻대로 있었고 또 지으심을 받았나이다 하더라"

10. the twenty-four elders fall down before him who sits on the throne, and worship him who lives for ever and ever. They lay their crowns before the throne and say:

11. "You are worthy, our Lord and God, to receive glory and honor and power, for you created all things, and by your will they were created and have their being."

■ 목자역

10. 보좌에 앉아 계신 세세토록 살아 계신 하나님께 그 이십사 장로들이 엎드려 경배합니다. 그리고 하나님의 보좌 앞에 그들의 면류관을 내려놓으며 말합니다.

11. 우리들의 유일하신 주님이시며 하나님이신 당신은 영광과 존귀와 권능을 받으시기에 합당하십니다. 왜냐하면 이 모든 것들을 주님께서 창조하셨기 때문입니다. 그것들은 주님의 뜻대로 창조되었으며 지금까지 존재해 왔습니다.

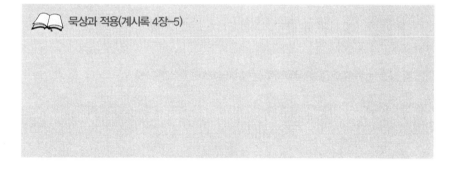
묵상과 적용(계시록 4장-5)

| 계시록 5장 | 심판주로 등극하시는 예수님과 천사들과 모든 피조물의 찬양

1 예수님이 심판주로 등극하시는 예식(1-7)

1.1. 안팎으로 쓰고 일곱 인으로 봉한 하나님의 오른손에 있는 두루마리(1)

□ 본문

"내가 보매 보좌에 앉으신 이의 오른손에 두루마리가 있으니 안팎으로 썼고 일곱 인으로 봉하였더라"

1. Then I saw in the right hand of him who sat on the throne a scroll with writing on both sides and sealed with seven seals.

■ 목자역

1. 나는 그 보좌 위에 앉아계신 하나님의 오른손에 있는 안과 밖으로 글이 쓰여 있고 일곱 개의 인으로 봉인되어 있는 하나의 두루마리를 보았습니다.

1.2. 힘 있는 천사의 외침과 승리자이신 예수님에 대한 소개(2-5)

□ 본문

"또 보매 힘 있는 천사가 큰 음성으로 외치기를 누가 그 두루마리를 펴며 그 인을 떼기에 합당하냐 하나 하늘 위에나 땅 위에나 땅 아래에 능히 그 두루마리를 펴거나 보거나 할 자가 없더라 그 두루마리를 펴거나 보거나 하기에 합당한 자가 보이지 아니하기로 내가 크게 울었더니 장로 중의 한 사람이 내게 말하되 울지 말라 유대 지파의 사자 다윗의 뿌리가 이겼으니 그 두루마리와 그 일곱 인을 떼시리라 하더라"

2. And I saw a mighty angel proclaiming in a loud voice, "Who is worthy to

break the seals and open the scroll?"

3. But no one in heaven or on earth or under the earth could open the scroll or even look inside it.

4. I wept and wept because no one was found who was worthy to open the scroll or look inside.

5. Then one of the elders said to me, "Do not weep! See, the Lion of the tribe of Judah, the Root of David, has triumphed. He is able to open the scroll and its seven seals."

■ 목자역

2. 그리고 나는 한 힘센 천사가 큰 소리로 외치는 것을 보았습니다. : 과연 그 누가 그 두루마리에 있는 그 봉인들을 떼어 내겠습니까? 그리고 그 누가 그 두루마리를 펼칠 만한 자격이 있겠습니까?

3. 그런데 그때 내가 보니 하늘에서나 땅 위에서나 땅 아래에서 그 두루마리를 펼치거나 그것을 볼 존재가 하나도 없었습니다.

4. 그래서 나는 통곡하며 큰 소리로 울었습니다. 왜냐하면 그 두루마리를 펼치거나 그것을 볼 만큼 합당한 자격이 있는 자가 하나도 없었기 때문입니다.

5. 그러자 장로들 가운데 한 사람이 나에게 말했습니다. : 울지 마시오! 자 보시오, 유다지파의 사자이시며 다윗의 뿌리이신 예수님이 이기셨습니다. 예수님이 그 두루마리의 일곱 봉인을 떼어 내시고 그 두루마리를 펼치실 것입니다.

1.3. 심판주가 되실 어린 양 예수님의 등장(6)

□ 본문

"내가 또 보니 보좌와 네 생물과 장로들 사이에 한 어린 양이 서 있는데 일찍이 죽임을 당한 것 같더라 그에게 일곱 뿔과 일곱 눈이 있으니 이 눈들은 온 땅에 보내심을 받은 하나님의 일곱 영이더라"

6. Then I saw a Lamb, looking as if it had been slain, standing in the center of the throne, encircled by the four living creatures and the elders. He had seven horns and seven eyes, which are the seven spirits of God sent out into all the earth.

■ 목자역

6. 그리고 나는 보좌의 한 가운데와 네 생물들과 장로들 사이에 서 있는 일찍이 죽임을 당하신 것 같은 어린 양이신 예수님을 보았습니다. 어린 양이신 예수님은 완전한 권세를 나타내는 일곱 개의 뿔과 하나님의 완전한 지식과 지혜와 통찰력을 상징하는 일곱 개의 눈을 가졌습니다. 그 일곱 눈은 온 땅에 보내심을 받은 하나님의 일곱 영들입니다.

1.4. 두루마리를 받아 심판주로 등극하시는 예수님(7)

□ 본문

"그 어린 양이 나아와서 보좌에 앉으신 이의 오른손에서 두루마리를 취하시니라"

7. He came and took the scroll from the right hand of him who sat on the throne.

■ 목자역

7. 그 어린 양이신 예수님이 나오셔서 보좌 위에 앉아 계시는 하나님의 오른손에서 그 두루마리를 취하셨습니다.

묵상과 적용(계시록 5장-1)

2 심판 주가 되신 예수님을 찬양(8-13)

2.1. 성도의 기도(8)

□ 본문

"그 두루마리를 취하시매 네 생물과 이십사 장로들이 그 어린 양 앞에 엎드려 각각 거문고와 향이 가득한 금 대접을 가졌으니 이 향은 성도의 기도들이라"

8. And when he had taken it, the four living creatures and the twenty-four elders fell down before the Lamb. Each one had a harp and they were holding golden bowls full of incense, which are the prayers of the saints.

■ 목자역

8. 어린 양이신 예수님이 그 책을 취하셨을 때에 그 네 천사 장들과 이십사 장로들이 예수님 앞에 엎드렸습니다. 그들은 각각 하나의 하프와 향으로 가득 차 있는 금 대접을 가지고 있습니다. 그 대접들에 들어 있는 향들은 성도들의 기도를 모은 것들입니다.

2.2. 네 생물과 이십사 장로의 합동 찬양(9-10)

□ 본문

"그들이 새 노래를 불러 이르되 두루마리를 가지시고 그 인봉을 떼기에 합당하시도다 일찍이 죽임을 당하사 각 족속과 방언과 백성과 나라 가운데에서 사람들을 피로 사서 하나님께 드리시고 그들로 우리 하나님 앞에서 나라와 제사장들을 삼으셨으니 그들이 땅에서 왕 노릇 하리로다 하더라"

9. And they sang a new song: "You are worthy to take the scroll and to open its seals, because you were slain, and with your blood you purchased men for God from every tribe and language and people and nation.

10. You have made them to be a kingdom and priests to serve our God, and they will reign on the earth."

■ 목자역

9. 네 생물과 이십사 장로들은 새 노래를 부르며 말했습니다. : 예수님은 그 두루마리를 가지시기에 합당하십니다. 그리고 그 두루마리의 봉인들을 떼시기에 합당하십니다. 왜냐하면 예수님은 택함 받은 성도들을 위해 일찍이 죽임을 당하셔서 그 흘리신 피로 모든 종족과 언어와 백성과 나라에서 그들을 사서 하나님께 드렸기 때문입니다.

10. 그리고 예수님은 피값으로 산 그들을 하나님을 위해 하나의 나라로 만드시고 또한 그들을 그 나라의 제사장들로 만드셨습니다. 이제 그들은 땅 위에서 왕이 되어 다스리게 될 것입니다.

2.3. 헤아릴 수 없이 많은 천사들의 찬양(11-12)

□ 본문

"내가 또 보고 들으매 보좌와 생물들과 장로들을 둘러선 많은 천사의 음성이 있으니 그 수가 만만이요 천천이라 큰 음성으로 이르되 죽임을 당하신 어린 양은 능력과 부와 지혜와 힘과 존귀와 영광과 찬송을 받으시기에 합당하도다 하더라"

11. Then I looked and heard the voice of many angels, numbering thousands upon thousands, and ten thousand times ten thousand. They encircled the throne and the living creatures and the elders.

12. In a loud voice they sang: "Worthy is the Lamb, who was slain, to receive power and wealth and wisdom and strength and honor and glory and praise!"

■ 목자역

11. 그리고 나는 그 보좌와 네 생물들과 장로들을 둘러싸고 있는 천사들을 보고 그 천사들의 소리를 들었습니다. 천사들의 숫자는 감히 그 수를 헤아릴 수 없을 정도로 많았습니다. 그 수는 천천만만이었습니다.

12. 그 천사들은 아주 큰 소리로 말하였습니다. 일찍이 죽임을 당하신 예수님은 권능과 부요함과 지혜와 강한 힘과 존귀와 영광과 찬양을 받으시기에 합당하십니다.

2.4. 모든 피조물들의 찬양(13)

□ 본문

"내가 또 들으니 하늘 위에와 땅 위에와 땅 아래와 바다 위와 또 그 가운데 모든 피조물이 이르되 보좌에 앉으신 이와 어린 양에게 찬송과 존귀와 영광과 권능을 세세토록 돌릴지어다 하니"

13. Then I heard every creature in heaven and on earth and under the earth and on the sea, and all that is in them, singing: "To him who sits on the throne and to the Lamb be praise and honor and glory and power, for ever and ever!"

■ 목자역

13. 그리고 나는 모든 피조물들 곧 하늘에 있는 것들과 땅 위에 있는 것들과 땅 아래 있는 것들과 바다 위에 있는 것들과 바다 안에 있는 모든 것들이 말하는 것을 들었습니다. : 보좌 위에 앉아 계신 하나님과 그분의 어린 양이신 예수님께 찬송과 존귀와 영광과 권능이 세세토록 있기를 원합니다.

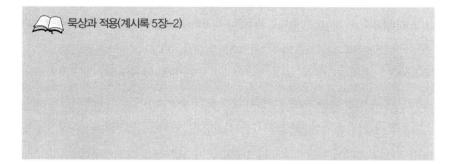

묵상과 적용(계시록 5장-2)

③ 예배와 예식의 마침(14)

□ 본문

"네 생물이 이르되 아멘 하고 장로들은 엎드려 경배하더라"

14. The four living creatures said, "Amen," and the elders fell down and worshiped.

■ 목자역

14. 그러자 네 생물들이 말하였습니다. 아멘! 그리고 그 장로들은 모두 엎드려 경배하였습니다.

묵상과 적용(계시록 5장-3)

| 계시록 6장 | 첫째 인(복음 전파)과 다섯 인(둘째~여섯째)을 뗄 때 온 세상에 임하는 심판의 재앙

◎ 6장에 나타난 여섯 인의 구조는 다음과 같다.

1. 첫째 인을 뗌으로서 시작되는 복음의 세계적 전파
   : 흰 말(정복자 – 복음의 세계적 전파)
2. 두 번째 인부터 네 번째 인까지 계속되는 재앙
   1) 둘째 인 : 붉은 말(전쟁)
   2) 검은 말 : 양식의 기근(영적으로는 말씀 궁핍)
   3) 청황색 말 : 전영병과 죽음(영적으로는 사탄의 역사)
3. 다섯 번째 인
   : 순교자의 영혼들의 호소(핍박 – 위로)
4. 여섯 번째 인
   : 자연계 파괴(우주적 재앙, 영적으로는 배도의 사건과 심판)

1 다섯 째 인을 떼실 때까지의 인을 떼는 공통형식(1, 3, 5, 7, 9)

(1) 인을 떼는 형식 : "내가 보매 어린 양이 일곱 인 중의 하나를 떼시는데 그 때에 내가 들으니 네 생물 중의 하나가 우렛소리같이 말하되 오라 하기로"(1절)

"I watched as the Lamb opened the first of the seven seals. Then I heard one of the four living creatures say in a voice like thunder, "Come!"

■ 목자역

1. 나는 그 어린 양이 그 일곱 봉인 중의 하나를 떼어 내시는 모습을 보았습니다. 그리고 나는 그 네 생물 중의 하나가 천둥소리와 같은 큰소리로 말하는 것을 들었습니다. : 오라!

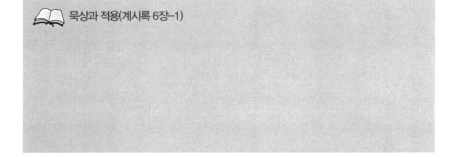

묵상과 적용(계시록 6장-1)

2 첫 번 째 인印(1–2) : 흰말(복음전파)

□ 본문

"내가 보매 어린 양이 일곱 인 중에 하나를 떼시는 그 때에 내가 들으니 네 생물 중에 하나가 우렛소리같이 말하되 오라 하기로 이에 내가 보니 흰 말이 있는데 그 탄 자가 활을 가졌고 면류관을 받고 나가서 이기고 또 이기려고 하더라"

1. I watched as the Lamb opened the first of the seven seals. Then I heard one

of the four living creatures say in a voice like thunder, "Come!"

2. I looked, and there before me was a white horse! Its rider held a bow, and he was given a crown, and he rode out as a conqueror bent on conquest.

■ 목자역

1. 나는 예수님께서 그 일곱 봉인 중의 하나를 떼어 내시는 모습을 보았습니다. 그때 나는 그 네 생물 중의 하나가 천둥소리와 같은 큰소리로 말하는 것을 들었습니다. : 오라!

2. 오라는 그 소리와 함께 한 마리의 흰 말이 나오는 것을 보았는데 그 말위에 앉아 있는 이는 이미 화살을 쏘아버린 하나의 활을 가지고 있습니다. 보좌에 계신 하나님께로부터 그에게 하나의 면류관이 주어졌습니다. 그러자 그는 나가서 싸움에서 이겼고 또 이긴 후에도 계속 이기려고 했습니다.

묵상과 적용(계시록 6장-2)

③ 두 번째 인印 재앙(3-4) : 전쟁

□ 본문

"둘째 인을 떼실 때에 내가 들으니 둘째 생물이 말하되 오라 하니 이에 다른 붉은 말이 나오더라 그 탄 자가 허락을 받아 땅에서 화평을 제하여 버리며 서로 죽이게 하고 또 큰 칼을 받았더라"

3. When the Lamb opened the second seal, I heard the second living creature say, "Come!"

4. Then another horse came out, a fiery red one. Its rider was given power to take peace from the earth and to make men slay each other. To him was given a large sword.

■ 목자역

3. 예수님께서 그 두루마리의 두 번째 봉인을 떼어 내실 때에 나는 두 번째 생물이 말하는 것을 들었습니다. : 오라!

4. 그러자 다른 붉은 말이 나왔습니다. 그 말 위에 앉아 있는 자에게는 땅에서 평화를 없애버리도록 하는 힘이 주어졌습니다. 그러자 그는 사람들이 서로 죽이게 했습니다. 그에게는 대량 살상 무기인 큰 칼이 주어졌습니다.

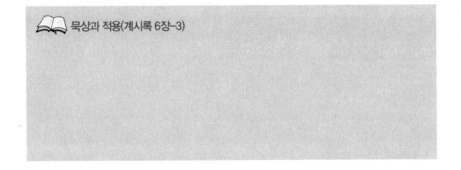

묵상과 적용(계시록 6장-3)

4 세 번째 인印 재앙(5-6) : 기근

□ 본문

"셋째 인을 떼실 때에 내가 들으니 셋째 생물이 말하되 오라 하기로 내가 보니 검은 말이 나오는데 그 탄 자가 손에 저울을 가졌더라 내가 네 생물 사이로서 나는 듯한 음성을 들으니 이르되 한 데나리온에 밀 한 되요 한 데나리온에 보리석 되로다 또 감람유와 포도주는 해치지 말라 하더라"

5. When the Lamb opened the third seal, I heard the third living creature say, "Come!" I looked, and there before me was a black horse! Its rider was holding a pair of scales in his hand.

6. Then I heard what sounded like a voice among the four living creatures, saying, "A quart of wheat for a day's wages, and three quarts of barley for a day's wages, and do not damage the oil and the wine!"

■ 목자역

5. 예수님이 두루마리에 있는 그 세 번째의 봉인을 떼실 때에 나는 세 번째 생물이 말하는 것을 들었습니다. : 오라! 그때 나는 보았습니다. 한 검은 말과 그의 손에 저울을 가지고 그 말 위에 앉은 자를!

6. 그리고 나는 그 네 생물들 사이에서 나오는 한 목소리를 들었습니다. : 한 데나리온에 밀은 한 되요 보리는 석 되다. : 그럴지라도 감람나무 기름과 포도주는 해치지 말라.

 묵상과 적용(계시록 6장-4)

□ 본문

"넷째 인을 떼실 때에 내가 넷째 생물의 음성을 들으니 이르되 오라 하기로 내가 보매 청황색 말이 나오는데 그 탄 자의 이름은 사망이니 음부가 그 뒤를 따르더라 그들이 땅 사분 일의 권세를 얻어 검과 흉년과 사망과 땅의 짐승들로써 죽이더라"

7. When the Lamb opened the fourth seal, I heard the voice of the fourth living creature say, "Come!"

8. I looked, and there before me was a pale horse! Its rider was named Death, and Hades was following close behind him. They were given power over a fourth of the earth to kill by sword, famine and plague, and by the wild beasts of the earth.

■ 목자역

7. 예수님이 두루마리의 네 번째 봉인을 풀었을 때에 나는 네 번째 생물이 말하는 것을 들었습니다. : 오라!

8. 그때 나는 한 마리의 청황색 말과 그 말 위에 앉아 있는 자를 보았습니다. 그 말을 탄자는 죽음을 가져오는 사탄이요 그 사탄의 뒤를 구원받지 못하고 죽은 자들이 흰 보좌의 심판을 받기위해 부활할 때까지 머무는 장소인 음부가 따라오고 있었습니다. 그들은 땅의 사분의 일을 다스리는 권세를 받아 전쟁과 흉년과 전염병과 그 땅에 있는 짐승들 곧 적그리스도인 권력자와 거짓 선지자들을 이용하여 사람들을 죽였습니다.

묵상과 적용(계시록 6장-5)

6 다섯째 인印 : 순교자들의 탄원 기도(9-10)

6.1. 제단 아래 있는 영혼들(순교한 주의 종들과 성도들 : 9)

□ 본문

"다섯째 인을 떼실 때에 내가 보니 하나님의 말씀과 그들이 가진 증거로 말미암아 죽임을 당한 영혼들이 제단 아래에 있어"

9. When he opened the fifth seal, I saw under the altar the souls of those who had been slain because of the word of God and the testimony they had maintained.

■ 목자역

9. 그리고 나는 예수님이 다섯 번째 봉인을 떼어냈을 때에 하나님의 말씀을 증언한 것과 그들이 기지고 있던 예수님을 믿는다는 사실을 밝혀주는 증거 때문에 죽임을 당한 자들의 영혼들이 하늘에 있는 그 제단 아래 모여 있는 것을 보았습니다.

6.2. 순교자들의 외침(10)

□ 본문

"큰 소리로 불러 이르되 거룩하고 참되신 대주재여 땅에 거하는 자들을 심판하여 우리 피를 갚아 주지 아니하시기를 어느 때까지 하시려 하나이까 하니"

10 They called out in a loud voice, "How long, Sovereign Lord, holy and true, until you judge the inhabitants of the earth and avenge our blood?"

■ 목자역

10. 그들은 큰 소리로 부르짖으며 말했습니다. : 거룩하시고 진실하시며 모든 만물을 주관하시는 주님! 언제까지 심판하지 않으시렵니까? 언제 그 땅 위에 살고 있는 악한 자들을 심판하셔서 그들에 의해 흘린 우리들의 피값을 보상해 주시겠습니까?

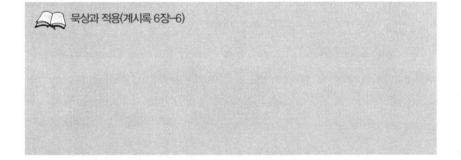

묵상과 적용(계시록 6장-6)

7 하나님의 응답(11)

□ 본문

"각각 그들에게 흰 두루마기를 주시며 이르시되 아직 잠시 동안 쉬되 그들의 동무 종들과 형제들도 자기처럼 죽임을 당하여 그 수가 차기까지 하라 하시더라"

11. Then each of them was given a white robe, and they were told to wait a little longer, until the number of their fellow servants and brothers who were to be killed as they had been was completed.

■ 목자역

11. 그러자 예수님께서 그들 각자에게 흰 옷을 주셨습니다. 그리고 그들을 죽인 자들을 예수님께서 심판하실 시간이 이제 얼마 남지 않았으니 그동안 잠깐 쉬면서 기다리라고 말씀하셨습니다. 그들이 기다려야 하는 시간은 그들의 동료 종들과 형제들도 죽임을 당해 이미 작정된 그 수가 꽉 채워질 때까지입니다.

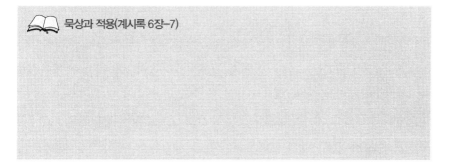

묵상과 적용(계시록 6장-7)

8 여섯째 인印 재앙(12-17)

8.1. 우주적 재앙(12-14)

□ 본문

"내가 보니 여섯째 인을 떼실 때에 큰 지진이 나며 해가 검은 천으로 짠 상복같이 검어지고 달은 피같이 되며 하늘의 별들이 무화과나무가 대풍에 흔들려 설익은 열매가 떨어지는 것같이 땅에 떨어지며 하늘은 두루마리가 말리는 것같이 떠나가고 각 산과 섬이 제 자리에서 옮겨지매"

12. I watched as he opened the sixth seal. There was a great earthquake. The sun turned black like sackcloth made of goat hair, the whole moon turned blood red,

13. and the stars in the sky fell to earth, as late figs drop from a fig tree when shaken by a strong wind.

14. The sky receded like a scroll, rolling up, and every mountain and island was removed from its place.

■ 목자역

12. 그리고 나는 예수님이 여섯 번째 봉인을 떼어냈을 때에 하나의 큰 지진이 일어나는 것과 해가 마치 검은 머리털로 만든 천처럼 새카맣게 된 것과 달 전체가 피처럼 된 것을 보았습니다.

13. 그와 동시에 아주 세게 부는 바람 때문에 무화과나무가 크게 흔들려 아직 익지도 않은 무화과들이 마구 떨어지는 것처럼 하늘의 별들이 땅에 쏟아지듯이 떨어지는 것을 보았습니다.

14. 그때 하늘은 두루마리처럼 둘둘 말려 사라지고 모든 산들과 섬들은 그것들이 있던 장소에서 옮겨졌습니다.

8.2. 피할 곳이 없는 재앙(15-17)

□ 본문

"땅의 임금들과 왕족들과 장군들과 부자들과 강한 자들과 모든 종과 자유인이 굴과 산들의 바위 틈에 숨어 산들과 바위에게 말하되 우리 위에 떨어져 보좌에 앉으신 이의 얼굴에서와 그 어린 양의 진노에서 우리를 가리라 그들의 진노의 큰 날이 이르렀으니 누가 능히 서리요 하더라"

15. Then the kings of the earth, the princes, the generals, the rich, the mighty, and every slave and every free man hid in caves and among the rocks of the

mountains.

16. They called to the mountains and the rocks, "Fall on us and hide us from the face of him who sits on the throne and from the wrath of the Lamb!

17. For the great day of their wrath has come, and who can stand?"

■ 목자역

15. 그러자 그 땅의 왕들과 고위 관료들과 장군들과 부자들과 강하고 힘센 자들과 모든 종들과 자유인들이 동굴 속과 산들의 바위틈에 숨었습니다.

16. 그리고 그들은 그 산들과 바위들에게 말하였습니다. : 우리 위에 무너져 내려 보좌 위에 앉으신 하나님의 얼굴과 예수님의 진노로부터 우리를 가려주어라!

17. 그들에게 우리 하나님 아버지와 예수님이 내리시는 그 엄청난 진노와 심판의 그 날이 찾아왔습니다. 그러니 그 누가 감히 그 앞에 서 있을 수 있겠습니까?

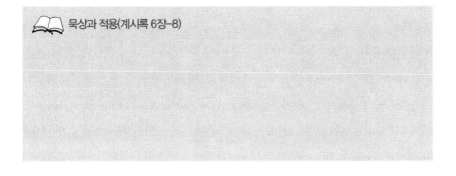

묵상과 적용(계시록 6장-8)

재앙과 환난 가운데 사명자인 주의 종들을 구별하여 인침

| 계시록 7장(1) | 인침을 받은 십사만 사천 명의 주의 종들(7:1-8)

1 네 천사와 인을 칠 천사의 등장(1-3)

1.1. 바람을 붙잡고 있는 네 천사의 등장(1)

□ 본문

"이 일 후에 내가 네 천사가 땅 네 모퉁이에 선 것을 보니 땅의 사방의 바람을 붙잡아 바람으로 하여금 땅에나 바다에나 각종 나무에 불지 못하게 하더라"

1. After this I saw four angels standing at the four corners of the earth, holding back the four winds of the earth to prevent any wind from blowing on the land or on the sea or on any tree.

■ 목자역

1. **이 일 후에** 나는 땅의 네 모퉁이에 서 있는 네 명의 천사들을 보았습니다. 그들은 땅 위에나 바다 위에나 모든 나무들에게 환란이나 재앙을 일으키는 바람이 불지 않도록 사방의 바람들을 붙들고 있었습니다.

1.2. 해 돋는 곳에서 올라온 인印 치는 천사(2-3)

1) 해 돋는 데서 올라온 인 치는 천사(2a)

□ 본문

"또 보매 다른 천사가 살아 계신 하나님의 인을 가지고 해 돋는 데로부터 올라와서"

2a. Then I saw another angel coming up from the east, having the seal of the living God.

■ 목자역

2a. 그리고 나는 살아 계신 하나님의 도장을 가지고 해가 떠오르는 곳으로부터 올라오는 다른 천사를 보았습니다.

2) 인을 치는 천사의 외침(2b)

□ 본문

"땅과 바다를 해롭게 할 권세를 얻은 네 천사를 향하여 큰 소리로 외쳐"

2b. He called out in a loud voice to the four angels who had been given power to harm the land and the sea:

■ 목자역

2b. 해가 떠오르는 곳으로부터 올라온 그 천사는 땅과 바다를 해칠 수 있는 권세를 받은 그 네 명의 천사들에게 큰 소리로 외쳤습니다.

3) 인을 치는 천사가 외치는 내용(3)

□ 본문

"이르되 우리가 우리 하나님의 종들의 이마에 인치기까지 땅이나 바다나 나무들을 해하지 말라 하더라"

3. Do not harm the land or the sea or the trees until we put a seal on the foreheads of the servants of our God.

■ 목자역

3 : 우리가 우리 하나님의 종들의 이마에 말세에 일어날 모든 재앙으로부터 보호할 것을 보증하는 도장을 찍기 전까지는 절대로 온 세상의 나라나 사람들을 해치지 말라!

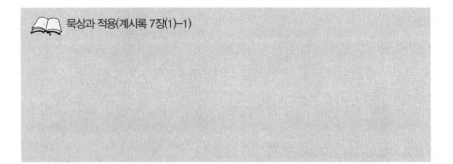

묵상과 적용(계시록 7장(1)-1)

2 인 맞은 자(4-8)

2.1. 인印 맞은 자의 수(4)

□ 본문

"내가 인침을 받은 자의 수를 들으니 이스라엘 자손의 각 지파 중에서 인침을 받은 자들이 십사만 사천이니"

4. Then I heard the number of those who were sealed: 144,000 from all the tribes of Israel.

■ 목자역

4. 그때 내가 들은 인침을 맞은 주의 종들의 숫자는 육신적인 혈통에 따른 것이

아닌 영적으로 구별된 모든 이스라엘 자손들의 각 지파에서 선택된 14만 4천
명이었습니다. :

2.2. 영적인 열두 지파(5-8)

□ 본문

"유다 지파 중에 인침을 받은 자가 일만 이천이요 르우벤 지파 중에 일만 이천
이요 갓 지파 중에 일만 이천이요 아셀 지파 중에 일만 이천이요 납달리 지파
중에 일만 이천이요 므낫세 지파 중에 일만 이천이요 시므온 지파 중에 일만 이
천이요 레위 지파 중에 일만 이천이요 잇사갈 지파 중에 일만 이천이요 스불론
지파 중에 일만 이천이요 요셉 지파 중에 일만 이천이요 베냐민 지파 중에 인침
을 받은 자가 일만 이천이라"

5. From the tribe of Judah 12,000 were sealed, from the tribe of Reuben
12,000, from the tribe of Gad 12,000,

6. from the tribe of Asher 12,000, from the tribe of Naphtali 12,000, from the
tribe of Manasseh 12,000,

7. from the tribe of Simeon 12,000, from the tribe of Levi 12,000, from the
tribe of Issachar 12,000,

8. from the tribe of Zebulun 12,000, from the tribe of Joseph 12,000, from the
tribe of Benjamin 12,000.

■ 목자역

5. 유다 지파 중에서 인침을 받은 사람들이 1만 2천 명이요, 르우벤 지파 중에
서 1만 2천 명이요, 갓 지파 중에서 1만 2천 명이요

6. 아셀 지파 중에서 1만 2천 명이요, 납달리 지파 중에서 1만 2천 명이요 므낫
세 지파 중에서 1만 2천 명이요,

7. 시므온 지파 중에서 1만 2천 명이요 레위 지파 중에서 1만 2천 명이요, 잇사갈 지파 중에서 1만 2천 명이요

8. 스블론 지파 중에서 1만 2천 명이요, 요셉 지파 중에서 1만 2천 명이요, 베냐민 지파 중에서 인침을 받은 사람들이 1만 2천 명입니다.

2.3. 인 맞은 사람들은 영적 이스라엘 가운데 택함 받은 주의 종들

(1) 이스라엘 : "하나님과 주 예수 그리스도의 종 야고보는 흩어져 있는 열두 지파에게 문안하노라"(약1 : 1)

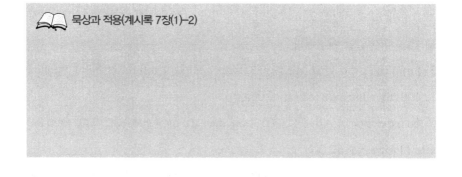

묵상과 적용(계시록 7장(1)–2)

세상 모든 나라와 백성 가운데 구원받은 성도들과 큰 환난의 시작

네 번째 사건 요약

1. 구원받은 백성의 모습과 찬양(7:9-17)
2. 성도들의 기도와 일곱 나팔 중 네 나팔의 재앙(8장)
3. 큰 환난의 시작: 두 가지 화 가운데 첫 번째 화(9:1-11)

| 계시록 7장(2) | 구원받은 백성의 모습과 찬양(7:9-17)

1 셀 수 없는 큰 무리(9-14)

1.1. 각 나라와 족속과 백성과 방언에서 나온 자들(9)

□ 본문

"이 일 후에 내가 보니 각 나라와 족속과 백성과 방언에서 아무도 능히 셀 수 없는 큰 무리가 나와 흰 옷을 입고 손에 종려 가지를 들고 보좌 앞과 어린 양 앞에 서서"

9. After this I looked and there before me was a great multitude that no one could count, from every nation, tribe, people and language.

■ 목자역

9. **이러한 일들이 있은 후에** 나는 아무도 그들의 수를 셀 수 없을 만큼의 많은 무

리들을 보았습니다. 그들은 모든 나라와 종족들과 백성들과 다양한 언어를 쓰는 사람들 가운데에서 구원받은 사람들입니다. 그들은 흰 옷을 입고 하나님의 보좌 앞과 어린 양 앞에 서 있으며 손에 종려나무 가지를 들고 있습니다.

1.2. 하나님과 예수님을 찬양하고 있는 자들(10)

□ 본문

"큰 소리로 외쳐 이르되 구원하심이 보좌에 앉으신 우리 하나님과 어린 양에게 있도다 하니"

10. And they cried out in a loud voice: "Salvation belongs to our God, who sits on the throne, and to the Lamb."

■ 목자역

10. 그들은 아주 큰 소리로 외치며 말하였습니다. : 우리를 구원하신 분은 보좌 위에 앉으신 우리 하나님과 그분의 어린 양이신 예수님이십니다.

1.3. 모든 천사들의 찬양(11-12)

□ 본문

"모든 천사가 보좌와 장로들과 네 생물의 주위에 서 있다가 보좌 앞에 엎드려 얼굴을 대고 하나님께 경배하여 이르되 아멘 찬송과 영광과 지혜와 감사와 존귀와 권능과 힘이 우리 하나님께 세세토록 있을지어다 아멘 하더라"

11. All the angels were standing around the throne and around the elders and the four living creatures. They fell down on their faces before the throne and worshiped God,

12. saying: "Amen! Praise and glory and wisdom and thanks and honor and

power and strength be to our God for ever and ever. Amen!"

■ 목자역

11. 그러자 하나님의 보좌와 장로들과 네 천사 장들의 주위에 둘러서 있던 모든 천사들이 그들의 얼굴을 바닥에 대며 하나님의 보좌 앞에 엎드렸습니다. 그리고 하나님께 경배했습니다.

12. 그 천사들이 말하였습니다. 아멘! 찬송과 영광과 지혜와 감사와 존귀와 권능과 강한 힘이 세세무궁토록 우리들의 하나님께 있을 것입니다. : 아멘!

1.4. 큰 환난에서 나온 자들(13-14a)

□ 본문

"장로 중 하나가 응답하여 나에게 이르되 이 흰 옷 입은 자들이 누구며 또 어디서 왔느냐 내가 말하기를 내 주여 당신이 아시나이다 하니 그가 나에게 이르되 이는 큰 환난에서 나오는 자들인데"

13. Then one of the elders asked me, "These in white robes--who are they, and where did they come from?"

14a. I answered, "Sir, you know."And he said, "These are they who have come out of the great tribulation"

■ 목자역

13. 그 장로들 가운데 한사람이 천사들에게 응답하며 나에게 말하였습니다. : 흰 옷을 입고 있는 이 사람들은 누구이며 어디에서 왔습니까?

14a. 그래서 나는 그에게 말하였습니다. : 장로님, 당신이 아십니다. 그러자 그 장로님이 나에게 말하였습니다. : 이들은 큰 환난 속에서 구원받아 나온 사람들입니다.

1.5. 어린 양의 피에 옷을 씻어 희게 한 자들(14b)

□ 본문

"어린 양의 피에 그 옷을 씻어 희게 하였느니라"

14b. and made them white in the blood of the Lamb.

■ 목자역

14b. 그들의 옷은 예수님이 흘린 피로 깨끗하게 빨아 새하얗게 되었습니다.

 묵상과 적용(계시록 7장(2)-1)

---

2 구원받은 백성들이 누릴 가장 큰 두 가지 복(15)

이 본문의 내용은 영원한 하나님의 나라에서 이루어질 축복을 말하고 있다. 계시록 21장 3절-4절과 22장 3절-5절의 내용과 비슷하다.

2.1. 예배자의 축복(15a)

□ 본문

"그러므로 그들이 하나님의 보좌 앞에 있고 또 그의 성전에서 밤낮 하나님을 섬기매"

15a. Therefore, "they are before the throne of God and serve him day and night in his temple; and he who sits on the throne will spread his tent over them.

■ 목자역

15. 그러므로 그들은 하나님의 보좌 앞에 있습니다. 그리고 하나님의 보좌가 있는 성전에서 밤낮으로 하나님을 섬깁니다.

2.2. 하나님의 장막이 드리워지는 축복(15b)

□ 본문

"보좌에 앉으신 이가 그들 위에 장막을 치시리니"

15b. and he who sits on the throne will spread his tent over them.

■ 목자역

15b. 그때 그 보좌 위에 앉아계신 하나님께서 그들 위에 장막을 쳐주실 것입니다.

묵상과 적용(계시록 7장(2)-2)

3 하나님의 장막 안에서 누리는 네 가지 복(16-17)

3.1. 영원한 만족 (16a)

□ 본문

"그들이 다시는 주리지도 아니하며 목마르지도 아니하고"

16a. Never again will they hunger; never again will they thirst.

■ 목자역

16a. 그러므로 그들은 이제 다시는 굶주리지 않을 것이며 절대로 목마르지 않게 될 것입니다.

3.2. 영원한 보호(16b)

□ 본문

"해나 아무 뜨거운 기운에 상하지도 아니하리니"

16b. The sun will not beat upon them, nor any scorching heat.

■ 목자역

16b. 그리고 결코 태양이나 어떤 뜨거운 열기도 그들을 해치지 못할 것입니다.

3.3. 영생(17a)

□ 본문

"이는 보좌 가운데에 계신 어린 양이 그들의 목자가 되사 생명수 샘으로 인도하시고"

17a. For the Lamb at the center of the throne will be their shepherd; he will

lead them to springs of living water

17a. 왜냐하면 그 보좌의 한 가운데 계신 어린 양이신 예수님이 그들의 목자가 되어주시어 그들을 생명수가 솟아나는 샘들이 있는 곳으로 인도하여주실 것이기 때문입니다.

3.4. 영원한 위로(17b)

□ 본문

"하나님께서 저희 눈에서 모든 눈물을 씻어주실 것임이라"

17b. And God will wipe away every tear from their eyes."

■ 목자역

17b. 그리고 하나님께서 그들의 눈에서 흘러내리는 모든 눈물을 깨끗이 닦아주실 것이기 때문입니다.

묵상과 적용(계시록 7장(2)-3)

| 계시록 8장 | 성도들의 기도와 일곱 나팔 중 네 나팔의 재앙

1 나팔 재앙의 준비(1-6)

1.1. 반시 동안의 고요(1)

□ 본문

"일곱째 인을 떼실 때에 하늘이 반 시간쯤 고요하더니"

1. When he opened the seventh seal, there was silence in heaven for about half an hour.

■ 목자역

1. 그리고 예수님이 그 일곱 번째 봉인을 떼어 냈을 때에 하늘에서는 약 반 시간 정도 아주 고요한 침묵의 시간이 흘렀습니다.

1.2. 일곱 천사에게 주어지는 일곱 나팔(2)

□ 본문

"내가 보매 하나님 앞에 일곱 천사가 서 있어 일곱 나팔을 받았더라"

2. And I saw the seven angels who stand before God, and to them were given seven trumpets.

■ 목자역

2. 그때 나는 하나님 앞에 서 있는 일곱 천사를 보았는데 그들에게 일곱 나팔이 주어졌습니다.

1.3. 천사들에 의해 하나님 보좌 앞에 올라가는 성도들의 기도(3-4)

□ 본문

"내가 보매 하나님 앞에 시위한 일곱 천사가 있어 일곱 나팔을 받았더라 또 다른 천사가 와서 제단 곁에 서서 금향로를 가지고 많은 향을 받았으니 이는 모든 성도의 기도와 합하여 보좌 앞 금단에 드리고자 함이라 향연이 성도의 기도와 함께 천사의 손으로부터 하나님 앞으로 올라가는지라"

3. Another angel, who had a golden censer, came and stood at the altar. He was given much incense to offer, with the prayers of all the saints, on the golden altar before the throne.

4. The smoke of the incense, together with the prayers of the saints, went up before God from the angel's hand.

■ 목자역

3. 그리고 다른 천사가 하나의 황금 향로를 가지고 와서 그 제단 옆에 서 있었는데 그 천사에게 많은 향들을 주어졌습니다. 그 이유는 그 향들을 모든 성도들의 기도와 함께 섞어 하나님의 보좌 앞에 있는 황금으로 만들어진 분향단에 드리기 위함입니다.

4. 성도들의 기도와 함께 그 향이 탈 때 나는 향기로운 연기가 그 천사의 손에 의하여 하나님 앞으로 올라갔습니다.

1.4. 나팔 재앙을 통한 심판의 징조(5-6)

□ 본문

"천사가 향로를 가지고 단 위의 불을 담아다가 땅에 쏟으매 우리 소리와 음성과 번개와 지진이 나더라 일곱 나팔 가진 일곱 천사가 나팔 불기를 준비하더라"

5. Then the angel took the censer, filled it with fire from the altar, and hurled it on the earth; and there came peals of thunder, rumblings, flashes of lightning and an earthquake.

6. Then the seven angels who had the seven trumpets prepared to sound them.

■ 목자역

5. 그 후에 그 천사가 그 향로를 제단의 불로 가득 채웠습니다. 그리고 그 향로를 땅에 쏟았습니다. : 그러자 땅에서 번갯불이 보이면서 천둥소리와 음성들이 들리고 지진이 일어났습니다.

6. 일곱 나팔을 가진 일곱 천사들이 나팔을 불려고 준비하였습니다.

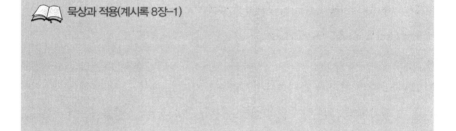

묵상과 적용(계시록 8장-1)

② 첫 번째 나팔 재앙(7) : 땅에 임한 재앙

□ 본문

"첫째 천사가 나팔을 부니 피 섞인 우박과 불이 나와서 땅에 쏟아지매 땅의 삼분의 일이 타버리고 수목의 삼분의 일도 타버리고 각종 푸른 풀도 타버렸더라"

7. The first angel sounded his trumpet, and there came hail and fire mixed with blood, and it was hurled down upon the earth. A third of the earth was burned

up, a third of the trees were burned up, and all the green grass was burned up.

■ 목자역

7. 첫 번째 천사가 그가 가진 나팔을 불었습니다. : 그러자 하늘에서 피가 섞인 우박과 불이 나오면서 그것이 땅에 쏟아졌습니다. : 그 불로 땅의 삼분의 일이 타버렸습니다. 그리고 나무들의 삼분의 일과 함께 각종 푸른 풀들도 타버렸습니다.

 묵상과 적용(계시록 8장-2)

③ 두 번째 나팔 재앙(8-9) : 바다에 임한 재앙

□ 본문

"둘째 천사가 나팔을 부니 불붙는 큰 산과 같은 것이 바다에 던져지매 바다의 삼분의 일이 피가 되고 바다 가운데 생명 가진 피조물들의 삼분의 일이 죽고 배들의 삼분의 일이 깨어지더라"

8. The second angel sounded his trumpet, and something like a huge mountain, all ablaze, was thrown into the sea. A third of the sea turned into blood,

9. a third of the living creatures in the sea died, and a third of the ships were destroyed.

8. 두 번째 천사가 나팔을 불었습니다. : 그러자 불이 타오르는 큰 산과 같은 것이 바다에 던져지면서 바다의 삼분의 일이 피가 되었습니다.

9. 그래서 바다 안에 있던 생명을 가진 피조물들의 삼분의 일이 죽게 되었고 바다에 있던 배들의 삼분의 일이 파괴되었습니다.

 묵상과 적용(계시록 8장-3)

4 세 번째 나팔 재앙(10-11) : 강과 물 샘에 임한 재앙

□ 본문

"셋째 천사가 나팔을 부니 횃불같이 타는 큰 별이 하늘에서 떨어져 강들의 삼분의 일과 여러 물 샘에 떨어지니 이 별 이름은 쑥이라 물들의 삼분의 일이 쑥이 되매 그 물들이 쓴 물이 됨으로 많은 사람이 죽더라"

10. The third angel sounded his trumpet, and a great star, blazing like a torch, fell from the sky on a third of the rivers and on the springs of water--

11. the name of the star is Wormwood. A third of the waters turned bitter, and many people died from the waters that had become bitter.

■ 목자역

10. 세 번째 천사가 나팔을 불었습니다. : 그러자 횃불처럼 활활 타고 있던 하

나의 큰 별이 하늘에서부터 강들의 삼분의 일과 물이 나오는 샘들의 삼분의 일 위에 떨어졌습니다.

11. 그 별의 이름은 쓴 쑥입니다. 그래서 그 물들의 삼분의 일이 쓰디쓴 쑥물과 같이 되었고 그 물들이 너무 써서 사람들 가운데 많은 이들이 그 쓴물들로 인해 죽게 되었습니다.

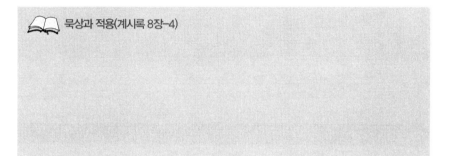

묵상과 적용(계시록 8장-4)

5 네 번째 나팔 재앙(12) : 해, 달, 별 3분의 1이 어두워짐

□ 본문

"넷째 천사가 나팔을 부니 해 삼분의 일과 달 삼분의 일과 별들의 삼분의 일이 타격을 받아 그 삼분의 일이 어두워지니 낮 삼분의 일은 비침이 없고 밤도 그러하더라"

12. The fourth angel sounded his trumpet, and a third of the sun was struck, a third of the moon, and a third of the stars, so that a third of them turned dark. A third of the day was without light, and also a third of the night.

■ 목자역

12. 네 번째 천사가 나팔을 불었습니다. : 그러자 해의 삼분의 일과 달의 삼분의 일과 별들의 삼분의 일이 아주 심한 타격을 받았습니다. 그 타격으로 해와

달과 별들의 삼분의 일이 어두워졌기 때문에 낮의 삼분의 일이 빛이 사라졌고 밤도 그렇게 되었습니다.

 묵상과 적용(계시록 8장-5)

6) 남은 재앙에 대한 예고(13)

□ 본문

"내가 또 보고 들으니 공중에 날아가는 독수리가 큰 소리로 이르되 땅에 사는 자들에게 화, 화, 화가 있으리니 이는 세 천사들이 불어야 할 나팔 소리가 남아 있음으로다 하더라"

13. As I watched, I heard an eagle that was flying in midair call out in a loud voice: "Woe! Woe! Woe to the inhabitants of the earth, because of the trumpet blasts about to be sounded by the other three angels!

■ 목자역

13. 그 후에 나는 하나님의 명령을 수행하는 한 마리의 독수리와 같은 모습의 천사가 큰 소리로 이렇게 말하며 공중을 날아가는 것을 보았습니다. : 이제 남아 있는 세 천사들에 의해 곧 울리게 될 세 번의 나팔 소리들이 울리는 그 기간에 땅 위에 사는 사람들에게 재앙이 있다, 재앙이 있다, 재앙이 있다!

묵상과 적용(계시록 8장~6)

| 계시록 9장(1) | 큰 환난의 시작 – 두 가지 화 가운데 첫 번째 화

1 다섯 번째 나팔 재앙(1–11) : 첫 번째 화

1.1. 사탄이 도구로 쓰이는 재앙(1)

□ 본문

"다섯째 천사가 나팔을 불매 내가 보니 하늘에서 땅에 떨어진 별 하나가 있는데 그가 무저갱의 열쇠를 받았더라"

1. The fifth angel sounded his trumpet, and I saw a star that had fallen from the sky to the earth. The star was given the key to the shaft of the Abyss.

■ 목자역

1. 그리고 다섯 번째 천사가 나팔을 불었습니다. : 그때 나는 하늘에서 이미 오래전에 땅으로 떨어진 별 하나를 보았습니다. 그는 마지막 심판이 있기 전에 악령들을 가두는 임시처소로서 죄를 지은 사탄의 무리를 가두는 징벌의 장소인 무저갱을 여는 열쇠를 받아 가지고 있었습니다.

1.2. 연기와 어둠(2)

□ 본문

"그가 무저갱을 여니 그 구멍에서 큰 화덕의 연기 같은 연기가 올라오매 해와 공기가 그 구멍의 연기로 말미암아 어두워지며"

2. When he opened the Abyss, smoke rose from it like the smoke from a gigantic furnace. The sun and sky were darkened by the smoke from the Abyss.

■ 목자역

2. 그가 무저갱의 문을 열었습니다. : 그러자 큰 용광로에서 나오는 것과 같은 연기 속에서 많은 악한 영들이 그 무저갱의 문밖으로 나왔고 그 많은 악한 영들과 그들이 퍼트리는 거짓된 가르침 때문에 세상과 진리가 어두워졌습니다.

1.3. 황충 재앙(3)

□ 본문

"또 황충이 연기 가운데로부터 땅 위에 나오매 그들이 땅에 있는 전갈의 권세와 같은 권세를 받았더라"

3. And out of the smoke locusts came down upon the earth and were given power like that of scorpions of the earth.

■ 목자역

3. 그 악령들 속에서 온 세상을 황폐하게 하는 악한 권세를 가진 자들이 황충과 같은 모습을 가지고 땅 위에 나왔습니다. 그 황충들에게는 땅의 전갈들이 가진 것과 같은 권세가 주어졌습니다.

1.4. 재앙을 받는 대상(4-5)

□ 본문

"그들에게 이르시되 땅의 풀이나 푸른 것이나 각종 수목은 해하지 말고 오직 이마에 하나님의 인침을 받지 아니한 사람들만 해하라 하시더라 그러나 그들을 죽이지는 못하게 하시고 다섯 달 동안 괴롭게만 하게 하시는데 그 괴롭게 함은 전갈이 사람을 쏠 때에 괴롭게 함과 같더라"

4. They were told not to harm the grass of the earth or any plant or tree, but only those people who did not have the seal of God on their foreheads.

5. They were not given power to kill them, but only to torture them for five months. And the agony they suffered was like that of the sting of a scorpion when it strikes a man.

■ 목자역

4. 그리고 악령에 사로잡힌 악한 권세를 가진 그 황충들에게는 그 이마에 하나님의 인을 받지 못한 사람들만 해치고 그 땅의 풀과 모든 푸른 채소와 나무는 아무것도 해치지 말라는 명령이 내려졌습니다.

5. 또한 그 황충들에게는 인침을 받지 못한 사람들을 다섯 달 동안 괴롭히기는 하되 죽이지는 말라는 명령이 내렸습니다. : 그 황충들이 주는 괴로움은 마치 전갈이 사람을 쏠 때 사람들이 겪는 고통과 같은 것입니다.

1.5. 이 재앙은 죽고 싶어도 죽지 못하는 재앙(6)

□ 본문

"그 날에는 사람들이 죽기를 구하여도 죽지 못하고 죽고 싶으나 죽음이 그들을 피하리로다"

6. During those days men will seek death, but will not find it; they will long to die, but death will elude them.

■ 목자역

6. 그래서 이러한 일들이 계속되는 그 기간에 이마에 하나님의 인(印)을 받지 못한 사람들은 차라리 죽기를 구할 것입니다. 그런데 그들은 절대로 죽을 수가 없습니다. 그 사람들은 차라리 죽기를 간절히 바라지만 오히려 죽음이 그들을 피할 것입니다.

1.6. 황충들의 모양과 권세(7-10)

□ 본문

"황충들의 모양은 전쟁을 위하여 준비한 말들 같고 그 머리에 금 같은 관 비슷한 것을 썼으며 그 얼굴은 사람의 얼굴 같고 또 여자의 머리털 같은 머리털이 있고 그 이빨은 사자의 이빨 같으며 또 철 호심경 같은 호심경이 있고 그 날개들의 소리는 병거와 많은 말들이 전쟁터로 달려 들어가는 소리 같으며 또 전갈과 같은 꼬리와 쏘는 살이 있어 그 꼬리에는 다섯 달 동안 사람들을 해하는 권세가 있더라"(7-10)

7. The locusts looked like horses prepared for battle. On their heads they wore something like crowns of gold, and their faces resembled human faces.

8. Their hair was like women's hair, and their teeth were like lions' teeth.

9. They had breastplates like breastplates of iron, and the sound of their wings was like the thundering of many horses and chariots rushing into battle.

10. They had tails and stings like scorpions, and in their tails they had power to torment people for five months.

7. 그 황충들의 모양은 전쟁을 위해 예비된 신속한 기동력을 가진 말들과 같았습니다. 그리고 그것들의 머리 위에는 황금으로 만든 것처럼 보이는 면류관들이 있었습니다. 그리고 그것들의 얼굴은 지혜와 능력을 나타내는 사람들의 얼굴과 같았습니다.

8. 황충들은 거짓된 가르침이지만 매력적인 사상을 상징하는 여인들의 머리털과 같은 머리털을 가졌고 그것들의 이빨은 강력한 파괴력과 강인함을 상징하는 사자의 이빨과 같았습니다.

9. 그것들은 가슴에 자신들을 방어하는 쇠로 만든 갑옷 같은 것을 입고 있었습니다. 또한 황충들의 날개들에서 나는 소리는 전쟁을 위하여 달려가는 많은 말들이 끄는 전차들의 소리와 같았습니다.

10. 그것들은 상대방을 강력하게 공격할 수 있는 전갈들이 가진 것과 같은 꼬리와 쏘는 침을 가졌습니다. 그리고 황충들은 그 꼬리로 사람들을 다섯 달 동안 해칠 수 있는 권세를 가지고 있었습니다.

1.7. 황충들의 왕(11)

□ 본문

"그들에게 왕이 있으니 무저갱의 사자라 히브리어로는 그 이름이 아바돈이요 헬라어로는 그 이름이 아볼루온이더라"

11. They had as king over them the angel of the Abyss, whose name in Hebrew is Abaddon, and in Greek, Apollyon.

■ 목자역

11. 그들에게는 그들을 다스리는 왕인 무저갱의 사자가 있습니다. 그 왕의 이름은 히브리말로 아바돈인데 그것은 땅의 가장 깊은 곳으로 죽은 자들이 있는

장소라는 뜻을 가지고 있고 헬라어로는 그 이름이 멸망과 파괴라는 뜻을 가진 아폴리온입니다.

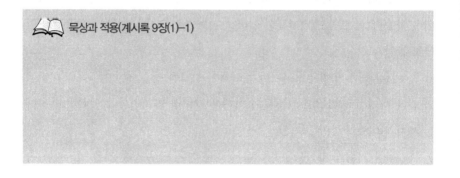

묵상과 적용(계시록 9장(1)-1)

땅과 하늘에서 계속되는 전쟁과 사명을 감당하는 교회와 사탄의 박해 그리고 이긴 자들의 승리의 노래

다섯번째 사건 요약

1. 여섯 번째 나팔 재앙
   1) 두 번째 화(9:12-21)
   2) 전쟁을 통한 심판의 재앙(9:13-19)
2. 목자와 교회의 사명
   1) 말세에 선택받는 주의 종의 사명(10장)
   2) 두 증인의 사명과 일곱 번째 나팔과 그리스도의 나라(11장)
3. 교회에 대한 사탄의 핍박
   1) 해를 입은 여자와 붉은 용의 등장(12장)
   2) 두 짐승과 666(13장)
4. 교회의 승리
   1) 십사만 사천 명의 주의 종들(14:1-5)
   2) 세 천사의 경고(14:6-13)
   3) 알곡과 포도송이에 대한 두 가지 추수(14:14-20)
   4) 이긴 자들이 유리 바닷가에서 부르는 승리의 노래(15:1-4)

| 계시록 9장(2) | 큰 환난의 시대 – 두 가지 화 가운데 두 번째 화

1 여섯 번째 나팔 재앙(9:12-21) : 두 번째 화

□ 본문

"첫째 화는 지나갔으나 보라 아직도 이 후에 화 둘이 이르리로다"

12. The first woe is past; two other woes are yet to come.

■ 목자역

12. 첫째 화는 지나갔습니다. : 그러나 보세요, **이러한 일들 후에** 아직 두 가지 화가 더 남아 있습니다.

묵상과 적용(계시록 9장(2)-1)

<table><tr><td></td></tr></table>

2 여섯 번째 나팔과 두 번째 화(9:13-19) : 전쟁을 통한 심판의 재앙

2.1. 재앙의 성격(13-14) : 세계적인 악령들의 역사

□ 본문

"여섯째 천사가 나팔을 불매 내가 들으니 하나님 앞 금 제단 네 뿔에서 한 음성이 나서 나팔 가진 여섯째 천사에게 말하기를 큰 강 유브라데에 결박한 네 천사를 놓아 주라 하매"

13. The sixth angel sounded his trumpet, and I heard a voice coming from the horns of the golden altar that is before God.

14. It said to the sixth angel who had the trumpet, "Release the four angels who are bound at the great river Euphrates."

■ 목자역

13. 여섯 번째 천사가 나팔을 불었습니다. : 그때 나는 하나님 앞에 있는 황금으로 되어 있는 그 분향단의 네 뿔들 사이에서 나오는 한 목소리를 들었습니다.

14. 분향단에서 나는 그 소리는 나팔을 가지고 있는 여섯째 천사에게 말했습니다. : 큰 강 유브라데에 묶여 있는 그 악한 네 영들을 풀어주어라.

2.2. 하나님의 계획(15)

□ 본문

"네 천사가 놓였으니 그들은 그 년 월 일 시에 이르러 사람 삼분의 일을 죽이기로 준비된 자들이더라"

15. And the four angels who had been kept ready for this very hour and day and month and year were released to kill a third of mankind.

■ 목자역

15. 풀려난 그 네 악령들은 하나님께서 심판하시기로 작정하신 그 해의 그 달 그 날 그 시간에 사람들의 삼분의 일을 죽이기 위해 준비되어 있던 자들이었습니다.

2.3. 전쟁을 통한 심판(16-19)

□ 본문

"마병대의 수는 이만 만이니 내가 그들의 수를 들었노라 이같은 환상 가운데 그 말들과 그 위에 탄 자들을 보니 불빛과 자줏빛과 유황빛 호심경이 있고 또 말들의 머리는 사자 머리 같고 그 입에서는 불과 연기와 유황이 나오더라 이 세 재앙 곧 자기들의 입에서 나오는 불과 연기와 유황으로 말미암아 사람 삼분의 일이 죽임을 당하니라 이 말들의 힘은 입과 꼬리에 있으니 꼬리는 뱀 같고 또 꼬리에 머리가 있어 이것으로 해하더라"

16. The number of the mounted troops was two hundred million. I heard their number.

17. The horses and riders I saw in my vision looked like this: Their breastplates were fiery red, dark blue, and yellow as sulfur. The heads of the horses resembled the heads of lions, and out of their mouths came fire, smoke and sulfur.

18. A third of mankind was killed by the three plagues of fire, smoke and sulfur that came out of their mouths.

19. The power of the horses was in their mouths and in their tails; for their tails were like snakes, having heads with which they inflict injury.

■ 목자역

16. 그들이 거느린 기병대의 숫자를 들었는데 그 수는 이억이었습니다.

17. 그리고 그때에 나는 환상 가운에 그 말들과 그 말들 위에 타고 있는 사람들을 보았습니다. 그들의 가슴에는 불빛과 자줏빛과 유황빛이 나는 방패가 있습니다. : 그 말들의 머리는 사자의 머리 같고 그들의 입에서는 불과 연기와 유황이 나옵니다.

18. 그 세 가지 재앙들 곧 그들의 입으로부터 나오는 그 불과 연기와 유황으로 사람들의 삼분의 일이 죽임을 당했습니다.

19. 그 말들의 권세는 그들의 거짓을 말하는 입과 사탄의 권세로 사람들을 해치는 꼬리에 있습니다. : 그 꼬리는 뱀과 같은데 그것에 머리가 있어 그것들로 사람들을 상하게 했습니다.

2.4. 우상을 섬기는 죄 때문에 임하는 재앙(20-21)

□ 본문

"이 재앙에 죽지 않고 남은 사람들은 손으로 행한 일을 회개하지 아니하고 오히려 여러 귀신과 또는 보거나 듣거나 다니거나 하지 못하는 금, 은, 동과 목석의 우상에게 절하고 또 그 살인과 복술과 음행과 도둑질을 회개하지 아니하더라"

20. The rest of mankind that were not killed by these plagues still did not repent of the work of their hands; they did not stop worshiping demons, and idols of gold, silver, bronze, stone and wood--idols that cannot see or hear or walk.

21. Nor did they repent of their murders, their magic arts, their sexual immorality or their thefts.

■ 목자역

20. 그런데 이러한 재앙들에 의해 죽지 않은 사람들은 그들이 그 손으로 행한 일들을 전혀 회개하지 않고 오히려 귀신들과 금이나 은이나 동이나 돌이나 나무로 만든 우상들을 섬기며 절하기를 그치지 않았습니다. 그 우상들은 볼 수도 없고 듣지도 못하고 걷지도 못하는 것들입니다.

21. 또한 그들은 사람들을 죽인 일이나 마술을 행한 것이나 그들의 음행이나 도적질한 것 등 그 어느 것 하나도 전혀 회개하지 않았습니다.

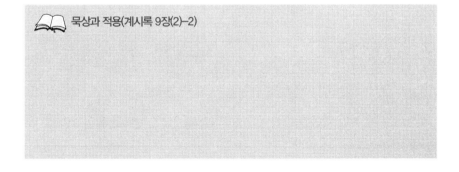

묵상과 적용(계시록 9장(2)-2)

| 계시록 10장 | 목자와 교회의 사명 (1)
말세에 선택받는 주의 종의 사명

1 힘센 천사의 등장(1-2)

1.1. 하늘에서 내려온 또 한명의 힘센 천사(1)

□ 본문

"내가 또 보니 힘 센 다른 천사가 구름을 입고 하늘에서 내려오는데 그 머리 위에 무지개가 있고 그 얼굴은 해 같고 그 발은 불기둥 같으며"

1. Then I saw another mighty angel coming down from heaven. He was robed in a cloud, with a rainbow above his head; his face was like the sun, and his legs were like fiery pillars.

■ 목자역

1. 또 나는 힘세고 강한 또 다른 천사가 하늘에서 내려오는 것을 보았습니다. 그는 하나님의 영광으로 가득한 구름에 싸여 있었습니다. 그의 머리 위에는 언약의 상징인 무지개가 있으며 그의 얼굴에서는 하나님의 거룩하심과 영광을 드러내는 햇빛과 같은 강한 빛이 나고 그의 발은 심판을 위해 타오르는 불기둥 같았습니다.

1.2. 작은 두루마리(2)

□ 본문

"그 손에는 펴 놓인 작은 두루마리를 들고 그 오른발은 바다를 밟고 왼발은 땅을 밟고"

2. He was holding a little scroll, which lay open in his hand. He planted his right foot on the sea and his left foot on the land"

■ 목자역

2. 그 천사의 손에는 세상 끝 날에 이루어질 내용들이 기록되어 있는 펼쳐진 작은 두루마리가 있었습니다. 그리고 그것에 쓰여 있는 내용들은 온 세상에서 이루어지게 될 일들입니다. 그의 오른발은 바다 위에 있고 그의 왼발은 땅 위에 있었습니다.

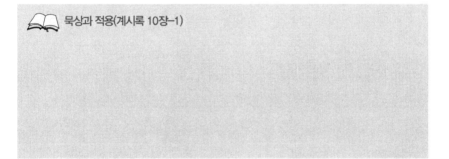

📖 묵상과 적용(계시록 10장-1)

2 천사가 외치는 소리(3-4)

□ 본문

"사자가 부르짖는 것같이 큰 소리로 외치니 그가 외칠 때에 일곱 우레가 그 소리를 내어 말하더라 일곱 우레가 말을 할 때에 내가 기록하려고 하다가 곧 들으니 하늘에서 소리가 나서 말하기를 일곱 우레가 말한 것을 인봉하고 기록하지 말라 하더라"

3. "and he gave a loud shout like the roar of a lion. When he shouted, the voices of the seven thunders spoke.

4. And when the seven thunders spoke, I was about to write; but I heard a

voice from heaven say, "Seal up what the seven thunders have said and do not write it down."

■ 목자역

3. 그는 아주 위엄 있게 사사가 포효하는 것과 같은 큰 소리로 외쳤습니다. 이렇게 그가 외쳤을 때에 하늘에 있는 존재들인 일곱 천사들이 천둥 같은 소리로 하나님의 뜻이 담겨있는 소리를 내며 크게 말하였습니다.

4. 그래서 나는 그 일곱 천사들이 말하는 것을 즉시 기록하려고 했습니다. : 그런데 바로 그 순간 나에게 하늘에서 말씀하시는 한 음성이 들렸습니다. : 너는 그 일곱 천사들이 말한 내용들은 봉인하고 그들이 말한 것은 기록하지 말라.

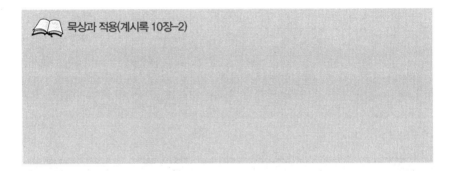

묵상과 적용(계시록 10장-2)

3 하나님의 심판을 선포하는 힘센 천사의 맹세(5-6)

3.1. 하늘을 향한 맹세(5)

□ 본문

"내가 본 바 바다와 땅을 밟고 서 있는 천사가 하늘을 향하여 오른손을 들고"

5. Then the angel I had seen standing on the sea and on the land raised his right hand to heaven.

5. 내가 보았던 그 힘센 천사는 바다와 땅을 밟고 서 있었습니다. 그 천사는 하나님께 맹세하기 위해 하늘을 향하여 그의 오른손을 들었습니다.

3.2. 천지를 창조하신 하나님께 맹세(6)

□ 본문

"세세토록 살아 계신 이 곧 하늘과 그 가운데에 있는 물건이며 땅과 그 가운데에 있는 물건이며 바다와 그 가운데에 있는 물건을 창조하신 이를 가리켜 맹세하여 이르되 지체하지 아니하리니"

6. And he swore by him who lives for ever and ever, who created the heavens and all that is in them, the earth and all that is in it, and the sea and all that is in it, and said, "There will be no more delay!

■ 목자역

6. 그리고 그는 영원히 살아 계신 하나님을 향하여 맹세하였습니다. 하나님은 하늘과 그 안에 있는 것들과 땅과 그 안에 있는 것들과 바다와 그 안에 있는 모든 것들을 창조하신 분입니다. 이제 더 이상 지체할 시간이 없습니다. 이제 더 이상 구원받을 기회나 심판을 피할 시간이 없습니다.

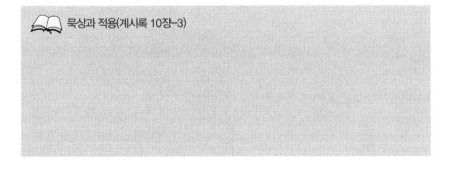

묵상과 적용(계시록 10장-3)

4 구원의 비밀(7)

□ 본문

"일곱째 천사가 소리 내는 날 그의 나팔을 불려고 할 때에 하나님이 그의 종 선지자들에게 전하신 복음과 같이 하나님의 그 비밀이 이루어지리라 하더라"

7. But in the days when the seventh angel is about to sound his trumpet, the mystery of God will be accomplished, just as he announced to his servants the prophets."

■ 목자역

7. 이제 그 일곱 번째 천사가 준비하고 있는 그 나팔 소리가 울리는 그 기간 동안에 하나님께서 그분의 종들 곧 그 선지자들에게 복음 안에서 말씀하셨던 그 심판과 구원의 비밀이 이루어지게 될 것입니다!

 묵상과 적용(계시록 10장-4)

5 요한이 먹은 작은 두루마리(8-10)

5.1. 이 두루마리는 천사의 손에 있는 두루마리이다(8)

□ 본문

"하늘에서 나서 내게 들리던 음성이 또 내게 말하여 이르되 네가 가서 바다와 땅을 밟고 서 있는 천사의 손에 펴 놓인 두루마리를 가지라 하기로"

8. Then the voice that I had heard from heaven spoke to me once more: "Go, take the scroll that lies open in the hand of the angel who is standing on the sea and on the land."

■ 목자역

8. 그때 내가 들었던 하늘에서 나던 그 음성이 다시 나에게 말하였습니다. : 가서 바다와 땅을 밟고 서 있는 그 천사의 손에 펼쳐져 있는 그 두루마리를 가져라!

5.2. 천사의 손에 있는 작은 두루마리(9)

□ 본문

"내가 천사에게 나아가 작은 두루마리를 달라 한즉 천사가 이르되 갖다 먹어버리라 네 배에는 쓰나 네 입에는 꿀같이 달리라 하거늘"

9. So I went to the angel and asked him to give me the little scroll. He said to me, "Take it and eat it. It will turn your stomach sour, but in your mouth it will be as sweet as honey."

■ 목자역

9. 그래서 나는 그 천사에게 가서 그 작은 두루마리를 달라고 하였습니다. 그러자 그가 나에게 말하였습니다. : 이것을 가져다 먹어라. 그러면 이것이 네 입에서는 꿀같이 달겠지만 네 속은 쓰게 할 것이다.

5.3. 작은 두루마리를 먹은 요한(10)

□ 본문

"내가 천사의 손에서 작은 두루마리를 갖다 먹어버리니 내 입에는 꿀같이 다나 먹은 후에 내 배에서는 쓰게 되더라."

10. I took the little scroll from the angel's hand and ate it. It tasted as sweet as honey in my mouth, but when I had eaten it, my stomach turned sour.

10. 그래서 나는 그 천사의 손에서 작은 두루마리을 가져다가 그것을 삼켰습니다. 그것은 내 입에서는 꿀같이 달콤했습니다. : 그런데 그것을 내가 먹었을 때 그것은 내 속을 너무나 쓰리게 했습니다.

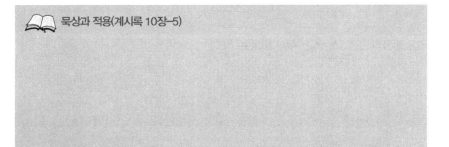

📖 묵상과 적용(계시록 10장-5)

⑥ 사도 요한이 받는 두 번째 사명(11)

□ 본문

"그가 내게 말하기를 네가 많은 백성과 나라와 방언과 임금에게 다시 예언하여야 하리라 하더라"

11. Then I was told, "You must prophesy again about many peoples, nations, languages and kings."

11. 그 천사는 나에게 말하였습니다. : 당신은 반드시 많은 민족들과 많은 나라들과 다양한 언어를 쓰는 사람들과 많은 왕들 앞에서 또 다시 예언해야 합니다.

묵상과 적용(계시록 10장-6)

| 계시록 11장 | 목자와 교회의 사명(2)
두 증인의 사명과 일곱 번째 나팔과 그리스도의 나라

1 하나님의 성전 측량(1)

1.1. 지팡이 같은 갈대(1a)

□ 본문

"또 내게 지팡이 같은 갈대를 주며"

1a. I was given a reed like a measuring rod

■ 목자역

1a. 그 천사는 나에게 지팡이 같은 갈대를 주었습니다.

1.2. 성전측량(1b)

□ 본문

"말하기를 일어나서 하나님의 성전과 제단과 그 안에서 경배하는 자들을 측량하되"

1b. and was told, "Go and measure the temple of God and the altar, and count
the worshipers there.

■ 목자역

1b. 그리고 나에게 말하였습니다. : 일어나 하나님의 성전안에 있는 성소와 제
단과 그 안에서 경배하는 자들의 수를 세어라.

 묵상과 적용(계시록 11장-1)

2 성전 밖 마당(2)

□ 본문

"성전 바깥마당은 측량하지 말고 그냥 두라 이것은 이방인에게 주었은즉 그들
이 거룩한 성을 마흔두 달 동안 짓밟으리라"

2. But exclude the outer court; do not measure it, because it has been given to
the Gentiles. They will trample on the holy city for 42 months.

■ 목자역

2. 그러나 그 성전의 바깥마당은 그냥 두고 측량하지 말라. 그곳은 세상 사람들
에게 주어졌으니 그들이 그 거룩한 성을 7년 환난의 기간 가운데 가장 큰 고난
과 시련과 심판의 때인 마흔두 달 동안 짓밟게 될 것이다.

묵상과 적용(계시록 11장-2)

3 두 증인의 정체와 사명(3-4)

□ 본문

"내가 나의 두 증인에게 권세를 주리니 그들이 굵은 베옷을 입고 천이백육십 일을 예언하리라 그들은 이 땅의 주 앞에 서 있는 두 감람나무와 두 촛대니"

3. And I will give power to my two witnesses, and they will prophesy for 1,260 days, clothed in sackcloth.

4. These are the two olive trees and the two lampstands that stand before the Lord of the earth.

■ 목자역

3. 하나님께서 그 두 증인에게 권세를 줄 것이다. 그러면 그들은 7년 환난의 기간 가운데 일천이백육십 일 동안 굵은 베옷을 입고 예언을 할 것이다.

4. 그 두 증인은 온 땅의 주님 앞에 서 있는 두 감람나무요 말세에 복음을 전해야 할 사명을 맡은 주의 종들이며 세상에 빛을 비추는 촛대로서의 역할을 감당하는 교회들이다.

4 두 증인이 받은 하늘의 권세(5-6)

□ 본문

"만일 누구든지 그들을 해하고자 하면 그들의 입에서 불이 나와서 그들의 원수를 삼켜버릴 것이요 누구든지 그들을 해하고자 하면 반드시 그와 같이 죽임을 당하리라 그들이 권능을 가지고 하늘을 닫아 그 예언을 하는 날 동안 비가 오지 못하게 하고 또 권능을 가지고 물을 피로 변하게 하고 아무 때든지 원하는 대로 여러 가지 재앙으로 땅을 치리로다"

5. If anyone tries to harm them, fire comes from their mouths and devours their enemies. This is how anyone who wants to harm them must die.

6. These men have power to shut up the sky so that it will not rain during the time they are prophesying ; and they have power to turn the waters into blood and to strike the earth with every kind of plague as often as they want.

■ 목자역

5. 그 기간 동안 만일 누군가가 그들을 해치려고 하면 그들의 입에서 불과 같은 말씀이 나와 그들을 대적하는 자들을 삼켜버릴 것이다. : 그리고 만일 어떤 이들이 그들을 해치려고 하면 오히려 그들은 죽임을 당하게 될 것이다.

6. 그들은 예언을 하는 날 동안에 많은 비가 내리지 못하도록 하늘을 닫는 권세를 가지고 있다. 그리고 그들은 물들이 변하여 피가 되게 하는 능력과 원할 때마다 여러 가지 재앙들로 그 땅을 치는 권세를 가지고 있다.

 묵상과 적용(계시록 11장-4)

5 두 증인의 피살(7)

□ 본문

"저희가 그 증언을 마칠 때에 무저갱으로부터 올라오는 짐승이 그들과 더불어 전쟁을 일으켜 그들을 이기고 그들을 죽일 터인즉"

Now when they have finished their testimony, the beast that comes up from the Abyss will attack them, and overpower and kill them.

■ 목자역

7. 그들이 그 예정되었던 기간 동안의 증언을 마쳤을 때 무저갱에서 올라온 적그리스도인 그 짐승이 그들을 대항하여 전쟁을 일으킬 것이다. 그리고 그 짐승이 그 두 증인을 이길 것이고 그들을 죽일 것이다.

묵상과 적용(계시록 11장-5)

6 버림받은 두 선지자의 시체가 모욕을 당함(8-10)

6.1. 큰 성 길에 있는 두 증인의 시체(8)

□ 본문

"그들의 시체가 큰 성 길에 있으리니 그 성은 영적으로 하면 소돔이라고도 하고 애굽이라고도 하니 곧 그들의 주께서 십자가에 못 박히신 곳이라"

8. "Their bodies will lie in the street of the great city, which is figuratively called Sodom and Egypt, where also their Lord was crucified."

■ 목자역

8. 그 두 증인들의 시체는 그 큰 성의 길에 있을 것이다. 그곳은 예언자의 언어로나 성령께서 열어주시는 영적인 통찰력을 가지고 해석하면 소돔이라고도 하고 에굽이라고도 하는 곳이다. 바로 그 장소에서 그들의 주님도 십자가에 못 박혀 매달려 죽으셨다.

6.2. 구경거리가 된 두 증인의 시체(9)

□ 본문

"백성들과 족속과 방언과 나라 중에서 사람들이 그 시체를 사흘 반 동안을 보며 무덤에 장사하지 못하게 하리로다"

9. For three and a half days men from every people, tribe, language and nation will gaze on their bodies and refuse them burial.

■ 목자역

9. 그때 백성들과 종족들과 언어들과 나라들 가운데 사는 많은 사람들이 나와 그 두 증인의 시체를 사흘 반 동안 보게 되리라. 그리고 그 두 증인의 시체는 무덤 안에 놓이는 것조차 허용되지 않으리라.

6.3. 두 증인의 죽음을 즐거워 하는 자들(10)

□ 본문

"이 두 선지자가 땅에 사는 자들을 괴롭게 한 고로 땅에 사는 자들이 그들의 죽음을 즐거워하고 기뻐하여 서로 예물을 보내리라 하더라"

10. The inhabitants of the earth will gloat over them and will celebrate by sending each other gifts, because these two prophets had tormented those who live on the earth.

■ 목자역

10. 그때 그 땅에 사는 사람들은 서로 기쁨이 넘치도록 즐거워하며 그들끼리 서로 선물을 주고받으리라. 왜냐하면 그동안 이 두 예언자가 그 땅 위에 사는 자들을 괴롭게 했기 때문이다.

묵상과 적용(계시록 11장-6)

7 두 증인의 부활(11)

□ 본문

"삼일 반 후에 하나님께로부터 생기가 그들 속에 들어가매 그들이 발로 일어서니 구경하는 자들이 크게 두려워하더라"

11. But after the three and a half days a breath of life from God entered them, and they stood on their feet, and terror struck those who saw them.

■ 목자역

11. 그 삼일 반이 지난 후에 하나님께로부터 생명의 영이 그 증인들 안에 들어왔습니다. 그 순간 그들은 그들의 발로 일어섰습니다. 그러자 그들을 바라보고 있던 사람들에게는 큰 두려움이 몰려왔습니다.

 묵상과 적용(계시록 11장-7)

8 두 증인이 들려 올림 받음携擧(12)

□ 본문

"하늘로부터 큰 음성이 있어 이리로 올라오라 함을 그들이 듣고 구름을 타고 하늘로 올라가니 그들의 원수들도 구경하더라"

12. "Then they heard a loud voice from heaven saying to them, "Come up here." And they went up to heaven in a cloud, while their enemies looked on."

■ 목자역

12. 그때 그 증인들은 하늘에서 그들에게 말씀하시는 큰 음성을 들었습니다. : 너희들은 이리로 올라오라 : 그러자 그들은 하나님의 능력과 영광 가운데 구름을 타고 하늘로 올라갔습니다. 그 모습을 그들의 원수들도 보았습니다.

 묵상과 적용(계시록 11장-8)

9 부활과 휴거 때 생기는 현상들(13)

□ 본문

"그 때에 큰 지진이 나서 성 십분의 일이 무너지고 지진에 죽은 사람이 칠천이라 그 남은 자들이 두려워하여 영광을 하늘의 하나님께 돌리더라"

13. At that very hour there was a severe earthquake and a tenth of the city

collapsed. Seven thousand people were killed in the earthquake, and the survivors were terrified and gave glory to the God of heaven.

■ 목자역

13. 그 때에 큰 지진이 일어났습니다. 그러자 그 성의 삼분의 일이 무너졌습니다. 그리고 그 지진으로 칠천 명의 사람들이 죽임을 당했습니다. 그 재앙을 피하고 살아남은 사람들은 두려움에 떨면서 하늘의 하나님께 영광을 돌렸습니다.

 묵상과 적용(계시록 11장-9)

10 세 번째 화에 대한 예고(14)

□ 본문

"둘째 화는 지나갔으나 보라 셋째 화가 속히 이르는도다"

14. The second woe has passed; the third woe is coming soon.

■ 목자역

14. 둘째 재앙은 지나갔습니다. : 보십시오, 이제 셋째 재앙이 아주 빠르게 다가오고 있습니다.

묵상과 적용(계시록 11장-10)

11 일곱째 천사의 나팔(15-18)

11.1. 하늘에서 들리는 큰 음성(15)

□ 본문

"일곱째 천사가 나팔을 불매 하늘에 큰 음성들이 나서 이르되 세상 나라가 우리 주와 그의 그리스도의 나라가 되어 그가 세세토록 왕 노릇 하시리로다 하니"

15. "The seventh angel sounded his trumpet, and there were loud voices in heaven, which said : "The kingdom of the world has become the kingdom of our Lord and of his Christ, and he will reign for ever and ever."

■ 목자역

15. 일곱 번째 천사가 나팔을 불었습니다. : 그러자 하늘에서 나는 큰 음성들이 있었습니다. : 세상의 나라가 우리 하나님과 그분의 그리스도의 왕국이 되었습니다. 그러므로 주님이 왕이 되어 영원히 통치하실 것입니다.

11.2. 이십사 장로들이 엎드려 찬양하며 경배(16)

□ 본문

"하나님 앞에서 자기 보좌에 앉아 있던 이십사 장로가 엎드려 얼굴을 땅에 대고 하나님께 경배하여"

16. And the twenty-four elders, who were seated on their thrones before God, fell on their faces and worshiped God,

■ 목자역

16. 그러자 하나님 앞에 있는 그 보좌들 위에 앉아 있던 이십사 장로들이 그들의 얼굴들을 바닥에 대고 엎드려 하나님께 경배했습니다.

 묵상과 적용(계시록 11장-11)

12 이십사 장로의 감사 찬양의 내용(17-18)

12.1. 하나님의 직접통치(17)

□ 본문

"이르되 감사하옵나니 옛적에도 계셨고 지금도 계신 주 하나님 곧 전능하신 이여 친히 큰 권능을 잡으시고 왕 노릇 하시도다"

17. saying: "We give thanks to you, Lord God Almighty, the One who is and who was, because you have taken your great power and have begun to reign.

■ 목자역

17. 그 장로들이 말하였습니다. : 지금도 계시고 전에도 계셨던 전능하신 주 하나님. 우리는 주님께 감사합니다. 왜냐하면 이제 주님께서 친히 왕이 되셔서 크신 권능으로 통치하시기 때문입니다.

12.2. 공의의 심판(18a)

□ 본문

"이방들이 분노하매 주의 진노가 내려 죽은 자를 심판하시며"

18a. The nations were angry; and your wrath has come. The time has come for judging the dead,

■ 목자역

18a. : 그 소식을 들은 이방나라들이 분노하자 주님께서 진노하시고 그들에게 재앙을 내리셨습니다. 이제 하나님께서 친히 죽은 사람들을 심판하실 시간이 왔습니다.

12.3. 주님을 경외하는 자들에게 상을 주시는 심판(18b)

□ 본문

"종 선지자들과 성도들과 또 작은 자든지 큰 자든지 주의 이름을 경외하는 자들에게 상주시며"

18b. and for rewarding your servants the prophets and your saints and those who reverence your name, both small and great―

18b. 그리고 하나님께서 주님의 종 예언자들과 성도들 그리고 작은 자든지 큰 자든지 주님의 이름을 경외하는 사람들에게 상을 주실 것입니다.

12.4. 땅을 망하게 하는 자들을 멸망시키는 심판(18c)

□ 본문

"또 땅을 망하게 하는 자들을 멸망시키실 때로소이다 하더라"

18c. and for destroying those who destroy the earth."

■ 목자역

18c. 그리고 이제 그 땅을 더럽히고 망하게 하는 자들은 멸망시키실 때입니다.

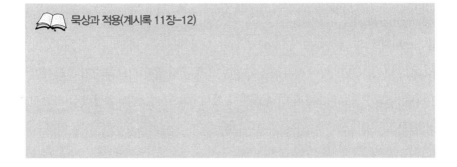

묵상과 적용(계시록 11장-12)

13 하늘에 있는 하나님의 성전이 열리다(19)

□ 본문

"이에 하늘에 있는 하나님의 성전이 열리니 성전 안에 하나님의 언약궤가 보이며 또 번개와 음성들과 우레와 지진과 큰 우박이 있더라"

19. Then God's temple in heaven was opened, and within his temple was seen

the ark of his covenant. And there came flashes of lightning, rumblings, peals of thunder, an earthquake and a great hailstorm.

■ 목자역

19. 그때 하늘에 있는 하나님의 성전이 열렸습니다. 그리고 하나님의 성전 의 지성소 안에 있는 주님의 언약 궤가 보이며 번개와 음성들과 천둥과 지진과 큰 우박이 있었습니다.

묵상과 적용(계시록 11장-13)

| 계시록 12장 | 교회에 대한 사탄의 핍박(1)
해를 입은 여자와 붉은 용의 등장

계시록은 크게 둘로 나누면 1장에서 11장까지의 전반부와 12장부터 22장까지의 후반부로 나눌 수 있다.

후반부인 12장부터 22장까지는 11장까지에서 보여진 내용들을 바탕으로 마지막 때에 일어날 일들을 좀더 상세하게 구체적으로 묘사한다. 사탄의 본격적인 교회에 대한 핍박(12장-13장)과 교회의 승리(14장-15장) 그리고 음녀와 바벨론에 대한 심판(16장-18장) 그리고 예수님의 재림(19장)과 천년왕국과 마지막 흰 보좌 심판(20장) 그리고 우리의 마지막 소망인 새 하늘과 새 땅 곧 천국(21장–22장)의 모습이 그려지고 있다.

1 해를 옷처럼 입은 여자의 해산(1–2)

1.1. 한 여자의 등장(1a)

□ 본문

"하늘에 큰 이적이 보이니 해를 옷 입은 한 여자가 있는데"

1a. A great and wondrous sign appeared in heaven: a woman clothed with the sun,

■ 목자역

1a. 하늘에서 하나의 큰 표적이 보였습니다. 빛나는 태양을 마치 옷처럼 입고 있어 하나님의 영광의 빛으로 가득 싸여 있는 교회의 모습을 보여주는 한 여자가 있습니다.

1.2. 해를 입고 달을 밟고 열두 별의 면류관을 쓴 여자(1b)

□ 본문

"그 발아래에는 달이 있고 그 머리에는 열두 별의 관을 썼더라"

1b. : with the moon under her feet and a crown of twelve stars on her head.

■ 목자역

1b. 그 여자의 발아래에는 예수 그리스도의 복음이 전파되기 이전의 시대를 상징하는 달이 있고 그 여자의 머리 위에는 이스라엘 열두 지파와 열두 사도로 대표되는 모든 주의 종들과 하나님의 백성들을 나타내는 열두 개의 별들이 있는 면류관이 있었습니다.

1.3. 여자의 임신과 해산의 고통(2)

□ 본문

"이 여자가 아이를 배어 해산하게 되매 아파서 애를 쓰며 부르짖더라"

2. She was pregnant and cried out in pain as she was about to give birth.

■ 목자역

2. 그때 그 여자는 임신 중이었습니다. 그 여자는 곧바로 아이를 낳게 되었는데 해산하면서 아이를 낳는 고통이 심해 아파서 애를 쓰며 부르짖었습니다.

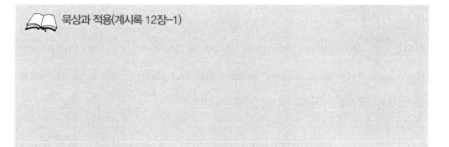

묵상과 적용(계시록 12장-1)

---

2 붉은 용의 등장과 그 이유(3-4)

2.1. 한 붉은 용의 등장(3)

□ 본문

"하늘에 또 다른 이적이 보이니 보라 한 큰 붉은 용이 있어 머리가 일곱이요 뿔이 열이라 그 여러 머리에 일곱 왕관이 있는데"

3. Then another sign appeared in heaven: an enormous red dragon with seven heads and ten horns and seven crowns on his heads.

■ 목자역

3. 그때 하늘에서 또 다른 이적이 보였습니다. 자 보십시오! 저 일곱 개의 머리와 열 개의 뿔을 가지고 있는 거대한 붉은 용, 곧 사탄을! 그 용은 그 일곱 개의 머리 위에 각각 왕관을 쓰고 있습니다.

2.2. 사탄에 의해 땅에 던져진 하늘의 별들(4)

□ 본문

"그 꼬리가 하늘의 별 삼분의 일을 끌어다가 땅에 던지더라 용이 해산하려는 여자 앞에서 그가 해산하면 그 아이를 삼키고자 하더니"

4. His tail swept a third of the stars out of the sky and flung them to the earth. The dragon stood in front of the woman who was about to give birth, so that he might devour her child the moment it was born.

■ 목자역

4. 그 용은 꼬리에 있는 그의 권세로 하늘에 있는 별들의 삼분의 일 곧 그와 함께 타락한 천사들을 끌어다가 땅에 던졌습니다. 또한 그 용 곧 사탄은 그 여자가 아이를 낳기만 하면 즉시 그 아이를 삼켜버리려고 이제 곧 아이를 낳으려고 하는 그 여자 앞에 서 있습니다.

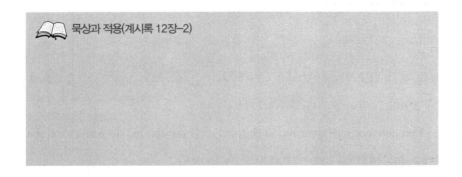

묵상과 적용(계시록 12장-2)

3 아이의 출산과 여자의 피난(5-6)

3.1. 여자가 낳은 아이(5a)

□ 본문

"여자가 아들을 낳으니 이는 장차 철장으로 만국을 다스릴 남자라"

5a. She gave birth to a son, a male child, who will rule all the nations with an iron scepter.

■ 목자역

5a. 그때 그 여자는 장차 하나의 쇠몽둥이를 휘두르는 것과 같은 권세를 가지고 세상 모든 나라들을 다스리게 될 사내아이인 예수님을 낳았습니다.

3.2. 하나님 앞과 그 보좌 앞으로 올려진 아이(5b)

□ 본문

"그 아이를 하나님 앞과 그 보좌 앞으로 올려가더라"

5b. "And her child was snatched up to God and to his throne."

■ 목자역

5b. 사람의 씨가 아닌 성령께서 잉태하게 하심으로 태어난 그 여자의 아이 곧 예수님은 하나님과 그분의 보좌가 있는 곳으로 이끌려 올림 받았습니다.

3.3. 광야로 도망간 여자(6a)

□ 본문

"그 여자가 광야로 도망하매"

6a."The woman fled into the desert"

■ 목자역

6a. 그리고 그 여자는 광야로 피해 갔습니다.

3.4. 광야에 예비되어 있는 장소(6b)

□ 본문

"거기서 천이백육십 일 동안 그를 양육하기 위하여 하나님께서 예비하신 곳이 있더라"

6b. "where she might be taken care of for 1,260 days."

■ 목자역

6b. 그 여자가 피해간 그곳에는 큰 환난의 기간인 일천이백육십 일 동안 그녀 곧 교회와 성도들이 보살핌을 받을 수 있도록 하나님께서 미리 준비해 두신 한 장소가 있었습니다.

 묵상과 적용(계시록 12장-3)

4 하늘의 전쟁(7)

□ 본문

"하늘에 전쟁이 있으니 미가엘과 그의 사자들이 용과 더불어 싸울 새 용과 그의
사자들도 싸우나"

7. "And there was war in heaven. Michael and his angels fought against the
dragon, and the dragon and his angels fought back.

■ 목자역

7. 하늘에서 전쟁이 터졌습니다. 하나님의 군대장관인 천사 장 미가엘과 그에
게 속한 천사와 용과 그 용에게 속한 악한 영들이 싸움을 했습니다.

묵상과 적용(계시록 12장-4)

5 붉은 용의 정체(8-9)

□ 본문

"이기지 못하여 다시 하늘에서 그들이 있을 곳을 얻지 못한지라 큰 용이 내쫓기
니 옛 뱀 곧 마귀라고도 하고 사탄이라고도 하며 온 천하를 꾀는 자라 그가 땅
으로 내쫓기니 그의 사자들도 그와 함께 내쫓기니라"

8. But he was not strong enough, and they lost their place in heaven. 9. The

great dragon was hurled down——that ancient serpent called the devil, or Satan, who leads the whole world astray. He was hurled to the earth, and his angels with him."

■ 목자역

8. 그러나 그 용과 그에게 속한 악한 영들은 미가엘과 그에게 속한 천사들을 이기지 못하였습니다. 그래서 그 용과 악한 영들은 하늘에서는 더 이상 잠시 동안이라도 있을 만한 장소조차 찾을 수 없게 되었습니다.

9. 옛 뱀, 마귀 그리고 사탄이라고 불리는 온 세상에 살던 사람들을 속이던 거대한 그 용이 땅으로 쫓겨났습니다. 그리고 그에게 속해 있던 악한 영들도 함께 땅으로 쫓겨났습니다.

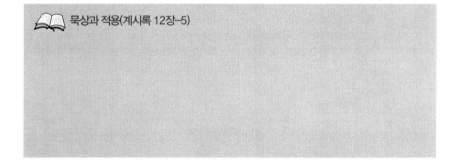

📖 묵상과 적용(계시록 12장-5)

6 하늘에서 난 큰 음성과 마귀를 이기는 비결(10-11)

6.1. 하늘에서 들리는 큰 음성(10a)

□ 본문

"내가 또 들으니 하늘에 큰 음성이 있어 가로되"

10a. Then I heard a loud voice in heaven say

10a. 그때 나는 하늘에서 나는 매우 큰 음성을 들었습니다.

6.2. 하나님의 구원과 능력과 나라를 선포(10b)

□ 본문

"이제 우리 하나님의 구원과 능력과 나라와 또 그의 그리스도의 권세가 나타났으니 우리 형제들을 참소하던 자 곧 우리 하나님 앞에서 밤낮 참소하던 자가 쫓겨났고"

10b. Now have come the salvation and the power and the kingdom of our God, and the authority of his Christ. For the accuser of our brothers, who accuses them before our God day and night, has been hurled down.

■ 목자역

10b. 이제 우리 하나님의 구원과 능력과 나라와 그분의 그리스도의 권세가 나타났습니다. 그리고 우리 형제들을 참소하던 그 마귀가 쫓겨났습니다. 그 마귀는 하나님 앞에서 우리 형제들을 밤낮으로 헐뜯고 거짓말로 비난하던 자입니다.

6.3. 성도의 3대 무기 : 보혈의 능력과 하나님의 말씀과 순교자의 믿음(11)

□ 본문

또 우리 형제들이 어린 양의 피와 자기들이 증언하는 말씀으로써 그를 이겼으니 그들은 죽기까지 자기들의 생명을 아끼지 아니하였도다

11. They overcame him by the blood of the Lamb and by the word of their testimony; they did not love their lives so much as to shrink from death.

11. 그리고 우리의 형제들도 어린 양의 피와 그들이 증언하는 말씀으로 마귀를 이겼습니다. 이렇게 끝내 승리한 우리의 형제들은 믿음 때문에 죽임을 당하는 그 순간에도 자기들의 생명까지 아끼지 않고 믿음을 지켰습니다.

 묵상과 적용(계시록 12장—6)

7 하늘의 기쁨과 땅에 임하는 저주(12)

□ 본문

"그러므로 하늘과 그 가운데에 거하는 자들은 즐거워하라 그러나 땅과 바다는 화 있을진저 이는 마귀가 자기의 때가 얼마 남지 않은 줄을 알므로 크게 분내어 너희에게 내려갔음이라 하더라"

12. Therefore rejoice, you heavens and you who dwell in them! But woe to the earth and the sea, because the devil has gone down to you! He is filled with fury, because he knows that his time is short."

■ 목자역

12. 그러므로 하나님이 통치하시는 영적인 세계인 하늘들과 그 안에서 살고 있는 성도들은 기뻐하며 즐거워하십시오! : 그러나 땅과 바다 곧 마귀가 쫓겨 내려간 온 세상은 화가 있을 것입니다. 왜냐하면 마귀가 크게 화를 내면서 당신들

에게 내려갔기 때문입니다. 마귀는 이제 그에게 남아 있는 시간이 거의 없다는 것을 잘 알고 있습니다.

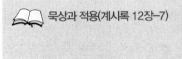

묵상과 적용(계시록 12장-7)

8 붉은 용의 박해(13-17)

8.1. 붉은 용이 교회를 핍박하는 이유(13)

□ 본문

"용이 자기가 땅으로 내쫓긴 것을 보고 남자를 낳은 여자를 박해하는지라"

13. When the dragon saw that he had been hurled to the earth, he pursued the woman who had given birth to the male child.

■ 목자역

13. 그 용은 자기가 땅으로 쫓겨난 것을 알고 그 남자아이를 낳은 여자를 괴롭혔습니다.

8.2. 광야로 피한 여자(14a)

□ 본문

"그 여자가 큰 독수리의 두 날개를 받아 광야 자기 곳으로 날아가"

14a. The woman was given the two wings of a great eagle, so that she might fly.

■ 목자역

14a. 그러자 그렇게 사탄에게 핍박을 받던 그 여자는 하나님의 특별하신 보호하심과 인도하심 가운데 큰 독수리의 두 날개를 받아 그녀가 있도록 준비된 광야의 그 장소로 날아갔습니다.

8.3. 한 때와 두 때와 반 때(14b)

□ 본문

"거기서 그 뱀의 낯을 피하여 한 때와 두 때와 반 때를 양육 받으매"

14b. where she would be taken care of for a time, times and half a time, out of the serpent's reach.

■ 목자역

14b. 그곳에서 그 여자는 그 뱀의 얼굴을 피하여 한 해와 두 해와 반 년 곧 큰 환난의 기간 동안 돌보아 주심을 받았습니다.

8.4. 붉은 용의 핍박(15-16)

□ 본문

"여자의 뒤에서 뱀이 그 입으로 물을 강같이 토하여 여자를 물에 떠내려가게 하려 하되 땅이 여자를 도와 그 입을 벌려 용의 입에서 토한 강물을 삼키니"

15. Then from his mouth the serpent spewed water like a river, to overtake the woman and sweep her away with the torrent.

16. But the earth helped the woman by opening its mouth and swallowing the river that the dragon had spewed out of his mouth.

■ 목자역

15. 그러자 그 뱀은 그 여자가 물에 떠내려가게 하려고 그 여자의 뒤에서 강물과 같은 많은 물 곧 엄청난 핍박과 갖은 유혹 및 이단 사설들을 그의 입에서 토해냈습니다.

16. 그런데 바로 그 순간 하나님의 역사로 땅이 그 여자를 도와 자신의 입을 열어 용이 입으로 토해 낸 그 강물을 다 삼켰습니다.

8.5. 바다 모래위에 선 붉은 용(17)

□ 본문

"용이 여자에게 분노하여 돌아가서 그 여자의 남은 자손 곧 하나님의 계명을 지키며 예수의 증거를 가진 자들과 더불어 싸우려고 바다 모래 위에 서 있더라"

17. Then the dragon was enraged at the woman and went off to make war against the rest of her offspring--those who obey God's commandments and hold to the testimony of Jesus.

■ 목자역

17. 일이 이렇게 되자 그 용은 핍박을 피해 광야로 피신한 그 여자에게 크게 화를 내었습니다. 그리고 그 여자의 남은 자손들과 전쟁을 하려고 돌아갔습니다. 그 여자의 남은 자손들은 하나님의 계명을 지키는 성도들이며 예수의 증거를 가지고 있는 성도들입니다.

(18) 그 용이 그 바다의 모래 위에 서 있었습니다.

| 계시록 13장 | 교회에 대한 사탄의 핍박(2)
두 짐승과 666

1 바다에서 나온 짐승(1-10)

1.1. 바다에서 나온 짐승의 모습(1-2)

1) 바다에서 나온 짐승(1a)

□ 본문

"내가 보니 바다에서 한 짐승이 나오는데"

1a. And I saw a beast coming out of the sea

■ 목자역

1a. 그리고 나는 그 바다에서 한 짐승 곧 적그리스도가 올라오는 것을 보았습니다.

2) 열 뿔과 일곱 머리를 가진 짐승(1b)

□ 본문

"뿔이 열이요 머리가 일곱이라 그 뿔에는 열 왕관이 있고 그 머리들에는 신성 모독 하는 이름들이 있더라"

1b. He had ten horns and seven heads, with ten crowns on his horns, and on each head a blasphemous name.

■ 목자역

1b. 그 짐승 곧 적그리스도는 각 지역을 통치하는 왕을 상징하는 열 개의 뿔과 온 나라를 통치하는 황제를 상징하는 일곱 개의 머리를 가지고 있습니다. 그리고 그 짐승의 뿔들 위에는 열 개의 왕관이 있으며 그 짐승의 일곱 개의 머리 위에는 하나님을 모독하는 이름들이 쓰여 있습니다.

3) 짐승의 모습과 권세의 근거(2)

□ 본문

"내가 본 짐승은 표범과 비슷하고 그 발은 곰의 발 같고 그 입은 사자의 입 같은데 용이 자기의 능력과 보좌와 큰 권세를 그에게 주었더라"

2. The beast I saw resembled a leopard, but had feet like those of a bear and a mouth like that of a lion. The dragon gave the beast his power and his throne and great authority.

■ 목자역

2. 내가 본 그 짐승은 표범같이 생겼습니다. 그 짐승의 발은 곰의 발 같고 그 입은 사자의 입같이 생겼습니다. 용 곧 사탄이 그 짐승 곧 적그리스도에게 자신의 능력과 보좌와 큰 권세를 주었습니다.

1) 사자는 역사적으로 바벨론(BC606-537)과 느부갓네살 왕을 가리킨다.
2) 곰은 메데바사(BC536-332)와 고레스 왕을 가리킨다.
3) 표범은 헬라(BC331-64)와 알렉산더 왕을 가리킨다.
4) 괴물'(괴이한 짐승)은 로마(BC64~)와 네로 왕을 가리킨다.

묵상과 적용(계시록 13장-1.1.)

1.2. 죽게 되었다가 나은 짐승의 머리(3)

□ 본문

"그의 머리 하나가 상하여 죽게 된 것 같더니 그 죽게 되었던 상처가 나으매 온 땅이 놀랍게 여겨 짐승을 따르고"

3. One of the heads of the beast seemed to have had a fatal wound, but the fatal wound had been healed. The whole world was astonished and followed the beast.

■ 목자역

3. 그 짐승의 머리들 곧 로마의 황제들 가운데 하나가 거의 죽을 정도로 치명적인 타격을 받았습니다. 그러나 그 치명적인 상처를 입었던 그 짐승의 머리는 곧 치료를 받아 낫게 되었습니다. 그러자 그 땅에 있는 사람들 모두가 깜짝 놀라 그 짐승을 따랐습니다.

 묵상과 적용(계시록 13장-1.2.)

1.3. 용에게 받은 짐승의 권세(4-5)

□ 본문

"용이 짐승에게 권세를 주므로 용에게 경배하며 짐승에게 경배하여 이르되 누가 이 짐승과 같으냐 누가 능히 이와 더불어 싸우리요 하더라 또 짐승이 과장되고 신성 모독을 말하는 입을 받고 또 마흔두 달 동안 일할 권세를 받으니라"

4. Men worshiped the dragon because he had given authority to the beast, and they also worshiped the beast and asked, "Who is like the beast? Who can make war against him?"

5. The beast was given a mouth to utter proud words and blasphemies and to exercise his authority for forty-two months

■ 목자역

4. 그 땅에 있는 모든 이들은 용 곧 사탄이 머리가 상하였다가 나은 그 짐승 곧 적그리스도인 황제에게 자기의 권세를 주었기 때문에 사탄과 그 황제를 경배하며 말하였습니다. : 누가 그 짐승과 같으랴? 그리고 누가 감히 그 짐승과 싸울 수 있겠는가?

5. 그뿐만 아니라 그 짐승에게는 하나님을 심하게 과장하여 모독하는 말을 할 수 있는 입이 주어졌습니다. 그리고 적그리스도인 그 짐승에게는 큰 환난의 기간인 마흔두 달 동안 제멋대로 행동할 수 있는 권세도 주어졌습니다.

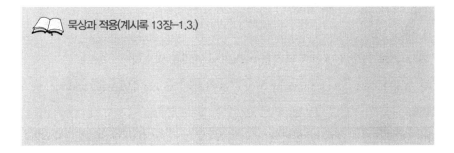

묵상과 적용(계시록 13장-1.3.)

1.4. 교회를 핍박하는 짐승(6-7)

1) 비방(6)
□ 본문

"짐승이 입을 벌려 하나님을 향하여 비방하되 그의 이름과 그의 장막 곧 하늘에 사는 자들을 비방하더라"

6. He opened his mouth to blaspheme God, and to slander his name and his dwelling place and those who live in heaven.

■ 목자역

6. 그 짐승이 그 입을 열어 하나님의 이름과 그분의 장막 곧 하늘에 있는 장막에 사는 성도들을 모독하고 희롱했습니다.

2) 성도들과 싸워 이김(7a)
□ 본문

"또 권세를 받아 성도들과 싸워 이기게 되고"

7a. He was given power to make war against the saints and to conquer them.

■ 목자역

7a. 그리고 그 짐승은 권세를 받아 성도들과 싸워 이기게 되었습니다.

3) 땅을 다스리는 권세를 받음(7b)
□ 본문

"각 족속과 백성과 방언과 나라를 다스리는 권세를 받으니"

7b. And he was given authority over every tribe, people, language and nation.

■ 목자역

7b. 또한 적그리스도인 그 황제는 모든 종족들과 백성들과 언어들과 나라들을

다스리는 권세를 받았습니다.

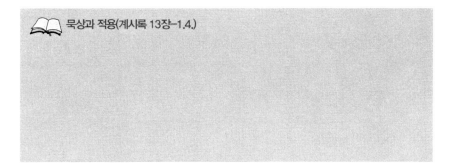

묵상과 적용(계시록 13장-1.4.)

1.5. 고난의 시대와 어린 양의 생명책(8)

□ 본문

"죽임을 당한 어린 양의 생명책에 창세 이후로 이름이 기록되지 못하고 이 땅에
사는 자들은 다 그 짐승에게 경배하리라"

8. All inhabitants of the earth will worship the beast--all whose names have
not been written in the book of life belonging to the Lamb that was slain from
the creation of the world.

■ 목자역

8. 그래서 천지가 창조될 그때부터 죽임을 당하신 어린 양의 생명책에 그의 이
름이 기록되지 못하고 그 땅 위에 살고 있는 사람들은 모두 다 그 황제에게 절
하며 섬기게 될 것입니다.

묵상과 적용(계시록 13장-1.5.)

1.6. 들으래(9)

□ 본문

"누구든지 귀가 있거든 들을지어다"

9. "He who has an ear, let him hear"

■ 목자역

9. 누구든지 들을 귀가 있는 사람은 다 들으라!

 묵상과 적용(계시록 13장-1.6.)

1.7. 말세를 사는 성도들의 고난과 인내와 믿음(10)

□ 본문

"사로잡힐 자는 사로잡혀 갈 것이요 칼에 죽을 자는 마땅히 칼에 죽을 것이니 성도들의 인내와 믿음이 여기 있느니라"

10. If anyone is to go into captivity, into captivity he will go. If anyone is to be killed with the sword, with the sword he will be killed. This calls for patient endurance and faithfulness on the part of the saints.

■ 목자역

10. 이제 붙잡혀 가게 될 사람이면 붙잡혀가게 될 것이며 칼에 의해 살해당할 사람이면 그는 반드시 죽임을 당하게 될 것이다. 그러기에 성도들은 그 엄청난 고난과 시험을 이길 수 있도록 끝까지 참고 견딜 수 있어야 하고 확실한 믿음이 있어야 한다.

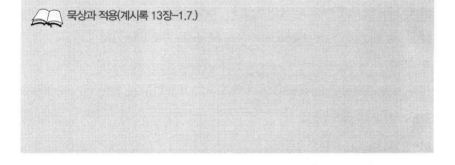
묵상과 적용(계시록 13장–1.7.)

2.1. 땅에서 나온 짐승의 정체(11)

1) 땅은 하늘과 대조되는 곳으로 죄악이 가득한 세상(11a)

□ 본문

"내가 보매 또 다른 짐승이 땅에서 올라오니"

11a. Then I saw another beast, coming out of the earth.

■ 목자역

11a. 그리고 나는 또 땅으로부터 올라오는 다른 짐승 곧 거짓 선지자를 보았습니다.

2) 땅에서 올라온 짐승의 모양(11b)

□ 본문

"어린 양같이 두 뿔이 있고 용처럼 말을 하더라"

11b. He had two horns like a lamb, but he spoke like a dragon.

■ 목자역

11b. 거짓 선지자인 그 짐승은 어린 양처럼 보이게 하는 두 뿔을 가지고 있었습니다. 그러나 그는 용처럼 말하였습니다.

 묵상과 적용(계시록 13장-2.1.)

2.2. 두 번째 짐승이 하는 첫 번째 일(12)

1) 위임받은 권세를 행함(12a)

□ 본문

"그가 먼저 나온 짐승의 모든 권세를 그 앞에서 행하고"

12a. He exercised all the authority of the first beast on his behalf,

■ 목자역

12a. 이 거짓 선지자는 그 황제의 모든 권세를 위임받아 행사했습니다.

2) 첫 번째 짐승을 경배하게 함(12b)

□ 본문

"땅과 땅에 사는 자들을 처음 짐승에게 경배하게 하니 곧 죽게 되었던 상처가 나은 자니라"

12b. and made the earth and its inhabitants worship the first beast, whose fatal wound had been healed.

■ 목자역

12b. 그 거짓 선지자는 그 땅과 그 땅에 살고 있는 사람들을 모두 그 황제에게 경배하게 했습니다. 그 황제는 그 머리에 죽을 정도의 심한 타격을 받았다가 그 상처가 나은 자입니다.

묵상과 적용(계시록 13장-2.2.)

2.3. 두 번째 짐승이 하는 두 번째 일(13-15)

1) 이적으로 미혹(13-14a)

□ 본문

"큰 이적을 행하되 심지어 사람들 앞에서 불이 하늘로부터 땅에 내려오게 하고 짐승 앞에서 받은바 이적을 행함으로 땅에 거하는 자들을 미혹하며"

13. And he performed great and miraculous signs, even causing fire to come down from heaven to earth in full view of men.

14a. Because of the signs he was given power to do on behalf of the first beast, he deceived the inhabitants of the earth.

■ 목자역

13. 그 거짓 선지자는 큰 표적을 행하였는데 심지어 하늘에서부터 불이 내려와 땅에 있는 사람들 앞에 떨어지게까지 했습니다.

14a. 그리고 그 거짓 선지자는 그 황제에게서 받은 권세를 이용하여 이상한 기적을 행하며 땅 위에 살고 있는 사람들을 속였습니다.

2) 우상을 만들게 함(14b)

□ 본문

"땅에 거하는 자들에게 이르기를 칼에 상하였다가 살아난 짐승을 위하여 우상을 만들라 하더라"

14b. He ordered them to set up an image in honor of the beast who was wounded by the sword and yet lived.

■ 목자역

14b. 그 둘째 짐승인 거짓 선지자는 그 땅 위에 살고 있는 사람들에게 그 첫재 짐승인 황제의 형상을 새긴 우상을 만들라고 말합니다. 그 황제는 칼에 의해 큰

타격을 받았으나 다시 살아난 자입니다.

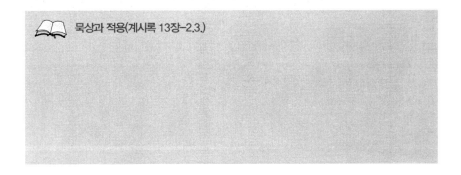

묵상과 적용(계시록 13장-2.3.)

2.4. 두 번째 짐승이 하는 세 번째 일(15)

1) 우상에게 생기를 주어 말하게 함(15a)

□ 본문

"그가 권세를 받아 그 짐승의 우상에게 생기를 주어 그 짐승의 우상으로 말하게 하고"

15a. He was given power to give breath to the image of the first beast, so that it could speak.

■ 목자역

15a. 그리고 그 거짓 선지자는 그가 받은 것을 이용하여 그 황제의 형상을 새긴 우상에게 숨을 불어넣어 그 우상이 말하도록 했습니다.

2) 우상에게 경배하지 않는 자는 다 죽임(15b)

□ 본문

"또 짐승의 우상에게 경배하지 아니하는 자는 몇이든지 다 죽이게 하더라"

15b. and cause all who refused to worship the image to be killed.

■ 목자역

15b. 그리고 그 우상에게 경배하지 않는 자들은 모두 다 죽임을 당하도록 했습니다.

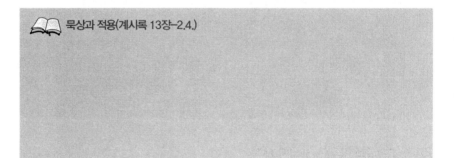

묵상과 적용(계시록 13장-2.4.)

2.5. 짐승의 표 666의 의미(16-18)

1) 짐승의 표(16)

□ 본문

"그가 모든 자 곧 작은 자나 큰 자나 부자나 가난한 자나 자유인이나 종들에게 그 오른손에나 이마에 표를 받게 하고"

16. He also forced everyone, small and great, rich and poor, free and slave, to receive a mark on his right hand or on his forehead.

■ 목자역

16. 그 거짓 선지자는 낮은 자나 높은 자나 부자나 가난한 사람이나 자유인들이나 종들에게 반드시 그들의 오른손 위에나 이마 위에 하나의 표를 받도록 했습니다.

2) 짐승의 표를 가진 자 외에는 매매를 못하게 함(17a)

□ 본문

"누구든지 이 표를 가진 자 외에는 매매를 못하게 하니"

17a. so that no one could buy or sell unless he had the mark.

■ 목자역

17a. 그리고 그 표를 가지지 않은 사람은 그 누구도 사거나 팔거나 할 수 없게 했습니다.

3) 이 표는 짐승의 이름이나 짐승으로 상징되는 사람의 이름의 수(17b-18)

□ 본문

"이 표는 곧 짐승의 이름이나 그 이름의 수라 지혜가 여기 있으니 총명한 자는 그 짐승의 수를 세어 보라 그것은 사람의 수니 그의 수는 육백육십육이니라"

17b. which is the name of the beast or the number of his name.

18. This calls for wisdom. If anyone has insight, let him calculate the number of the beast, for it is man's number. His number is 666.

■ 목자역

17b. 그것은 짐승의 이름이나 그 짐승의 이름을 풀어서 합한 수입니다.

18. 여기에 지혜가 있어야 합니다. 통찰력을 가지고 그 첫 번째 짐승의 수를 세어보십시오 : 그것은 어떤 한 사람의 이름이 가리키는 숫자를 풀어 계산할 때 합해지는 수입니다. 그 이름을 숫자로 풀어 합한 수는 육백육십육입니다.

헬라어: α-1, β-2, γ-3, δ-4, ε-5, ζ-7, η-8, θ-9, ι-10, κ-20, λ-30, μ-40, ν-50, ξ-60, o-70, π-80, ρ-100, σ-200, τ-300, υ-400, φ-500, χ-600, ψ-700, ω-800

헬라어로 로마($\lambda\alpha\tau\varepsilon\iota\nu o\varsigma$)자를 파해하여 그 숫자를 더하여 보면 로마는

30+1+300+5+5+10+50+70+200이므로 합하여 666이 되고 라틴(Ευανθας)도 5+400+1+50+9+1+200이므로 합하여 666이 된다. 또한 네로(네론 카이사의 히브리 음)도 라틴어로 계산하면 N R O N(50+200+6+50)=306(네론), K S R(100+60+200=360(카이사르) 합하여 666이다.

4) 그 시대의 666은 로마의 황제였던 네로와 도미티안이다.

5) 오늘날의 666은 사탄에 힘입은 적그리스도인 국가와 그 나라의 최고 권력자 그리고 하나님을 대적하는 최고로 발달한 인본주의를 상징한다.

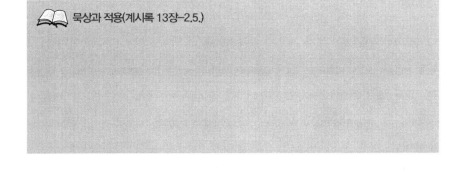

묵상과 적용(계시록 13장-2.5.)

| 계시록 14장 | 교회의 승리(1)
십사만 사천 명의 주의 종들과 두 가지 추수(구원과 심판)

1 시온 산의 14만 4천 명의 주의 종들(14:1-5)

1.1. 시온 산의 어린 양(1)

1) 시온 산(1a)

□ 본문

"또 내가 보니 보라 어린 양이 시온 산에 섰고"

1a. Then I looked, and there before me was the Lamb, standing on Mount Zion,

■ 목자역

1a. 그리고 나는 보았습니다. 자, 보세요! 그 어린 양이신 예수님이 영원한 하나님의 성 새 예루살렘이 있는 시온 산 위에 서 있습니다.

2) 14만 4천 명의 주의 종들(1b)

□ 본문

"그와 함께 십사만 사천이 서 있는데"

1b. and with him 144,000

■ 목자역

1b. 어린 양이신 예수님과 함께 십사만 사천 명이 서 있습니다.

3) 이마에 쓰인 이름(1c)

□ 본문

"그들의 이마에는 어린 양의 이름과 그 아버지의 이름을 쓴 것이 있더라"

1c. who had his name and his Father's name written on their foreheads.

■ 목자역

1c. 그들의 이마에는 어린 양이신 예수님의 이름과 그의 아버지의 이름이 새겨져 있습니다.

 묵상과 적용(계시록 14장-1.1.)

1.2. 하늘에서 부르는 천사들의 새 노래(2-3)

1) 천사들의 찬양(2)

□ 본문

"내가 하늘에서 나는 소리를 들으니 많은 물소리와도 같고 큰 우렛소리와도 같은데 내가 들은 소리는 거문고 타는 자들이 그 거문고를 타는 것 같더라"

2. And I heard a sound from heaven like the roar of rushing waters and like a loud peal of thunder. The sound I heard was like that of harpists playing their harps.

■ 목자역

2. 그리고 나는 하늘에서 나는 많은 물들이 흘러가는 소리와도 같고 하나의 큰 천둥소리와도 같은 소리를 들었습니다. 그런데 내가 들은 그 소리는 하프를 가진 사람들이 연주하는 음악과 같은 소리였습니다.

2) 새 노래(3a)

□ 본문

"그들이 보좌 앞과 네 생물과 장로들 앞에서 새 노래를 부르니 땅에서 속량함을 받은 십사만 사천 밖에는 능히 이 노래를 배울 자가 없더라"

3a. And they sang a new song before the throne and before the four living creatures and the elders. No one could learn the song except the 144,000 who had been redeemed from the earth.

■ 목자역

3. 그들은 하나님의 보좌 앞과 네 생물들과 장로들 앞에서 하나의 새 노래를 부릅니다. 하나님의 구원을 찬양하며 감사하고 또 증거 하는 그 새 노래는 그 14만 4천 명 외에는 그 누구도 배울 수 없습니다. 그들은 예수님께서 땅에서 값을 치루고 산 사람들입니다.

묵상과 적용(계시록 14장-1,2,)

1.3. 14만 4천 명의 주의 종들의 특성(4-5)

1) 신앙의 정절을 지킴(4a)

□ 본문

"이 사람들은 여자와 더불어 더럽히지 아니하고 순결한 자라"

4a. These are those who did not defile themselves with women, for they kept themselves pure.

■ 목자역

4a. 그들은 음행하는 여자와 더불어 더럽히지 않은 자들입니다. : 그들은 순결한 자들입니다.

2) 어디든지 주와 함께 동행(4b)

□ 본문

"어린 양이 어디로 인도하든지 따라가는 자며"

4b. They follow the Lamb wherever he goes.

■ 목자역

4b. 그들은 어린 양이신 예수님이 가는 곳은 어디든지 따라갑니다.

3) 처음 익은 열매(4c)

□ 본문

"처음 익은 열매로 하나님과 어린 양에게 속한 자들이니"

4c. They were purchased from among men and offered as firstfruits to God and the Lamb.

■ 목자역

4c. 그들은 사람들 가운데에서 값을 주고 산 처음 익은 열매로 하나님과 어린 양이신 예수님께 속한 사람들입니다.

4) 거짓이 없다(5a)

□ 본문

"그 입에 거짓말이 없고"

5a. No lie was found in their mouths .

■ 목자역

5a. 그들은 그 입으로 전혀 거짓말을 하지 않는 사람들입니다.

5) 흠이 없다(5b)

□ 본문

"흠이 없는 자들이더라"

5b. they are blameless.

■ 목자역

5b : 또한 그들은 흠이 없는 사람들입니다. 그들은 성령 안에서 구원의 기쁨을 누리며 자신들의 사명을 감당하기 위해 최선을 다합니다. 그들은 낮에 일하지 않고 노는 것이나 즐기는 것을 좋아하지 않는 사람들입니다.

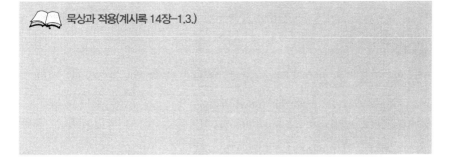

묵상과 적용(계시록 14장-1.3.)

2.1. 첫 번째 천사가 전한 영원한 복음(6)

1) 공중을 날아가는 첫 번째 천사(6a)

□ 본문

"또 보니 다른 천사가 공중에 날아가는데"

6a. Then I saw another angel flying in midair,

■ 목자역

6a. 그리고 나는 공중을 날아가는 또 다른 천사를 보았습니다.

2) 첫 번째 천사가 전하는 복음의 특성 : 영원한 복음(6b)

□ 본문

"땅에 거주하는 자들 곧 모든 민족과 종족과 방언과 백성에게 전할 영원한 복음을 가졌더라"

6b. and he had the eternal gospel to proclaim to those who live on the earth──
to every nation, tribe, language and people.

■ 목자역

6b. 그 천사는 땅 위에서 살고 있는 사람들과 모든 나라와 종족과 언어와 백성들에게 전해야 할 영원한 복음을 가지고 있습니다.

복음의 주체는 그리스도이시며 그리스도로 말미암는 구원이 곧 복음이다. 다만 복음의 어떤 강조점을 나타낼 때 여러 가지로 나눌 수 있다.

　　1) 천국복음(마 4:23)

2) 그리스도의 복음(롬 15:19)

3) 하나님의 복음(막 1:14)

4) 하나님의 은혜의 복음(행 20:24)

5) 구원의 복음(엡 1:13)

6) 평안의 복음(엡 6:15)

7) 영광의 복음(딤전 1:11)

8) 화평의 복음(행 10:36)

9) 영원한 복음(계 14:9)

 묵상과 적용(계시록 14장-2.1.)

2.2. 첫 번째 천사가 전한 복음의 내용(7)

□ 본문

"그가 큰 음성으로 이르되 하나님을 두려워하며 그에게 영광을 돌리라 이는 그의 심판의 시간이 이르렀음이니 하늘과 땅과 바다와 물들의 근원을 만드신 이를 경배하라 하더라"

"He said in a loud voice, "Fear God and give him glory, because the hour of his judgment has come. Worship him who made the heavens, the earth, the sea and the springs of water"

■ 목자역

77. 그 천사가 큰 소리로 말하였습니다. : 당신들은 하나님을 두려워하십시오! 그리고 그분에게 영광을 돌리십시오. 이제 그분이 심판하실 바로 그 시간이 다가왔습니다. 그러므로 하늘과 땅과 바다와 물들의 근원을 만드신 하나님께 경배하십시오.

묵상과 적용(계시록 14장-2.2.)

2.3. 두 번째 천사의 경고(8)

□ 본문

"또 다른 천사 곧 둘째가 그 뒤를 따라 말하되 무너졌도다 무너졌도다 큰 성 바벨론이여 모든 나라에게 그의 음행으로 말미암아 진노의 포도주를 먹이던 자로다 하더라"

8. A second angel followed and said, "Fallen! Fallen is Babylon the Great, which made all the nations drink the maddening wine of her adulteries."

■ 목자역

8. 그 뒤를 이어 또 다른 두 번째 천사가 날아가면서 말하였습니다. : 망하였도다! 망하였도다! 그 큰 성 바벨론이여, 바벨론은 그의 음란한 행위 때문에 하나님께서 내리신 진노의 재앙을 그와 함께 음행한 모든 나라들이 당하게

한 자다.

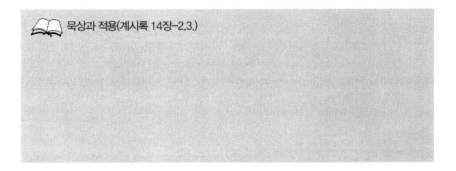

2.4. 세 번째 천사의 경고와 심판의 내용(9-11)

1) 경고의 음성(9)

□ 본문

"또 다른 천사 곧 셋째가 그 뒤를 따라 큰 음성으로 이르되 만일 누구든지 짐승과 그의 우상에게 경배하고 이마에나 손에 표를 받으면"

9. A third angel followed them and said in a loud voice: "If anyone worships the beast and his image and receives his mark on the forehead or on the hand,

■ 목자역

9. 그리고 또 다른 세 번째 천사가 그 뒤를 따라 날아가면서 큰 소리로 그들에게 말하였습니다. : 만일 누구든지 그 첫 번째 짐승과 그 짐승의 우상에게 절하며 섬기거나 그의 이마 위에나 혹은 그의 오른손위에 그 첫 번째 짐승의 표를 받는다면,

2) 형벌1(세상에서의 고난) : 진노의 잔을 마시게 된다(10a).

□ 본문

"그도 하나님의 진노의 포도주를 마시리니 그 진노의 잔에 섞인 것이 없이 부은 포도주라"

10a. he, too, will drink of the wine of God's fury, which has been poured full strength into the cup of his wrath.

■ 목자역

10a. 그도 반드시 하나님의 진노가 담긴 포도주를 마시게 될 것입니다. 그 잔 안에는 하나님의 진노가 완전히 가득 차 있습니다.

3) 형벌2(지옥의 고난) : 불과 유황으로 고난을 받게 된다(10b).

□ 본문

"거룩한 천사들 앞과 어린 양 앞에서 불과 유황으로 고난을 받으리니"

10b. He will be tormented with burning sulfur in the presence of the holy angels and of the Lamb.

■ 목자역

10b. 그리고 그들은 거룩한 천사들과 어린 양 앞에서 타오르는 유황불에 의해 고난을 받게 될 것입니다.

4) 형벌3(영원히 안식이 없다) : 세세토록 밤낮 쉼을 얻지 못한다(11).

□ 본문

"그 고난의 연기가 세세토록 올라가리로다 짐승과 그의 우상에게 경배하고 그의 이름 표를 받는 자는 누구든지 밤낮 쉼을 얻지 못하리라 하더라"

11. And the smoke of their torment rises for ever and ever. There is no rest day or night for those who worship the beast and his image, or for anyone who

receives the mark of his name.

■ 목자역

11. 그들이 당하는 그 고난의 연기는 세세무궁토록 올라갈 것입니다. 그 첫 번째 짐승과 그 짐승의 우상에게 경배하는 자들은 밤낮으로 쉬지 못합니다. 그리고 누구든지 그 첫 번째 짐승의 이름표를 받는 사람도 역시 밤낮으로 쉬지 못하게 될 것입니다.

 묵상과 적용(계시록 14장-2,4.)

2.5. 말세에 필요한 믿음(12)

□ 본문

"성도들의 인내가 여기 있나니 그들은 하나님의 계명과 예수에 대한 믿음을 지키는 자니라"

12. his calls for patient endurance on the part of the saints who obey God's commandments and remain faithful to Jesus.

■ 목자역

12. 그러므로 성도들에게는 고난을 이길 만한 특별한 인내가 있어야 합니다. 성도들은 언제나 하나님의 계명들과 예수님께 대한 믿음을 지키는 사람들입니다.

묵상과 적용(계시록 14장-2.5.)

2.6. 주님 안에서 죽는 자의 복(13) : 계시록의 두 번째 복

1) 주님 안에서 죽는 자의 복(13a)

□ 본문

"또 내가 들으니 하늘에서 음성이 나서 이르되 기록하라 지금 이후로 주 안에서 죽는 자들은 복이 있도다 하시매"

13a. Then I heard a voice from heaven say, "Write: Blessed are the dead who die in the Lord from now on."

■ 목자역

13a. 또 나는 하늘에서 나는 한 음성을 들었습니다. : 당신은 기록하십시오. : 복이 있습니다! 지금부터 주님 안에서 죽는 성도들은!

2) 주님 안에서 죽는 자의 복(1) : 지금의 수고를 그치고 쉬게 됨(13b)

□ 본문

"성령이 가라사대 그러하다 그들이 수고를 그치고 쉬리니"

13b. "Yes," says the Spirit, they will rest from their labor,

■ 목자역

13b. 성령께서 말씀하십니다. 그렇다. 그들은 그 수고로부터 벗어나 쉬게 될

것이다.

3) 주님 안에서 죽는 자의 복(2) : 행위에 대한 보상(13c)

□ 본문

"이는 저희의 행한 일이 따름이라 하시더라"

13c. for their deeds will follow them.

■ 목자역

13c. : 왜냐하면 그들이 행한 그 일들이 그들을 보증하기 때문이다.

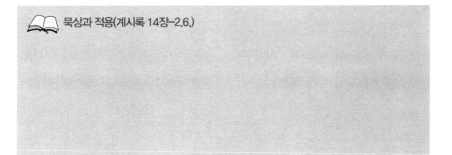

묵상과 적용(계시록 14장-2.6.)

---

3 알곡과 포도송이에 대한 두 가지 추수(14:14-20)

3.1. 첫 번째 추수(성도의 구원) : 인자의 알곡 추수(14-16)

1) 흰 구름 위에 앉아 있는 인자 같은 이(14a)

□ 본문

"또 내가 보니 흰 구름이 있고 구름 위에 인자와 같은 이가 앉으셨는데"

14a. I looked, and there before me was a white cloud, and seated on the cloud was one "like a son of man"

14a. 또 나는 하늘에서 흰 구름과 그 구름 위에 앉아계신 사람의 아들 같으신 분 곧 예수님을 보았습니다.

2) 금 면류관(14b)

□ 본문

"그 머리에는 금 면류관이 있고"

14b. with a crown of gold on his head

■ 목자역

14b. 예수님의 머리 위에는 황금 면류관이 있고

3) 예리한 낫(14c)

□ 본문

"그 손에는 예리한 낫을 가졌더라"

14c. and a sharp sickle in his hand.

■ 목자역

14c. 그 손에는 예리한 낫을 가지고 계셨습니다.

4) 추수를 촉구하는 천사의 외침(15)

□ 본문

"또 다른 천사가 성전으로부터 나와 구름 위에 앉은 이를 향하여 큰 음성으로 외쳐 이르되 당신의 낫을 휘둘러 거두소서 땅의 곡식이 다 익어 거둘 때가 이르렀음이니이다 하니"

15. Then another angel came out of the temple and called in a loud voice to him who was sitting on the cloud, "Take your sickle and reap, because the time

to reap has come, for the harvest of the earth is ripe.

■ 목자역

15. 그때 또 다른 천사 하나가 하늘에 있는 성전으로부터 나와 그 구름 위에 앉아 계신 예수님에게 큰 소리로 외쳤습니다. : 당신의 그 낫을 휘두르십시오. 그리고 곡식들을 거두십시오. 땅에서 추수할 그 곡식들이 다 익어 거둬들일 바로 그 시간이 되었습니다.

5) 알곡추수(16)

□ 본문

"구름 위에 앉으신 이가 낫을 땅에 휘두르매 땅의 곡식이 거두어지니라"

16. So he who was seated on the cloud swung his sickle over the earth, and the earth was harvested.

■ 목자역

16. 그러자 그 구름 위에 앉아 계신 예수님이 그 손에 있던 낫을 땅에 휘둘렀고 그 땅의 곡식들은 추수되었습니다.

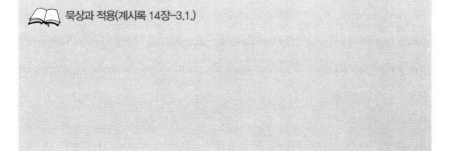
📖 묵상과 적용(계시록 14장-3.1.)

3.2. 두 번째 추수(불신자 심판) : 천사의 포도송이 추수(17-20)

1) 또 다른 천사의 등장(17)

□ 본문

"또 다른 천사가 하늘에 있는 성전에서 나오는데 역시 예리한 낫을 가졌더라"

17. Another angel came out of the temple in heaven, and he too had a sharp sickle.

■ 목자역

17. 또 다른 천사가 하늘에 있는 그 성전으로부터 나왔습니다. 그도 역시 손에 날카로운 낫을 가지고 있습니다.

2) 불을 다스리는 천사의 외치는 소리(18)

□ 본문

"또 불을 다스리는 다른 천사가 제단으로부터 나와 예리한 낫 가진 자를 향하여 큰 음성으로 불러 이르되 네 예리한 낫을 휘둘러 땅의 포도송이를 거두라 그 포도가 익었느니라 하더라"

18. Still another angel, who had charge of the fire, came from the altar and called in a loud voice to him who had the sharp sickle, "Take your sharp sickle and gather the clusters of grapes from the earth's vine, because its grapes are ripe.

■ 목자역

18. 그리고 다른 천사가 하늘의 성전에 있는 제단으로부터 나왔습니다. 그 천사는 불을 다스리는 권세를 가지고 있는 천사입니다. 그 천사가 그 날카로운 낫을 가진 천사에게 큰 소리로 말하였습니다. : 당신의 그 날카로운 낫을 휘두르시오. 땅에 있는 포도송이들이 다 익었으니 땅의 포도송이들을 거두어들이시오.

3) 포도송이 추수(19-20)

□ 본문

"천사가 낫을 땅에 휘둘러 땅의 포도를 거두어 하나님의 진노의 큰 포도주 틀에 던지매 성 밖에서 그 틀이 밟히니 틀에서 피가 나서 말 굴레에까지 닿았고 천육백 스다디온에 퍼졌더라"

19. The angel swung his sickle on the earth, gathered its grapes and threw them into the great winepress of God's wrath.

20. They were trampled in the winepress outside the city, and blood flowed out of the press, rising as high as the horses' bridles for a distance of 1,600 stadia."

■ 목자역

19. 그러자 그 천사가 그의 낫을 땅에 휘둘렀습니다. 그리고 땅의 포도들을 거두어 그것들을 하나님의 진노가 담긴 포도주을 짜는 큰 틀에 던졌습니다.

20. 그리고 그 성 밖에 있던 그 포도주 틀이 밟히게 되었습니다. 그러자 그 포도주 틀에서 서 있는 말들의 몸통에까지 닿을 정도로 많은 피가 흘러나왔고 그 피는 이스라엘 온 땅의 길이인 일천육백 스다디온으로 상징되는 온 세상에 흘러갔습니다.

묵상과 적용(계시록 14장-3.2.)

| 계시록 15장(1) | 교회의 승리(2)
이긴 자들이 유리 바닷가에서 부르는 승리의 노래(15:1-4)

1 마지막 재앙에 대한 예고(1)

1.1. 일곱 재앙을 가진 일곱 천사의 등장(1a)

□ 본문

"또 하늘에 크고 이상한 다른 이적을 보매 일곱 천사가 일곱 재앙을 가졌으니"

1a. "I saw in heaven another great and marvelous sign: seven angels with the seven last plagues—

■ 목자역

1a. 또 나는 하늘에서 일어난 크고 놀라운 또 다른 표적을 보았는데 그 표적은 일곱 천사들이 하나님을 믿지 않는 모든 자들과 하나님을 대적하는 온 세상을 심판하게 될 일곱 가지 재앙이 담긴 대접들을 가지고 있는 모습입니다.

> **계시록의 세 가지 이적**
>
> 1) 해를 입은 여자의 이적 : 교회의 모습(12:1)
>
> 2) 붉은 용의 이적 : 사탄의 최종적인 활동의 모습(12:3)
>
> 3) 일곱 천사의 일곱 재앙을 가진 이적 : 마지막 재앙의 모습(17:1)

1.2. 마지막 재앙(1b)

□ 본문

"곧 마지막 재앙이라 하나님의 진노가 이것으로 마치리로다"

1b. —last, because with them God's wrath is completed.

■ 목자역

1b. 이 재앙들이 마지막 재앙입니다. 그 재앙들로 하나님의 진노가 다 끝나게 될 것입니다.

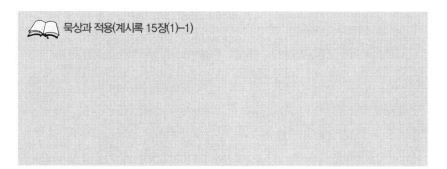
📖 묵상과 적용(계시록 15장(1)-1)

2 이긴 자들의 승리 찬송(2-4)

2.1. 찬양의 무대 : 불이 섞인 유리 바닷가(2a)

□ 본문

"또 내가 보니 불이 섞인 유리 바다 같은 것이 있고"

2a. And I saw what looked like a sea of glass mixed with fire and,

■ 목자역

2a. 그리고 나는 하나님의 보좌 앞에 있는 유리바다에 심판의 불이 섞여 있는 모습을 보았습니다.

2.2. 찬양단 : 짐승과 그의 우상과 그 이름의 수를 이긴 자들(2b)

□ 본문

"짐승과 그의 우상과 그의 이름의 수를 이기고 벗어난 자들이 유리 바다 가에 서서 하나님의 거문고를 가지고"

2b. standing beside the sea, those who had been victorious over the beast and his image and over the number of his name. They held harps given them by God.

■ 목자역

2b. 그 유리 바닷가에 첫 번째 짐승과 그 짐승의 우상과 그 짐승의 이름의 수를 이기고 승리한 사람들이 하나님을 찬양하기 위해 하프를 가지고 서 있습니다.

2.3. 찬양의 내용(3-4)

1) 모세의 노래, 어린 양의 노래(3a)

□ 본문

"하나님의 종 모세의 노래, 어린 양의 노래를 불러 이르되"

3a. and sang the song of Moses the servant of God and the song of the Lamb

■ 목자역

3a. 그들이 하나님의 종인 모세의 노래 곧 어린 양을 찬양하는 노래를 불렀습니다.

2) 주 하나님의 전능하심을 찬양(3b)

□ 본문

"주 하나님 곧 전능하신 이시여 하시는 일이 크고 놀라우시도다"

3b. Great and marvelous are your deeds, Lord God Almighty.

■ 목자역

3b. : 오! 전능하신 주 하나님, 주님이 하시는 그 일들은 크고 놀라우십니다!

3) 의롭고 참되신 주님의 심판을 찬양(3c)

□ 본문

"만국의 왕이시여 주의 길이 의롭고 참되시도다"

3c. Just and true are your ways, King of the ages.

■ 목자역

3c. : 모든 나라들의 왕이시여! 주님의 길은 의로우시면서 진실하십니다.

4) 주님의 거룩하심을 찬양(4a)

□ 본문

"주여 누가 주의 이름을 두려워하지 아니하며 영화롭게 하지 아니하오리이까
오직 주만 거룩하시니이다"

4a. Who will not fear you, O Lord, and bring glory to your name? For you
alone are holy.

■ 목자역

4a. 오, 주여! 누가 주의 이름을 두려워하지 않겠습니까? 또 누가 주님의 이름
을 영화롭게 하지 않겠습니까? 오직 주님만 홀로 거룩하십니다.

5) 주님의 의로우신 심판 때문에 만국이 경배할 것을 찬양(4b)

□ 본문

"주의 의로우신 일이 나타났으매 만국이 와서 주께 경배하리이다"

4b. All nations will come and worship before you, for your righteous acts have been revealed.

■ 목자역

4b. 이제 주님의 그 의로우심이 명백하게 나타났기 때문에 모든 나라들이 와서 주님 앞에 예배를 드릴 것입니다.

 묵상과 적용(계시록 15장(1)-2)

증거 장막 성전과 일곱 대접의 재앙과 음녀의 멸망

여섯 번째 사건 요약

1. 증거 장막 성전(15:5–8)
2. 일곱 대접의 재앙(16장)
3. 음녀(로마의 타락한 거짓 종교와 문화)에 대한 심판과 멸망(17장)

| 계시록 15장(2) | 증거 장막 성전(15:5–8)

1 또 이 일 후에(5a)

□ 본문

"또 이 일 후에 내가 보니"

5a. After this I looked

■ 목자역

5a. **이러한 일들이 있은 후에** 나는 보았습니다.

2 하늘에서 증거 장막 성전이 열림(5b)

□ 본문

"하늘에 증거 장막의 성전이 열리며"

5b. and in heaven the temple that is, the tabernacle of the Testimony, was

opened

■ 목자역

5b. 하늘에서 하나님의 언약의 증거물들을 담은 언약 궤가 있어 증거 장막성전이라고도 불리는 성전이 열렸습니다.

 묵상과 적용(계시록 15장(2)-2)

3 일곱 재앙을 가진 일곱 천사의 등장(6)

□ 본문

"일곱 재앙을 가진 일곱 천사가 성전으로부터 나와 맑고 빛난 세마포 옷을 입고 가슴에 금띠를 띠고"

6. Out of the temple came the seven angels with the seven plagues. They were dressed in clean, shining linen and wore golden sashes around their chests.

■ 목자역

6. 그 성전으로부터 하나님의 마지막 진노를 쏟아내는 일곱 재앙을 시행할 일곱 천사들이 나왔습니다. 그들은 깨끗하게 빛나는 세마포 옷을 입고 있습니다. 그리고 그 가슴에는 황금으로 된 금띠를 띠고 있습니다.

묵상과 적용(계시록 15장(2)-3)

4 네 생물 중의 하나가 금 대접 일곱을 일곱 천사에게 줌(7-8)

4.1. 네 생물의 등장(7a)

□ 본문

"네 생물 중의 하나가"

7a. Then one of the four living creatures

■ 목자역

7a. 네 천사 장 가운데 하나가

4.2. 일곱 천사가 받은 일곱 대접(7b)

□ 본문

"영원토록 살아 계신 하나님의 진노를 가득히 담은 금 대접 일곱을 그 일곱 천사들에게 주니"

7b. Then one of the four living creatures gave to the seven angels seven golden bowls filled with the wrath of God, who lives for ever and ever.

7b. 세세토록 살아 계신 하나님의 진노가 가득 담긴 황금으로 된 일곱 개의 대접을 그 일곱 천사들에게 각각 하나씩 나누어 주었습니다.

4.3. 하나님의 영광과 능력과 성전에 가득찬 연기(8)

□ 본문

"하나님의 영광과 능력으로 말미암아 성전에 연기가 가득 차매 일곱 천사의 일곱 재앙이 마치기까지는 성전에 능히 들어갈 자가 없더라"

8. And the temple was filled with smoke from the glory of God and from his power, and no one could enter the temple until the seven plagues of the seven angels were completed.

■ 목자역

8. 그러자 그 성전이 하나님의 영광과 권능을 드러내는 연기로 가득 찼습니다. 이제부터 그 누구도 그 일곱 천사들에 의해 시행되는 그 일곱 가지 재앙이 완전히 끝날 때까지는 그 성전에 들어갈 수가 없습니다.

 묵상과 적용(계시록 15장(2)-4)

| 계시록 16장 | 일곱 대접의 재앙(마지막 재앙)

1 하나님의 진노가 담긴 일곱 대접(1)

□ 본문

"또 내가 들으니 성전에서 큰 음성이 나서 일곱 천사에게 말하되 너희는 가서 하나님의 진노의 일곱 대접을 땅에 쏟으라 하더라"

1. Then I heard a loud voice from the temple saying to the seven angels, "Go, pour out the seven bowls of God's wrath on the earth.

■ 목자역

1. 그때 나는 성전에 있는 보좌에서 그 일곱 천사에게 말하는 큰 음성을 들었습니다. : 너희는 가라 그리고 하나님의 진노가 가득 담긴 그 일곱 대접을 그 땅 위에 쏟으라.

묵상과 적용(계시록 16장-1)

2.1. 땅에 쏟는 대접(2a)

□ 본문

"첫째 천사가 가서 그 대접을 땅에 쏟으며"

2a. The first angel went and poured out his bowl on the land

■ 목자역

2a. 그 천사들 가운데 첫째 천사가 나아가 그가 가진 대접을 땅 위에 쏟았습니다.

2.2. 악하고 독한 종기(2b)

□ 본문

"짐승의 표를 받은 사람들과 그 우상에게 경배하는 자들에게 악하고 독한 종기가 나더라"

2b. and ugly and painful sores broke out on the people who had the mark of the beast and worshiped his image.

■ 목자역

2b. : 그러자 오른손이나 이마에 첫 번째 짐승의 표를 받은 사람들과 그 짐승의 형상을 본떠 만든 우상에게 절하며 섬기던 사람들에게 고칠 수 없는 아주 고약한 악성 종기가 생겼습니다.

묵상과 적용(계시록 16장-2)

3 두 번째 대접 재앙(3)

□ 본문

"둘째 천사가 그 대접을 바다에 쏟으매 바다가 곧 죽은 자의 피같이 되니 바다 가운데 모든 생물이 죽더라"

3. The second angel poured out his bowl on the sea, and it turned into blood like that of a dead man, and every living thing in the sea died.

■ 목자역

3. 두 번째 천사가 그의 대접을 바다 위에 쏟았습니다. : 그러자 바다는 죽은 사람의 피같이 되었고 그 바다 안에 있던 모든 생물들이 죽었습니다.

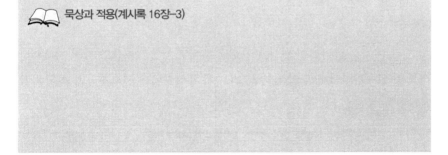
묵상과 적용(계시록 16장-3)

□ 본문

"셋째 천사가 그 대접을 강과 물 근원에 쏟으매 피가 되더라"

4. The third angel poured out his bowl on the rivers and springs of water, and they became blood.

■ 목자역

4. 이어서 세 번째 천사가 그가 기진 대접을 강 위에와 물의 근원이 되는 샘들에 쏟았습니다. 그러자 그 물들은 피가 되었습니다.

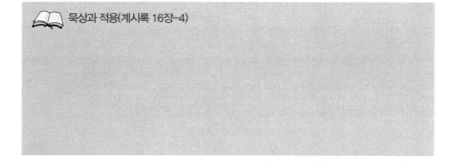

📖 묵상과 적용(계시록 16장-4)

□ 본문

"내가 들으니 물을 차지한 천사가 가로되 전에도 계셨고 지금도 계신 거룩하신 이여 이렇게 심판하시니 의로우시도다 그들이 성도들과 선지자들의 피를 흘렸으므로 그들에게 피를 마시게 하신 것이 합당하니이다 하더라"

5. Then I heard the angel in charge of the waters say: "You are just in these judgments, you who are and who were, the Holy One, because you have so judged;

6. for they have shed the blood of your saints and prophets, and you have given them blood to drink as they deserve."

■ 목자역

5. 그때 나는 그 물들의 관리를 책임진 천사가 말하는 것을 들었습니다. : 전에도 계셨고 지금도 계신 하나님, 이렇게 심판하시는 주님은 의로우십니다.

6. 왜냐하면 그들이 성도들과 예언자들의 피를 흐르게 했기 때문입니다. 그러므로 그들에게 피를 마시게 하는 것은 당연한 일입니다.

 묵상과 적용(계시록 16장-5)

6 제단에서 들리는 음성(7)

□ 본문

"또 내가 들으니 제단이 말하기를 그러하다 주 하나님 곧 전능하신 이시여 심판하시는 것이 참되시고 의로우시도다 하더라"

7. And I heard the altar respond: "Yes, Lord God Almighty, true and just are your judgments."

■ 목자역

7. 그리고 나는 순교자들의 영혼이 모여 있던 바로 그 제단에서 나오는 음성을 들었습니다. : 그렇습니다. 전능하신 주 하나님! 주님의 심판은 진실하시고 옳

으십니다.

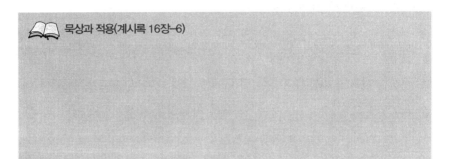
7 네 번째 대접 재앙(8-9)

7.1. 불로 태우는 재앙(8)

□ 본문

"넷째 천사가 그 대접을 해에 쏟으매 해가 권세를 받아 불로 사람들을 태우니"

8. The fourth angel poured out his bowl on the sun, and the sun was given power to scorch people with fire.

■ 목자역

8. 네 번째 천사가 그가 가진 대접을 해 위에 쏟았습니다. : 그러자 해가 권세를 받아 불로 사람들을 태웠습니다.

7.2. 회개가 없는 시대(9)

□ 본문

"사람들이 크게 태움에 태워진지라 이 재앙들을 행하는 권세를 가지신 하나님의 이름을 비방하며 또 회개하지 아니하고 주께 영광을 돌리지 아니하더라"

9. They were seared by the intense heat and they cursed the name of God, who had control over these plagues, but they refused to repent and glorify him.

■ 목자역

9. 그때 그 짐승을 경배하던 사람들이 엄청나게 뜨거운 불로 태워졌습니다. 그러자 그 사람들은 이러한 재앙들을 행할 권세를 가지신 하나님의 이름을 모독하면서 그들의 죄를 회개하기는커녕 하나님께 영광을 돌리는 것조차 거절하였습니다.

 묵상과 적용(계시록 16장-7)

8) 다섯째 대접 재앙(10-11)

8.1. 짐승의 보좌에 쏟아지는 재앙(10a)

□ 본문

"또 다섯째 천사가 그 대접을 짐승의 보좌에 쏟으니 그 나라가 곧 어두워지며"

10a. The fifth angel poured out his bowl on the throne of the beast, and his kingdom was plunged into darkness.

■ 목자역

10a. 이어서 다섯 번째 천사가 지기가 가지고 있던 대접을 첫 번째 짐승(적그리스도)의 보좌 위에 쏟았습니다. : 그러자 그 첫 번째 짐승이 다스리던 나라가 어두워졌습니다.

8.2. 참을 수 없는 고통(10b)

□ 본문

"사람들이 아파서 자기 혀를 깨물고"

10b. Men gnawed their tongues in agony

■ 목자역

10b. 사람들은 그 고통 때문에 아파서 자기들의 혀를 깨물었습니다.

8.3. 갈수록 더 악해짐(11)

□ 본문

"아픈 것과 종기로 말미암여 하늘의 하나님을 훼방하고 그들의 행위를 회개하지 아니하더라"

11. and cursed the God of heaven because of their pains and their sores, but they refused to repent of what they had done.

■ 목자역

11. 그들은 그 고통과 악성 종기들 때문에 하늘에 계신 하나님을 모독했습니다. 그들은 자기들이 행한 그 악한 일들은 전혀 회개하지 않았습니다.

묵상과 적용(계시록 16장-8)

9 여섯째 대접 재앙(12-16)

9.1. 유브라데(12)

□ 본문

"또 여섯째 천사가 그 대접을 큰 강 유브라데에 쏟으매 강물이 말라서 동방에서 오는 왕들의 길이 예비되었더라"

12. The sixth angel poured out his bowl on the great river Euphrates, and its water was dried up to prepare the way for the kings from the East.

■ 목자역

12. 이어서 여섯 번째 천사가 대접을 그 큰 강 유브라데 위에 쏟았습니다. : 그러자 강물이 말라 동쪽 방향 곧 해가 떠오르는 곳으로부터 오는 왕들의 길이 준비되었습니다.

9.2. 개구리 같은 더러운 세 영(13)

□ 본문

"또 내가 보매 개구리 같은 세 더러운 영이 용의 입과 짐승의 입과 거짓 선지자의 입에서 나오니"

13. Then I saw three evil spirits that looked like frogs; they came out of the mouth of the dragon, out of the mouth of the beast and out of the mouth of the false prophet.

■ 목자역

13. 또 나는 사탄인 그 용의 입에서와 적그리스도인 첫 번째 짐승의 입에서와 두 번째 짐승인 거짓 선지자의 입에서 개구리같이 더러운 세 영이 나오는 것을 보았습니다. :

9.3. 악한 영들인 귀신들의 역사(14)

□ 본문

"그들은 귀신의 영이라 이적을 행하여 온 천하 왕들에게 가서 하나님 곧 전능하신 이의 큰 날에 있을 전쟁을 위하여 그들을 모으더라"

14. They are spirits of demons performing miraculous signs, and they go out to the kings of the whole world, to gather them for the battle on the great day of God Almighty.

■ 목자역

14. 그것들은 이적을 행하는 능력을 가진 사탄의 악한 영들입니다. 그것들은 전능하신 하나님이 심판하러 오실 그 큰 날에 하나님을 대적하여 싸우기 위해 온 땅에 있는 왕들에게로 가서 그들을 모았습니다.

9.4. 계시록의 세 번째 복(15)

□ 본문

"보라 내가 도둑같이 오리니 누구든지 깨어 자기 옷을 지켜 벌거벗고 다니지 아니하며 자기의 부끄러움을 보이지 아니하는 자는 복이 있도다"

15. Behold, I come like a thief! Blessed is he who stays awake and keeps his clothes with him, so that he may not go naked and be shamefully exposed.

■ 목자역

15. 자, 보라! 내가 도적같이 오리라! : **복이 있도다!** 누구든지 깨어 있어 자기 옷을 잘 지켜 벌거벗고 다니지 아니하며 자기의 부끄러움을 보이지 않는 사람은!

9.5. 아마겟돈 전쟁(16)

□ 본문

"세 영이 히브리어로 아마겟돈이라 하는 곳으로 왕들을 모으더라"

16. "Then they gathered the kings together to the place that in Hebrew is called Armageddon.

■ 목자역

16. 그리고 그 세 부류의 악령들은 그들에게 미혹된 왕들을 히브리말로 아마겟돈이라 불리는 장소로 모았습니다.

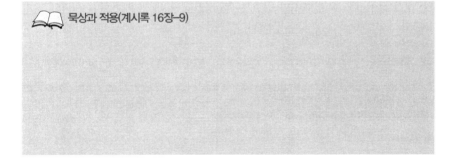

묵상과 적용(계시록 16장-9)

10.1. 되었다– 심판의 완성 선언(17)

□ 본문

"일곱째 천사가 그 대접을 공중에 쏟으매 큰 음성이 성전에서 보좌로부터 나서 이르되 되었다 하시니"

17. The seventh angel poured out his bowl into the air, and out of the temple came a loud voice from the throne, saying, "It is done!"

■ 목자역

17. 일곱 번째 천사가 그가 가진 대접을 사탄이 권세를 잡은 영역을 상징하는 공중에 쏟았습니다. : 그러자 그 성전에 있는 보좌에서 큰 음성이 나면서 말씀하셨습니다. : 되었다

10.2. 번개와 음성과 우렛소리와 지진(18)

□ 본문

"번개와 음성들과 우렛소리가 있고 또 큰 지진이 있어 얼마나 큰지 사람이 땅에 있어 온 이래로 이같이 큰 지진이 없었더라"

18. Then there came flashes of lightning, rumblings, peals of thunder and a severe earthquake. No earthquake like it has ever occurred since man has been on earth, so tremendous was the quake.

■ 목자역

18. 그러자 공중에서는 번개와 음성들과 천둥소리가 있고 땅 위에서는 사람들이 그 땅 위에 살아온 이후로 단 한 번도 경험하지 못한 매우 큰 지진이 일어났

습니다.

10.3. 성이 무너지고 섬과 산악이 없어짐(19-20)

□ 본문

"큰 성이 세 갈래로 갈라지고 만국의 성들도 무너지니 큰 성 바벨론이 하나님 앞에 기억하신바 되어 그의 맹렬한 진노의 포도주 잔을 받으매 각 섬도 없어지 고 산악도 간 데 없더라"

19. The great city split into three parts, and the cities of the nations collapsed. God remembered Babylon the Great and gave her the cup filled with the wine of the fury of his wrath.

20. Every island fled away and the mountains could not be found.

■ 목자역

19. 그러면서 그 큰 성(로마)이 세 조각으로 나누어졌고 모든 나라의 도시들은 다 망해버렸습니다. 그리고 하나님께서 기억하고 계셨던 그 큰 성 곧 하나님을 떠나버린 종교와 문화와 문명으로 가득 차 있던 바벨론(로마)에게 하나님의 진 노가 가득히 담긴 그 포도주 잔이 주어졌습니다.

20. 그 순간 모든 섬들이 사라졌으며 산들도 찾아볼 수가 없었습니다.

10.4. 하나님을 비방하는 사람들(21)

□ 본문

"또 무게가 한 달란트나 되는 큰 우박이 하늘로부터 사람들에게 내리매 사람들 이 그 우박의 재앙 때문에 하나님을 비방하니 그 재앙이 심히 큼이러라"

21. From the sky huge hailstones of about a hundred pounds each fell upon

men. And they cursed God on account of the plague of hail, because the plague was so terrible.

■ 목자역

21. 이어서 한 달란트 무게의 큰 우박이 하늘에서부터 사람들에게 쏟아졌습니다. 그러자 사람들은 그 우박의 재앙이 그들이 감당하기에는 너무 크고 또 그 재앙으로 인한 고통을 견디기가 너무 힘들었기 때문에 하나님을 비방하고 욕하였습니다.

 묵상과 적용(계시록 16장-10)

| 계시록 17장 | 음녀(로마의 타락한 거짓 종교와 문화)에 대한 심판과 멸망

① 음녀(1-2)

1.1. 음녀가 가진 권세와 음녀에 대한 심판 예고(1)

□ 본문

"또 일곱 대접을 가진 일곱 천사 중 하나가 와서 내게 말하여 이르되 이리로 오라 많은 물 위에 앉은 큰 음녀가 받을 심판을 네게 보이리라"

1. One of the seven angels who had the seven bowls came and said to me, "Come, I will show you the punishment of the great prostitute, who sits on many waters.

■ 목자역

1. 그 후에 그 일곱 대접을 가지고 있는 일곱 천사들 가운데 하나가 나에게 와서 이렇게 말하였습니다. : 이리 오시오, 내가 당신에게 많은 물들(온 땅에 있는 백성들과 무리들과 많은 나라들과 언어들) 위에 앉아 있는 그 큰 음녀(땅의 왕들을 다스리는 큰 성 곧 바벨론이라고 불리는 로마)에 대한 심판을 보여드리겠소.

1.2. 음녀가 한 일(2a)

□ 본문

"땅의 임금들도 그와 더불어 음행하였고"

2a. With her the kings of the earth committed adultery

■ 목자역

2a. 땅의 왕들은 그 여자와 함께 우상을 섬기며 음란한 행동을 하였습니다.

1.3. 음녀가 성도들을 유혹하는 도구 : 포도주(2b)

□ 본문

"땅에 사는 자들도 그 음행의 포도주에 취하였다 하고"

2b. and the inhabitants of the earth were intoxicated with the wine of her adulteries.

■ 목자역

2b. 땅에 사는 자들도 그녀의 음행으로 인한 포도주(우상숭배와 거짓된 진리와

쾌락)에 취해버렸습니다.

 묵상과 적용(계시록 17장-1)

2 성령의 감동(3a)

□ 본문

"곧 성령으로 나를 데리고 광야로 가니라"

3a. Then the angel carried me away in the Spirit into a desert.

■ 목자역

3a. 그리고 곧 그 천사는 성령에 감동된 나를 이끌고 광야로 갔습니다.

 묵상과 적용(계시록 17장-2)

"내가 보니 여자가 붉은빛 짐승을 탔는데 그 짐승의 몸에 하나님을 모독하는 이름들이 가득하고 일곱 머리와 열 뿔이 있으며"

3b. There I saw a woman sitting on a scarlet beast that was covered with blasphemous names and had seven heads and ten horns.

■ 목자역

3b. 그곳에서 나는 그 음란한 여자가 하나님을 대적하는 권력자들과 나라들을 상징하는 붉은빛 짐승 위에 타고 있는 것을 보았습니다. 그 짐승의 온 몸에는 하나님을 모독하는 이름들이 가득하였으며 그 짐승은 일곱 개의 머리와 열 개의 뿔을 가지고 있습니다.

 묵상과 적용(계시록 17장-3)

4 음녀의 사치(4a)

□ 본문

"그 여자는 자줏빛과 붉은빛 옷을 입고 금과 보석과 진주로 꾸미고"

4a. The woman was dressed in purple and scarlet, and was glittering with gold, precious stones and pearls.

4a. 그 여자는 자줏빛과 붉은빛의 옷을 입고 있었으며 황금과 보석들과 진주들로 치장하고 있었습니다.

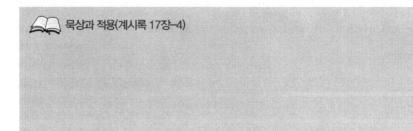

묵상과 적용(계시록 17장-4)

5 음녀의 손에 든 금잔(4b)

□ 본문

"손에 금잔을 가졌는데 가증한 물건과 그의 음행의 더러운 것들이 가득하더라"

4b. She held a golden cup in her hand, filled with abominable things and the filth of her adulteries.

■ 목자역

4b. 그 여자의 손에는 금으로 된 잔이 있었는데 그 안에는 우산 숭배에 쓰이는 가증한 물건들과 그녀의 우상숭배와 음란한 행위들로 더러워진 것들이 가득 차 있었습니다.

묵상과 적용(계시록 17장-5)

6 음녀의 이름(5)

□ 본문

"그의 이마에 이름이 기록되었으니 비밀이라, 큰 바벨론이라, 땅의 음녀들과 가증한 것들의 어미라 하였더라"

5. This title was written on her forehead: MYSTERY BABYLON THE GREAT THE MOTHER OF PROSTITUTES AND OF THE ABOMINATIONS OF THE EARTH.

■ 목자역

5. 그리고 그 음녀의 이마에는 한 이름이 쓰여 있는데 공개적으로 말할 수 없는 비밀입니다. : 큰 바벨론, 땅의 음녀들과 가증한 것들의 어미.

□ 비교 본문

"그 옷과 그 다리에 이름을 쓴 것이 있으니 만왕의 왕이요 만주의 주라 하였더라"(계19:16)

On his robe and on his thigh he has this name written: KING OF KINGS AND LORD OF LORDS.(계19:16)

■ 목자역

16. 그리고 예수님이 입고 있는 그 옷과 그 분의 다리에는 하나의 이름이 쓰여

있습니다. : 모든 왕들의 왕, 주님이라고 불리는 모든 자의 주님.

계시록 원문에는 이 음녀의 정체를 밝히는 본문과 재림하시는 예수님을 묘사하는 19
장 16절의 본문을 대문자로 기록함으로써 말세의 전쟁이 예수님과 이 음녀와의 사이
에서 이루어지는 것을 분명하게 보여준다.

 묵상과 적용(계시록 17장-6)

7 망하기 전의 음녀의 상태(6)

□ 본문

"또 내가 보매 이 여자가 성도들의 피와 예수의 증인들의 피에 취한지라 내가
그 여자를 보고 놀랍게 여기고 크게 놀랍게 여기니"

6. I saw that the woman was drunk with the blood of the saints, the blood of
those who bore testimony to Jesus. When I saw her, I was greatly astonished.

■ 목자역

6. 그리고 나는 그 음녀가 성도들을 핍박하고 죽일 때 성도들이 흘린 피와 예수
님의 증인들에게 폭력을 행사할 때 그 증인들이 흘린 피에 흠뻑 젖어 있는 것을
보았습니다. 그래서 나는 그 여자를 보고 크게 놀라면서 매우 이상하게 생각했
습니다.

묵상과 적용(계시록 17장-7)

8 음녀와 그가 탄 짐승의 비밀(7)

□ 본문

"천사가 이르되 왜 놀랍게 여기느냐 내가 여자와 그가 탄 일곱 머리와 열 뿔 가진 짐승의 비밀을 네게 이르리라"

7. Then the angel said to me: "Why are you astonished? I will explain to you the mystery of the woman and of the beast she rides, which has the seven heads and ten horns.

■ 목자역

7. 그러자 그 천사가 나에게 말하였습니다. : 왜 놀라십니까? 내가 당신에게 **그 여자의 비밀**을 알려주겠습니다. 그리고 일곱 개의 머리와 열 개의 뿔을 가지고 그 여자를 태우고 있는 **그 짐승의 비밀**도 설명해주겠습니다.

묵상과 적용(계시록 17장-8)

□ 본문

"네가 본 짐승은 전에 있었다가 지금은 없으나 장차 무저갱으로부터 올라와 멸망으로 들어갈 자니 땅에 사는 자들로서 창세 이후로 그 이름이 생명책에 기록되지 못한 자들이 이전에 있었다가 지금은 없으나 장차 나올 짐승을 보고 놀랍게 여기리라"

8. The beast, which you saw, once was, now is not, and will come up out of the Abyss and go to his destruction. The inhabitants of the earth whose names have not been written in the book of life from the creation of the world will be astonished when they see the beast, because he once was, now is not, and yet will come.

■ 목자역

8. 당신이 보았던 그 짐승(적그리스도 혹은 그의 나라)은 지금은 없지만 장차 무저갱에서 나올 자입니다. 그리고 멸망을 당하게 될 자입니다. : 세상이 창조될 때부터 생명책에 그 이름이 기록되어 있지 않은 사람들 곧 그 땅에 살고 있는 사람들은 과거에 있었으나 지금은 없고 이제 곧 나타나게 될 그 짐승을 보고 많이 놀라게 될 것입니다.

묵상과 적용(계시록 17장-9)

□ 본문

"지혜 있는 뜻이 여기 있으니 그 일곱 머리는 여자가 앉은 일곱 산이요 또 일곱 왕이라 다섯은 망하였고 하나는 있고 다른 하나는 아직 이르지 아니하였으나 이르면 반드시 잠시 동안 머무르리라"

9. This calls for a mind with wisdom. The seven heads are seven hills on which the woman sits.

10. They are also seven kings. Five have fallen, one is, the other has not yet come; but when he does come, he must remain for a little while.

■ 목자역

9. 이것을 해석하려면 지혜가 있어야 합니다. 그 일곱 개의 머리는 그 성에 있는 일곱 개의 산이며 또 그 나라 전체를 계속해서 다스리는 일곱 명의 황제들입니다. 그 음란한 여자는 그 일곱 명의 황제들 위에 앉아 있습니다. 그 일곱 명의 황제들 가운데 :

10. 다섯은 이미 망하였고 하나는 지금 있으며 또 다른 하나는 아직 오지 않았습니다. 그가 오게 되면 그는 아주 잠깐 동안 머무르게 될 것입니다.

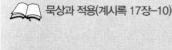
묵상과 적용(계시록 17장-10)

□ 본문

전에 있었다가 지금 없어진 짐승은 여덟째 왕이니 일곱 중에 속한 자라 그가 멸망으로 들어가리라 네가 보던 열 뿔은 열 왕이니 아직 나라를 얻지 못하였으나 다만 짐승과 더불어 임금처럼 한동안 권세를 받으리라 그들이 한 뜻을 가지고 자기의 능력과 권세를 짐승에게 주더라

11. The beast who once was, and now is not, is an eighth king. He belongs to the seven and is going to his destruction.

12. The ten horns you saw are ten kings who have not yet received a kingdom, but who for one hour will receive authority as kings along with the beast.

13. They have one purpose and will give their power and authority to the beast.

■ 목자역

11. 전에는 있었으니 지금은 없는 그 짐승은 여덟 번째 황제이지만 일곱 중에 속해있던 자입니다. 그도 장차 멸망당할 자입니다.

12. 당신이 본 그 열 뿔은 그 짐승의 나라에 속한 각 지역을 나누어 다스리는 열 명의 왕입니다. 그들은 아직 그들이 다스릴 왕국을 받지 못했습니다. 그러나 다스릴 나라를 받게 되면 그들도 그 짐승과 함께 짧은 시간이나마 왕이 되어 그 지역에 있는 나라를 통치하게 될 것입니다.

13. 그때가 되면 그들은 하나님을 대적할 같은 생각을 가지고 그들의 능력과 권세를 적그리스도인 그 짐승에게 넘겨줄 것입니다.

12 이기는 자(14) : 예수님과 구별된 성도들

□ 본문

"그들이 어린 양과 더불어 싸우려니와 어린 양은 만주의 주시요 만왕의 왕이시므로 그들을 이기실 터이요 또 그와 함께 있는 자들 곧 부르심을 받고 택하심을 받은 진실한 자들도 이기리로다"

14. They will make war against the Lamb, but the Lamb will overcome them because he is Lord of lords and King of kings——and with him will be his called, chosen and faithful followers.

■ 목자역

14. 그들은 어린 양이신 예수님을 대항하여 싸움을 일으킬 것입니다. 그러나 그 어린 양이신 예수님이 그들을 이기실 것입니다. 왜냐하면 예수님은 주님이라고 불리는 모든 자들의 주님이시며 모든 왕들의 왕이시기 때문입니다. 그리고 항상 그분을 따르며 그분과 함께 있는 부르심을 받고 택하심을 받은 신실한 믿음이 있는 사람들도 이기게 될 것입니다.

묵상과 적용(계시록 17장-12)

13 음녀의 멸망(15-16)

13.1. 음녀는 많은 물 위에 앉은 자(15)

□ 본문

"또 천사가 내게 말하되 네가 본 바 음녀가 앉아 있는 물은 백성과 무리와 열국과 방언들이니라"

15. Then the angel said to me, "The waters you saw, where the prostitute sits, are peoples, multitudes, nations and languages.

■ 목자역

15. 또 그 천사가 나에게 말했습니다. : 당신이 본 그 음녀가 앉아 있는 많은 물들은 온 땅에 있는 백성들과 무리들과 많은 나라들과 언어들입니다.

13.2. 짐승과 열 뿔에 의해 멸망당하는 음녀(16)

□ 본문

"네가 본 바 이 열 뿔과 짐승은 음녀를 미워하여 망하게 하고 벌거벗게 하고 그의 살을 먹고 불로 아주 사르리라"

16. The beast and the ten horns you saw will hate the prostitute. They will bring her to ruin and leave her naked; they will eat her flesh and burn her with fire.

■ 목자역

16. 당신이 보았던 그 열 뿔과 짐승은 그 음녀를 미워하여 그 음녀를 아주 망하게 할 것입니다. 그들은 그 음녀를 벌거벗겨 죽이고 그 여자가 가지고 있던 모든 것들을 약탈할 것이며 그 여자를 불로 다 태워버릴 것입니다. :

 묵상과 적용(계시록 17장-13)

⑭ 하나님의 섭리 안에 있는 역사(17-18)

14.1. 짐승과 열 뿔이 가진 권세는 하나님의 구원역사와 섭리 가운데 잠시 동안 있는 것(17)

□ 본문

"이는 하나님이 자기 뜻대로 할 마음을 그들에게 주사 한 뜻을 이루게 하시고 그들의 나라를 그 짐승에게 주게 하시되 하나님의 말씀이 응하기까지 하심이라"

17. For God has put it into their hearts to accomplish his purpose by agreeing to give the beast their power to rule, until God's words are fulfilled.

■ 목자역

17. 하나님께서는 하나님의 뜻이 온전히 성취되도록 그 왕들에게 그렇게 할 생

각을 그들의 마음속에 심어주었습니다. 그래서 그 왕들은 한 마음으로 그들의
왕국을 그 짐승 곧 적그리스도인 황제에게 준 것입니다.

 묵상과 적용(계시록 17장-14)

15 음녀의 정체(18)

□ 본문

"또 네가 본 그 여자는 땅의 왕들을 다스리는 큰 성이라 하더라"

18. The woman you saw is the great city that rules over the kings of the earth.

■ 목자역

18. 그리고 당신이 보았던 그 여자는 그 땅의 왕들을 다스리는 통치권을 가진
인본주의와 악령들로 가득한 우상숭배의 도시인 큰 성 로마입니다.

 묵상과 적용(계시록 17장-15)

바벨론(하나님을 대적하는 로마의 정치권력과 경제체제)에 대한 심판과 멸망

| 계시록 18장 | 바벨론에 대한 완전한 심판과 멸망

1 바벨론에 대한 멸망선언(1-2a)

□ 본문

"이 일 후에 다른 천사가 하늘에서 내려오는 것을 보니 큰 권세를 가졌는데 그의 영광으로 땅이 환하여지더라. 힘찬 음성으로 외쳐 이르되 무너졌도다 무너졌도다 큰 성 바벨론이여"

1. After this I saw another angel coming down from heaven. He had great authority, and the earth was illuminated by his splendor.

2a. With a mighty voice he shouted: "Fallen! Fallen is Babylon the Great!

■ 목자역

1. **이러한 일들이 있은 후에** 나는 또 다른 천사가 큰 권세를 가지고 하늘에서 내려오는 것을 보았습니다. 그 천사가 나타내는 하나님의 영광으로 땅이 환하여졌습니다.

2a. 그가 크고 강한 목소리로 외치며 말하였습니다. : 무너졌도다. 무너졌도다! 큰 성 바벨론이여!

묵상과 적용(계시록 18장-1)

2 바벨론이 망하는 세 가지 이유(2b-3)

2.1. 영적 부패 1 : 귀신들과 악령들의 처소가 됨(2b)

□ 본문

"귀신의 처소와 각종 더러운 영이 모이는 곳과 각종 더럽고 가증한 새들이 모이는 곳이 되었도다"

2b. She has become a home for demons and a haunt for every evil spirit, a haunt for every unclean and detestable bird.

■ 목자역

2b. 바벨론(로마)은 귀신들의 소굴과 더러운 모든 영들의 처소가 되었도다. 그리고 더럽고 흉측한 모든 새들의 처소가 되었도다.

2.2. 영적 부패 2 : 음행(3a)

□ 본문

"그 음행의 진노의 포도주로 말미암아 만국이 무너졌으며 또 땅의 왕들이 그와 더불어 음행하였으며"

3a. For all the nations have drunk the maddening wine of her adulteries. The kings of the earth committed adultery with her

■ 목자역

3a. 또한 우상을 섬기는 그 행위들로 인해 하나님이 내리시는 진노로 말미암아 세상 모든 나라들이 다 무너졌다. 그 땅을 다스리던 왕들은 그 음녀와 함께 음행을 하였으며

2.3. 사치(3b)

□ 본문

"땅의 상인들도 그 사치의 세력으로 치부하였도다 하더라"

3b. and the merchants of the earth grew rich from her excessive luxuries.

■ 목자역

3b. 그 땅의 상인들은 바벨론에 살면서 지나치게 사치하는 사람들 때문에 부자가 되었다.

 묵상과 적용(계시록 18장-2)

□ 본문

"또 내가 들으니 하늘로부터 다른 음성이 나서 이르되 내 백성아, 거기서 나와 그의 죄에 참여하지 말고 그가 받을 재앙들을 받지 말라"

4. Then I heard another voice from heaven say: "Come out of her, my people, so that you will not share in her sins, so that you will not receive any of her plagues;

■ 목자역

4. 그리고 나는 또 하늘에서 이렇게 말씀하시는 다른 음성을 들었습니다. : 나의 백성들아, 그 바벨론(로마)으로부터 나와라! 너희들은 바벨론(로마)이 짓는 죄에 동참하지 말라. 그리고 너희들은 그가 받을 재앙들을 받지 않도록 하라!

 묵상과 적용(계시록 18장-3)

□ 본문

"그의 죄는 하늘에 사무쳤으며 하나님은 그의 불의한 일을 기억하신지라 그가 준 그대로 그에게 주고 그의 행위대로 갑절을 갚아 주고 그가 섞은 잔에도 갑절이나 섞어 그에게 주라"

5. for her sins are piled up to heaven, and God has remembered her crimes.

6. Give back to her as she has given; pay her back double for what she has done. Mix her a double portion from her own cup.

■ 목자역

5. : 바벨론이 쌓은 죄는 하늘에까지 닿았고 바벨론의 못된 행실들을 하나님께서 기억하신다.

6. 그러므로 참으로 바벨론이 지은 죄만큼 그에게 돌려주라! 그리고 그가 한 못된 행위들은 갑절로 갚아주라. : 바벨론이 여러 가지를 섞어 만든 그 잔에도 가득하고도 충분하도록 갑절로 섞어서 그에게 주라!

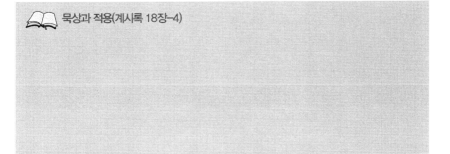

묵상과 적용(계시록 18장-4)

5 바벨론이 망하는 네 번째 이유(7) : 교만

□ 본문

"그가 얼마나 자기를 영화롭게 하였으며 사치하였든지 그만큼 고통과 애통함으로 갚아 주라 그가 마음에 말하기를 나는 여왕으로 앉은 자요 과부가 아니라 결단코 애통함을 당하지 아니하리라 하니"

7. Give her as much torture and grief as the glory and luxury she gave herself.

In her heart she boasts, 'I sit as queen; I am not a widow, and I will never mourn.

■ 목자역

7. 바벨론이 자기 스스로를 영화롭게 하고 지나치게 사치했던 그만큼 그에게 고통과 슬픔으로 돌려주어라. 그 음녀는 스스로 마음속에 나는 여왕으로 앉아 있고 과부가 아니기 때문에 절대로 슬픈 일을 당하지 않는다고 말하고 있다.

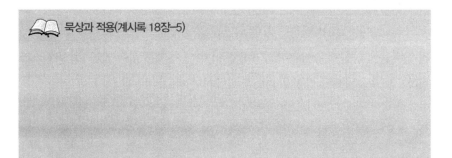

묵상과 적용(계시록 18장-5)

6 순식간에 닥친 바벨론의 멸망(8)

□ 본문

"그러므로 하루 동안에 그 재앙들이 이르리니 곧 사망과 애통함과 흉년이라 그가 또한 불에 살라지리니 그를 심판하시는 주 하나님은 강하신 자이심이라"

8. Therefore in one day her plagues will overtake her: death, mourning and famine. She will be consumed by fire, for mighty is the Lord God who judges her.

■ 목자역

8. 그러므로 하루 동안에 갑자기 바벨론에게 죽음과 슬픔과 기근의 재앙들이 닥치게 될 것입니다. 그리고 바벨론은 불로 완전히 태워지게 될 것입니다. : 이

렇게 바벨론을 심판하시는 주 하나님은 그와 같은 능력과 권세를 가지신 강한 분이십니다.

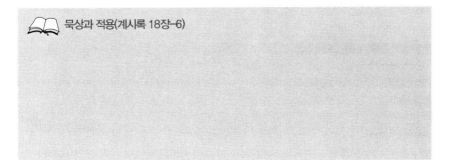

묵상과 적용(계시록 18장-6)

7.1. 왕들의 애통(9-10)

□ 본문

"그와 함께 음행하고 사치하던 땅의 왕들이 그가 불타는 연기를 보고 위하여 울고 가슴을 치며 그의 고통을 무서워하여 멀리 서서 이르되 화 있도다 화 있도다 큰 성, 견고한 성 바벨론이여 한 시간에 네 심판이 이르렀다 하리로다"

9. "When the kings of the earth who committed adultery with her and shared her luxury see the smoke of her burning, they will weep and mourn over her.

10. Terrified at her torment, they will stand far off and cry: "Woe! Woe, O great city, O Babylon, city of power! In one hour your doom has come!

■ 목자역

9. 바벨론과 함께 음행하고 사치하던 그 땅의 왕들은 바벨론이 불탈 때 나오는 연기를 보고 많은 눈물을 흘리며 가슴을 치며 애통하게 될 것입니다.

10. 그 왕들은 바벨론이 당하는 재앙을 보면서 생긴 두려움 때문에 멀리 서서 이렇게 말합니다. : 큰 재앙이로다, 감당할 수 없는 재난이로다! 그 큰 도시, 강한 성 바벨론이여! 순식간에 너에 대한 심판이 찾아왔도다.

7.2. 상인들의 애통(11-17a)

□ 본문

"땅의 상인들이 그를 위하여 울고 애통하는 것은 다시 그들의 상품을 사는 자가 없음이라 그 상품은 금과 은과 보석과 진주와 세마포와 자주 옷감과 비단과 붉은 옷감이요 각종 향목과 각종 상아 그릇이요 값진 나무와 구리와 철과 대리석으로 만든 각종 그릇이요 계피와 향료와 향과 향유와 유향과 포도주와 감람유와 고운 밀가루와 밀이요 소와 양과 말과 수레와 종들과 사람의 영혼들이라 바벨론아 네 영혼이 탐하던 과일이 네게서 떠났으며 맛있는 것들과 빛난 것들이 다 없어졌으니 사람들이 결코 이것들을 다시 보지 못하리로다 바벨론으로 말미암아 치부한 이 상품의 상인들이 그의 고통을 무서워하여 멀리 서서 울고 애통하여 이르되 화 있도다 화 있도다 큰 성이여 세마포 옷과 자주 옷과 붉은 옷을 입고 금과 보석과 진주로 꾸민 것인데 그러한 부가 한 시간에 망하였도다"

11. The merchants of the earth will weep and mourn over her because no one buys their cargoes any more--

12. cargoes of gold, silver, precious stones and pearls; fine linen, purple, silk and scarlet cloth; every sort of citron wood, and articles of every kind made of ivory, costly wood, bronze, iron and marble;

13. cargoes of cinnamon and spice, of incense, myrrh and frankincense, of wine and olive oil, of fine flour and wheat; cattle and sheep; horses and carriages; and bodies and souls of men.

14. They will say, 'The fruit you longed for is gone from you. All your riches and splendor have vanished, never to be recovered.

15. The merchants who sold these things and gained their wealth from her will stand far off, terrified at her torment. They will weep and mourn

16. and cry out : " 'Woe! Woe, O great city, dressed in fine linen, purple and scarlet, and glittering with gold, precious stones and pearls!

17a. In one hour such great wealth has been brought to ruin!'

■ 목자역

11. 그런데 그 땅의 상인들이 바벨론(로마)이 당한 재난에 대한 슬픔으로 많은 눈물을 흘리는 진짜 이유는 이제 더 이상 그들의 상품을 사 줄 사람들이 없어졌기 때문입니다.

12. 그 상품들은 황금으로 된 것과 은으로 된 것과 값진 보석들과 진주들입니다. 또한 좋은 세마포와 자주색 옷감과 비단과 자줏빛이 나는 옷감들입니다. 그리고 향이 나는 모든 나무들과 각종 상아로 된 그릇들과 매우 값진 나무로 만든 갖가지 종류의 그릇들과 구리와 철과 대리석으로 만든 그릇들입니다.

13. 그리고 계피와 향료와 향과 향유와 유향과 포도주와 올리브기름과 고운 밀가루와 밀입니다. 그리고 짐을 싣고 다니는 짐승들과 양과 말과 짐을 나르는 것들과 종들과 사람들의 영혼들입니다.

14. 바벨론아! 너의 영혼이 탐내던 그 과일들이 네게서 사라졌다. 또한 맛있는 것들과 찬란함으로 너를 그렇게 빛나게 하던 모든 것들이 네게서 사라졌다. 사람들은 이제 더 이상 네게서 그것들을 발견할 수 없게 될 것이다.

15. 이러한 모든 상품들 때문에 바벨론(로마)에 의해 부자가 되었던 상인들은 그가 당하는 재앙을 보고 두려워서 멀리 서서 많은 눈물을 흘리며 슬퍼하고 있습니다.

16. 그들은 말합니다. : 큰 재앙이다, 감당할 수 없는 재난이다! 좋은 세마포 옷

과 자주색 옷과 붉은 옷을 입고 황금과 값진 보석과 진주로 치장을 한 그 큰 성이여!

17a. 그렇게 엄청난 부가 한순간에 망하였구나!

7.3. 선장과 선객들과 선원들의 애통(17b-19)

□ 본문

"모든 선장과 각처를 다니는 선객들과 선원들과 바다에서 일하는 자들이 멀리 서서 그가 불타는 연기를 보고 외쳐 이르되 이 큰 성과 같은 성이 어디 있느냐 하며 티끌을 자기 머리에 뿌리고 울며 애통하여 외쳐 이르되 화 있도다 화 있도다 이 큰 성이여 바다에서 배 부리는 모든 자들이 너의 보배로운 상품으로 치부하였더니 한 시간에 망하였도다"

17b. "Every sea captain, and all who travel by ship, the sailors, and all who earn their living from the sea, will stand far off.

18. When they see the smoke of her burning, they will exclaim, 'Was there ever a city like this great city?'

19. They will throw dust on their heads, and with weeping and mourning cry out: "'Woe! Woe, O great city, where all who had ships on the sea became rich through her wealth! In one hour she has been brought to ruin!

■ 목자역

17b. 모든 선장들과 배를 타고 여러 곳을 다니는 사람들과 선원들 그리고 바다에서 일을 하는 사람들이 멀리 서서

18. 그 성이 불에 타면서 올라오는 그 연기를 보며 크게 외치며 말하였습니다. : 무엇이 저 큰 성 바벨론과 같이 저렇게 크겠는가?

19. 그러면서 그들은 그들 자신의 머리 위에 티끌을 뿌렸습니다. 그리고 애통

함으로 많은 눈물을 흘리면서 크게 외치며 말하였습니다. : 화가 닥쳤다. 재앙이로다! 큰 성 바벨론이여! 바다에서 배를 가지고 있으면서 너에게 비싼 상품들을 팔아 부자가 되었는데 이제 우리들도 모두 한순간에 다 망하였도다!

묵상과 적용(계시록 18장-7)

8 바벨론을 심판하신 이유(20)

8.1. 주의 종들과 성도들을 위하여 심판(20)

□ 본문

"하늘과 성도들과 사도들과 선지자들아, 그로 말미암아 즐거워하라 하나님이 너희를 위하여 그에게 심판을 행하셨음이라 하더라"

20. Rejoice over her, O heaven! Rejoice, saints and apostles and prophets! God has judged her for the way she treated you.' "

■ 목자역

20. 그러나 하늘과 성도들과 사도들과 예언자들이여, 당신들은 기뻐하십시오! 하나님께서 당신들을 위하여 그 못된 바벨론을 심판하셨습니다.

묵상과 적용(계시록 18장-8)

9 바벨론의 멸망(21-23a)

9.1. 바벨론의 완전한 멸망 선언(21)

□ 본문

"이에 한 힘 센 천사가 큰 맷돌 같은 돌을 들어 바다에 던져 이르되 큰 성 바벨론이 이같이 비참하게 던져져 결코 다시 보이지 아니하리로다"

21. Then a mighty angel picked up a boulder the size of a large millstone and threw it into the sea, and said: "With such violence the great city of Babylon will be thrown down, never to be found again.

■ 목자역

21. 그때 한 힘센 천사가 큰 맷돌 같은 돌 하나를 들어 바다에 던지며 말했습니다. : 큰 성 바벨론이 이렇게 비참하게 던져질 것이니 이후에는 절대로 더 이상 보이지 않게 될 것이다.

9.2. 바벨론의 멸망의 모습(22-23a)

□ 본문

"또 거문고 타는 자와 풍류 하는 자와 퉁소 부는 자와 나팔 부는 자들의 소리가 결코 다시 네 안에서 들리지 아니하고 어떠한 세공업자든지 결코 다시 네 안에서 보이지 아니하고 또 맷돌 소리가 결코 다시 네 안에서 들리지 아니하고 등불 빛이 결코 다시 네 안에서 비치지 아니하고 신랑과 신부의 음성이 결코 다시 네 안에서 들리지 아니하리로다"

22. The music of harpists and musicians, flute players and trumpeters, will never be heard in you again. No workman of any trade will ever be found in you again. The sound of a millstone will never be heard in you again.

23a. The light of a lamp will never shine in you again. The voice of bridegroom and bride will never be heard in you again.

■ 목자역

22. 그리고 하프를 타는 사람들의 소리와 음악 하는 사람들의 소리와 플루트를 부는 자들의 소리와 트럼펫을 부는 자들의 소리가 이제 다시는 네게서 전혀 들리지 않게 될 것이다. 또한 모든 세공업자들의 세공하는 모습도 전혀 보이지 않게 될 것이며 밀을 가는 소리도 앞으로는 결코 다시 들리지 않을 것이다.

23a. 이제 다시는 등잔 빛이 전혀 네게 비치지 않을 것이며 신부나 신랑의 소리도 너에게서는 전혀 들리지 않게 될 것이다.

묵상과 적용(계시록 18장—9)

10 바벨론이 멸망당하는 또 다른 이유(23b—24)

10.1. 상인들이 정치권력을 장악했기 때문(23b)

□ 본문

"너의 상인들은 땅의 왕족들이라"

23b. Your merchants were the world's great men.

■ 목자역

23b. : 너에게 물건을 사고 팔던 그 상인들은 그 땅의 권력자들이었으며

10.2. 복술卜術로 만국을 미혹했기 때문(23c)

□ 본문

"네 복술로 말미암아 만국이 미혹되었도다"

23c. By your magic spell all the nations were led astray.

■ 목자역

23c. 또 너는 점치는 마술과 우상 숭배로 모든 나라들이 바른 길을 떠나게 했으며

10.3. 선지자들과 성도들을 핍박하고 죽였기 때문(24)

□ 본문

"선지자들과 성도들과 및 땅 위에서 죽임을 당한 모든 자의 피가 그 성 중에서 발견되었느니라 하더라"

24. In her was found the blood of prophets and of the saints, and of all who have been killed on the earth.

■ 목자역

24. 그 바벨론 성안에서는 예언자들과 성도들과 그 땅에서 죽임을 당한 모든 이들의 피가 발견되었다.

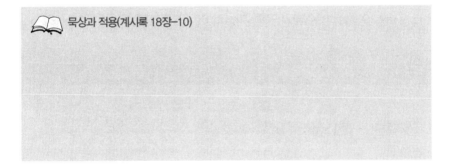

묵상과 적용(계시록 18장-10)

예수님의 재림과 두 짐승에 대한 심판과 사탄의 감금

여덟 번째 사건 요약

1. 예수님의 공중 재림과 어린 양의 혼인 잔치(19:1~10)
2. 예수님의 지상 재림과 두 짐승에 대한 심판(19:11~21)
3. 사탄의 감금(20:1~3a)

| 계시록 19장(1) | 예수님의 공중 재림과 어린 양의 혼인 잔치(19:1~10)

1 혼인잔치로 인한 찬양

1.1. 성도들의 두 번의 할렐루야 찬양(1~3)

1) 첫 번째 할렐루야(1) : 하나님의 구원과 영광과 권능을 찬양

□ 본문

"이 일 후에 내가 들으니 하늘에 허다한 무리의 큰 음성 같은 것이 있어 이르되 할렐루야 구원과 영광과 능력이 우리 하나님께 있도다"

1. After this I heard what sounded like the roar of a great multitude in heaven shouting: "Hallelujah! Salvation and glory and power belong to our God,

■ 목자역

1. **이러한 일들이 있은 후에** 많은 무리들이 큰 소리로 말하는 것을 들었습니다 :

할렐루야 : 구원과 영광과 권능이 우리 하나님께 있습니다.

2) 두 번째 할렐루야(2-3) : 심판

□ 본문

"그의 심판은 참되고 의로운지라 음행으로 땅을 더럽게 한 큰 음녀를 심판하사 자기 종들의 피를 그 음녀의 손에 갚으셨도다 하고 두 번째로 할렐루야 하니 그 연기가 세세토록 올라가더라"

2. for true and just are his judgments. He has condemned the great prostitute who corrupted the earth by her adulteries. He has avenged on her the blood of his servants.

3. And again they shouted: "Hallelujah! The smoke from her goes up for ever and ever.

■ 목자역

2. 주님의 심판은 참되고 의로우십니다. : 주님은 음행으로 땅을 더럽힌 큰 음녀를 심판하셨고 그 음녀의 손으로 흘린 그의 종들의 피에 대해 갚으셨습니다.

3. 그리고 두 번째로 그들은 말하였습니다. : **할렐루야!** : 그때 그 음녀가 불에 타면서 나오는 그 연기가 세세토록 올라갔습니다.

1.2. 이십사 장로들과 네 생물들의 세 번째 할렐루야(4-5)

1) 이십사 장로들과 천사 장들의 화답찬양(4) : 경배

□ 본문

"또 이십사 장로와 네 생물이 엎드려 보좌에 앉으신 하나님께 경배하여 이르되 아멘 할렐루야 하니"

4. "The twenty-four elders and the four living creatures fell down and

worshiped God, who was seated on the throne. And they cried: "Amen, Hallelujah!"

■ 목자역

4. 이십사 장로들과 네 생물들이 바닥에 엎드렸습니다. 그리고 그 보좌에 앉아 계신 분께 경배를 드리며 말하였습니다. : 아멘, **할렐루야!**

2) 보좌에서 난 음성(5)

□ 본문

"보좌에서 음성이 나서 이르시되 하나님의 종들 곧 그를 경외하는 너희들아 작은 자나 큰 자나 다 우리 하나님께 찬송하라 하더라"

5. Then a voice came from the throne, saying: "Praise our God, all you his servants, you who fear him, both small and great!"

■ 목자역

5. 그때 그 보좌로부터 한 목소리가 나오면서 말하였습니다. : 너희들은 우리들의 하나님께 찬양하여라. 작은 자들이나 큰 자들이나 그분을 경외하는 주님의 모든 종들아!

1.3. 천사들의 네 번째 할렐루야(6-7a) : 완성

1) 이 찬양은 천사들의 찬양(6a)

□ 본문

"또 내가 들으니 허다한 무리의 음성과도 같고 많은 물소리와도 같고 큰 우렛소리와도 같은 소리로 이르되"

6a. Then I heard what sounded like a great multitude, like the roar of rushing waters and like loud peals of thunder, shouting:

■ 목자역

6a. 그리고 나는 많은 무리들의 소리와도 같고 많은 물소리와도 같으며 강한 천둥소리와도 같이 말하는 한 음성을 들었습니다. :

2) 전능하신 하나님이 통치하심을 찬양(6b)

□ 본문

"할렐루야 주 우리 하나님 곧 전능하신 이가 통치하시도다"

6b. ：Hallelujah! For our Lord God Almighty reigns.

■ 목자역

6b. 할렐루야, 이제 우리들의 주님이신 전능하신 하나님께서 통치하시도다!

3) 즐거움과 기쁨으로 영광을 돌리며 찬양(7a)

□ 본문

"우리가 즐거워하고 크게 기뻐하며 그에게 영광을 돌리세"

7a. Let us rejoice and be glad and give him glory!

■ 목자역

7a. 우리 모두 함께 즐거워하며 크게 기뻐하며 하나님께 영광을 돌립시다.

 묵상과 적용(계시록 19장(1)–1)

2 어린 양의 혼인 잔치(7b-9)

1) 약속한 혼인 날짜가 됨(7b)

□ 본문

"어린 양의 혼인 기약이 이르렀고"

7b. For the wedding of the Lamb has come,

■ 목자역

7b. 어린 양이 결혼할 때가 왔고

2) 예복 준비(7c)

□ 본문

"그의 아내가 자신을 준비하였으므로"

7c. and his bride has made herself ready.

■ 목자역

7c. 그분의 신부도 자기 자신을 준비했습니다.

3) 빛나고 깨끗한 세마포 옷(8a)

□ 본문

"그에게 빛나고 깨끗한 세마포 옷을 입도록 허락하셨으니"

8a. Fine linen, bright and clean, was given her to wear.

■ 목자역

8a. 그 신부에게는 결혼식 때 입을 깨끗하고 밝게 빛나는 좋은 세마포로 만든 옷이 주어졌습니다.

4) 세마포 옷은 성도들의 옳은 행실을 상징(8b)

□ 본문

"이 세마포 옷은 성도들의 옳은 행실이로다 하더라"

8b. (Fine linen stands for the righteous acts of the saints.)

■ 목자역

8b. 그 세마포 옷은 성도답게 순결하고 바르게 살았음을 증명합니다.

5) 혼인잔치에 청함을 받은 자의 복(9a)

□ 본문

"천사가 내게 말하기를 기록하라 어린 양의 혼인 잔치에 청함을 받은 자들은 복이 있도다 하고"

9a. Then the angel said to me, "Write: 'Blessed are those who are invited to the wedding supper of the Lamb!'

■ 목자역

9a. 그 천사가 나에게 말하였습니다. 기록하시오. **복이 있습니다.** 어린 양의 혼인 잔치에 청함을 받은 사람들은!

6) 참되신 하나님의 말씀(9b)

□ 본문

"또 내게 말하되 이것은 하나님의 참되신 말씀이라 하기로"

9b. And he added, "These are the true words of God."

■ 목자역

9b. 그리고 그 천사가 또 나에게 말씀하였습니다. : 이 말씀들은 하나님께서 주신 진실한 말씀들입니다.

3 예수님을 증언하는 것은 예언의 영(10)

□ 본문

"내가 그 발 앞에 엎드려 경배하려 하니 그가 나에게 말하기를 나는 너와 및 예수의 증언을 받은 네 형제들과 같이 된 종이니 삼가 그리하지 말고 오직 하나님께 경배하라 예수의 증언은 예언의 영이라 하더라"

10. At this I fell at his feet to worship him. But he said to me, "Do not do it! I am a fellow servant with you and with your brothers who hold to the testimony of Jesus. Worship God! For the testimony of Jesus is the spirit of prophecy.

■ 목자역

10. 그래서 나는 그 천사에게 경배하기 위하여 그의 발 앞에 엎드렸습니다. 그러자 그 천사가 나에게 이렇게 말하였습니다. : 그렇게 하지 마시오. : 나는 당신이나 예수님을 증언하는 당신의 형제들과 같은 종입니다. : 당신은 오직 하나님께만 경배하십시오, 예수님을 증언하는 것은 예언의 영(대언의 영)께서 하시는 일입니다.

묵상과 적용(계시록 19장(1)-3)

| 계시록 19장(2) | 예수님의 지상 재림과 두 짐승에 대한 심판(19:11-21)

1 예수 그리스도의 재림1 : 모습과 속성(11-13)

1.1. 재림 주의 모습

1) 백마를 타고 공의로 심판하며 싸우심(11)

□ 본문

"또 내가 하늘이 열린 것을 보니 보라 백마와 그것을 탄자가 있으니 그 이름은 충신과 진실이라 그가 공의로 심판하며 싸우더라"

11. I saw heaven standing open and there before me was a white horse, whose rider is called Faithful and True. With justice he judges and makes war.

■ 목자역

11. 그리고 나는 다시 하늘이 열려 있는 것을 보았습니다. 자, 보십시오. 흰 말과 그 말을 타고 계시는 충성되시고 참된 진리이시며 구세주이신 예수님을! 이제 재림하실 예수님은 의로 심판하시며 싸우시는 분입니다.

2) 불꽃같은 눈을 가지시고 머리에는 많은 왕관을 쓰심((12a)

□ 본문

"그 눈은 불꽃 같고 그 머리에는 많은 관들이 있고"

12a. His eyes are like blazing fire, and on his head are many crowns.

■ 목자역

12a. 흰 말을 타고 계시는 예수님의 눈은 활활 타오르는 불꽃 같습니다. 그리고 그분의 머리 위에는 많은 면류관들이 있습니다.

3) 피 뿌린 옷(13a)

□ 본문

"또 그가 피 뿌린 옷을 입었는데"

13a. He is dressed in a robe dipped in blood.

■ 목자역

13a. 예수님은 심판하실 때 원수들이 흘린 피가 뿌려져 있는 옷을 입고 계셨습니다.

1.2. 이름에 나타난 재림 주의 속성

1) 재림주의 이름은 충신과 진실(11b)

□ 본문

"그 이름은 충신과 진실이라"

11b. is called Faithful and True.

■ 목자역

11. 재림하시는 예수님의 이름은 충신과 진실입니다.

2) 주님만 아시는 이름(12b)

□ 본문

"또 이름 쓴 것 하나가 있으니 자기밖에 아는 자가 없고"

12b. He has a name written on him that no one knows but he himself.

■ 목자역

12b. 그리고 예수님에게 쓰인 이름이 또 하나 있는데 그 이름은 예수님 자신만 아는 이름입니다.

3) 재림주의 또 다른 이름 : 하나님의 말씀(13b)

□ 본문

"그 이름은 하나님의 말씀이라 칭하더라"

13b. and his name is the Word of God.

■ 목자역

13b. 그 이름은 하나님의 말씀입니다.

 묵상과 적용(계시록 19장(2)-1)

2 예수 그리스도의 재림2 : 심판(14-15)

2.1. 재림하시는 주님을 따르는 하늘의 군대(14)

□ 본문

"하늘에 있는 군대들이 희고 깨끗한 세마포 옷을 입고 백마를 타고 그를 따르더라"

14. The armies of heaven were following him, riding on white horses and dressed in fine linen, white and clean.

■ 목자역

14. 하늘의 군대들이 흰 말을 타고 예수님을 따랐습니다. 그들은 희고 깨끗한 세마포 옷을 입고 있습니다.

2.2. 재림주의 입에서 나오는 예리한 검(15a)

□ 본문

"그의 입에서 예리한 검이 나오니 그것으로 만국을 치겠고"

15a. Out of his mouth comes a sharp sword with which to strike down the nations.

■ 목자역

15a. 예수님의 입에서는 모든 나라들을 심판하실 날카로운 검과 같은 말씀이 나왔습니다.

2.3. 철장으로 만국을 다스리심(15b)

□ 본문

"친히 그들을 철장으로 다스리며"

15b. He will rule them with an iron scepter.

■ 목자역

15b. : 이제 예수님은 친히 쇠몽둥이로 그들을 다스리실 것입니다.

2.4. 맹렬한 진노의 포도주 틀을 밟으심(15c)

□ 본문

"또 친히 하나님 곧 전능하신 이의 맹렬한 진노의 포도주 틀을 밟겠고"

15c. He treads the winepress of the fury of the wrath of God Almighty.

■ 목자역

15c. 또 예수님은 전능하신 하나님의 진노가 가득히 담긴 포도주를 짜기 위해 친히 그 포도주 틀을 밟으실 것입니다.

 묵상과 적용(계시록 19장(2)-2)

□ 본문

"그 옷과 그 다리에 이름을 쓴 것이 있으니 만왕의 왕이요 만주의 주라 하였더라"

16. On his robe and on his thigh he has this name written: KING OF KINGS AND LORD OF LORDS.

■ 목자역

16. 그리고 예수님이 입고 있는 그 옷과 그 분의 다리에는 하나의 이름이 쓰여 있습니다. : 모든 왕들의 왕, 주님이라고 불리는 모든 자들의 주님!

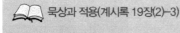

묵상과 적용(계시록 19장(2)-3)

4 하나님의 큰 잔치(17-18, 21)

4.1. 새들의 먹이(17-18, 21)

□ 본문

"또 내가 보니 한 천사가 태양 안에 서서 공중에 나는 모든 새를 향하여 큰 음성으로 외쳐 이르되 와서 하나님의 큰 잔치에 모여 왕들의 살과 장군들의 살과 장사들의 살과 말들과 그것을 탄 자 들의 살과 자유인들이나 종들이나 작은 자나 큰 자나 모든 자의 살을 먹으라 하더라"(17-18)

"그 나머지는 말 탄 자의 입으로부터 나오는 검에 죽으매 모든 새가 그들의 살로 배불리더라"(21)

17. And I saw an angel standing in the sun, who cried in a loud voice to all the birds flying in midair, "Come, gather together for the great supper of God,

18. so that you may eat the flesh of kings, generals, and mighty men, of horses and their riders, and the flesh of all people, free and slave, small and great.

21. The rest of them were killed with the sword that came out of the mouth of the rider on the horse, and all the birds gorged themselves on their flesh.

■ 목자역

17. 그리고 나는 한 천사가 태양 안에 서 있는 것을 보았습니다. 그는 공중에 날아다니는 모든 새들에게 큰 소리로 외치며 말하였습니다. : 이리로 오라, 하나님이 심판하시는 큰 잔치에 모여라!

18. 와서 왕들의 살과 장군들의 살과 강한 자들의 살과 말들의 살과 그것들 위에 앉아 있는 자들의 살과 모든 자유인들과 종들과 작은 자들이나 큰 자들의 살을 먹어라.

21. 그 남은 자들은 말 위에 앉아 계신 예수님의 입에서 나오는 말씀의 검으로 죽임을 당하였습니다. 모든 새들은 그들의 살을 배부르게 먹었습니다.

묵상과 적용(계시록 19장(2)-4)

□ 본문

"또 내가 보매 그 짐승과 땅의 임금들과 그들의 군대들이 모여 그 말 탄 자와 그의 군대와 더불어 전쟁을 일으키다가 짐승이 잡히고 그 앞에서 표적을 행하던 거짓 선지자도 함께 잡혔으니 이는 짐승의 표를 받고 그의 우상에게 경배하던 자들을 표적으로 미혹하던 자라 이 둘이 산 채로 유황불 붙는 못에 던져지고"

19. Then I saw the beast and the kings of the earth and their armies gathered together to make war against the rider on the horse and his army.

20. But the beast was captured, and with him the false prophet who had performed the miraculous signs on his behalf. With these signs he had deluded those who had received the mark of the beast and worshiped his image. The two of them were thrown alive into the fiery lake of burning sulfur."

■ 목자역

19. 그리고 나는 적그리스도인 그 짐승과 그 짐승이 통치하는 땅의 각 지역을 다스리는 왕들과 그들의 군대들이 모여 말 위에 타고 계신 예수님과 그분의 군대들과 전쟁을 하는 것을 보았습니다.

20. 그 전쟁 중에 그 전쟁을 일으킨 첫째 짐승과 첫째 짐승 앞에서 표적을 행하던 그 거짓 선지자가 함께 붙잡혔습니다. 그 거짓 선지자는 첫째 짐승의 표를 받은 사람들과 그 짐승의 우상에게 경배하던 사람들을 표적을 보이며 속이던 자입니다. : 그둘은 살아 있는 상태로 유황이 타는 불 못에 던져졌습니다.

| 계시록 20장(1) | 사탄의 감금(20:1-3a)

1 천년왕국이 이루어지기 직전 사탄의 결박(20:1-3a)

□ 본문

"또 내가 보매 천사가 무저갱의 열쇠와 큰 쇠사슬을 그의 손에 가지고 하늘로부터 내려와서 용을 잡으니 곧 옛 뱀이요 마귀요 사탄이라 잡아서 천 년 동안 결박하여 무저갱에 던져 넣어 잠그고 그 위에 인봉하여 천 년이 차도록 다시는 만국을 미혹하지 못하게 하였는데"

1. And I saw an angel coming down out of heaven, having the key to the Abyss and holding in his hand a great chain.

2. He seized the dragon, that ancient serpent, who is the devil, or Satan, and bound him for a thousand years.

3. He threw him into the Abyss, and locked and sealed it over him, to keep him from deceiving the nations anymore until the thousand years were ended.

■ 목자역

1. 또 나는 한 천사가 하늘에서 내려오는 것을 보았습니다. 그 천사는 손에 무저갱의 열쇠와 큰 쇠사슬을 가지고 있습니다.

2. 그 천사는 옛 뱀이요 마귀이며 사탄인 그 용을 붙잡아 일천 년 동안 결박하였습니다.

3a. 그리고 그 천사는 그 마귀를 무저갱에 던져 넣고 그 무저갱의 문을 닫고 작정된 천 년이 완전히 끝나기 전에는 그 마귀가 더 이상 세상 모든 나라들을 속이는 활동을 하지 못하도록 무저갱의 입구를 봉인하였습니다. :

묵상과 적용(계시록 20장(1)-1)

천년왕국과 마지막 심판 그리고 천국과 지옥

아홉 번째 사건 요약

1. 천년왕국(20:3b–6)
2. 곡과 마곡의 전쟁과 사탄에 대한 마지막 심판(20:11–15)
3. 흰 보좌 심판(20:11–15)
4. 새 하늘과 새 땅(21장–22장)

| 계시록 20장(2) | 천년왕국과 마지막 심판

1 천년왕국 직후 사탄이 놓임(3b)

□ 본문

"그 후에는 반드시 잠깐 놓이리라"

3b. After that, he must be set free for a short time.

■ 목자역

3b. **이러한 일들이 있은 후에** 사탄은 아주 잠깐 동안 풀려날 것입니다.

묵상과 적용(계시록 20장(2)-1)

2 천년왕국(첫째 부활 : 4-6)

2.1. 보좌들과 그 위에 앉은 자들이 가진 심판하는 권세(4a)

□ 본문

"또 내가 보좌들을 보니 거기에 앉은 자들이 있어 심판하는 권세를 받았더라"

4a. I saw thrones on which were seated those who had been given authority to judge.

■ 목자역

4a. 또 나는 보좌들을 보았습니다. 거기에는 심판하는 권세를 받은 자들이 앉아 있었습니다.

2.2. 첫째 부활에 참여할 사람들(4b.c)

본문에서 첫째 부활에 참여하는 성도들은 두 부류로 나누어져 있다.

1) 첫 번째는 순교자들(4b)

□ 본문

"또 내가 보니 예수를 증언함과 하나님의 말씀 때문에 목 베임을 당한 자들의 영혼들과"

4b. And I saw the souls of those who had been beheaded because of their testimony for Jesus and because of the word of God."

■ 목자역

4b. 그들은 예수님이 주님이심을 증언한 것과 하나님의 말씀을 대언한 것 때문에 목 베임을 당한 자들의 영혼들입니다.

2) 두 번째는 짐승과 우상을 섬기지 않은 자들(4c)

□ 본문

"또 짐승과 그의 우상에게 경배하지 아니하고 그들의 이마와 손에 그의 표를 받지 아니한 자들이 살아서 그리스도와 더불어 천 년 동안 왕 노릇 하니"

4c. They had not worshiped the beast or his image and had not received his mark on their foreheads or their hands. They came to life and reigned with Christ a thousand years.

■ 목자역

4c. 그리고 첫째 짐승과 그것의 형상을 새긴 우상에게 경배하지 아니한 자들과 그들의 이마 위에나 오른손 위에 짐승의 표를 받지 아니한 자들입니다. : 그들은 다시 살아나서 그리스도와 함께 그 천 년 동안 다스릴 것입니다.

2.3. 남은 자들의 부활의 시기(5)

□ 본문

"(그 나머지 죽은 자들은 그 천 년이 차기까지 살지 못하더라) 이는 첫째 부활이라"

5. (The rest of the dead did not come to life until the thousand years were ended.) This is the first resurrection.

■ 목자역

5. 그들 외에 나머지 죽은 사람들은 그 천 년이 완전히 끝나기 전까지 다시 살아나지 못합니다. 이것이 첫째 부활입니다.

2.4. 첫째 부활과 천년왕국(6)

□ 본문

"이 첫째 부활에 참여하는 자들은 복이 있고 거룩하도다 둘째 사망이 그들을 다스리는 권세가 없고 도리어 그들이 하나님과 그리스도의 제사장이 되어 천 년 동안 그리스도와 더불어 왕 노릇 하리라"

6. This is the first resurrection. Blessed and holy are those who have part in the first resurrection. The second death has no power over them, but they will be priests of God and of Christ and will reign with him for a thousand years.

■ 목자역

6. 복이 있습니다. 거룩합니다. 이 첫째 부활에 참여하는 사람들은! : 두 번째 죽음이 그들을 다스리는 권세가 없습니다. 오히려 그들은 하나님과 그리스도의 제사장들이 되어 주님과 함께 그 천 년 동안 왕으로 살게 될 것입니다.

묵상과 적용(계시록 20장(2)-2)

3 곡과 마곡의 전쟁(7-10)

3.1. 사탄이 옥에서 나와 땅의 사방 백성(곡과 마곡)을 미혹(7-8)

□ 본문

"천 년이 차매 사탄이 그 옥에서 놓여 나와서 땅의 사방 백성 곧 곡과 마곡을 미혹하고 모아 싸움을 붙이리니 그 수가 바다의 모래 같으리라"

7. When the thousand years are over, Satan will be released from his prison

8. and will go out to deceive the nations in the four corners of the earth--Gog and Magog--to gather them for battle. In number they are like the sand on the seashore.

■ 목자역

7. 그 천 년이 지났을 때 사탄은 그가 있던 무저갱에서 풀려나게 될 것입니다.

8. 그리고 사탄은 곡과 마곡 곧 그 땅의 사방에 있는 모든 나라들에 가서 사람들을 속여 마지막 전쟁을 위해 그들을 모을 것입니다. 그들의 숫자는 바다의 모래와 같습니다.

3.2. 곡과 마곡은 하늘에서 내려오는 불에 의해 소멸됨(9)

☐ 본문

"그들이 지면에 널리 퍼져 성도들의 진과 사랑하시는 성을 두르매 하늘에서 불이 내려와 그들을 태워버리고"

9. They marched across the breadth of the earth and surrounded the camp of God's people, the city he loves. But fire came down from heaven and devoured them.

■ 목자역

9. 그들은 온 땅에 널리 퍼져 가서 성도들이 모여 있는 공동체가 있는 곳과 하나님께 사랑받고 있는 그 성을 둘러쌌습니다. 그러자 하늘에서 불이 내려와 그들을 태워 버렸습니다.

3.3. 마귀의 최후(10)

☐ 본문

"또 그들을 미혹하는 마귀가 불과 유황 못에 던져지니 거기는 그 짐승과 거짓 선지자도 있어 세세토록 밤낮 괴로움을 받으리라"

10. And the devil, who deceived them, was thrown into the lake of burning sulfur, where the beast and the false prophet had been thrown. They will be tormented day and night for ever and ever.

■ 목자역

10. 그리고 그들을 속이던 마귀는 유황불이 타오르는 못에 던져졌습니다. 그곳에는 그 짐승과 그 거짓 선지자가 이미 던져져 있습니다. 그곳에서 그들은 밤낮 세세무궁토록 영원히 고통을 당하게 될 것입니다.

묵상과 적용(계시록 20장(2)-3)

④ 최후의 심판(11-15)

4.1. 흰 보좌 심판(11)

□ 본문

"또 내가 크고 흰 보좌와 그 위에 앉으신 이를 보니 땅과 하늘이 그 앞에서 피하여 간 데 없더라"

11. Then I saw a great white throne and him who was seated on it. Earth and sky fled from his presence, and there was no place for them.

■ 목자역

11. 그 후에 나는 크고 흰 보좌와 그 보좌 위에 앉으신 하나님을 보았습니다. 땅과 하늘은 하나님 앞에서 사라져버렸습니다 그리고 그것들이 있는 어느 장소도 발견되지 않았습니다.

4.2. 모든 사람들에 대한 심판(12)

□ 본문

"또 내가 보니 죽은 자들이 큰 자나 작은 자나 그 보좌 앞에 서 있는데 책들이 펴 있고 또 다른 책이 펴졌으니 곧 생명책이라 죽은 자들이 자기 행위를 따라 책들에 기록된 대로 심판을 받으니"

12. And I saw the dead, great and small, standing before the throne, and books were opened. Another book was opened, which is the book of life. The dead were judged according to what they had done as recorded in the books.

■ 목자역

12. 그리고 나는 그때까지 살아 있던 큰 자들과 작은 자들과 또 죽었다가 두 번째 부활 때 변화된 몸으로 다시 살아난 모든 자들이 하나님이 계시는 그 보좌 앞에 서 있는 것을 보았습니다. : 그 보좌 앞에는 책들이 펴 있고 다른 책들도 펴져 있는데 그것은 생명책입니다. : 그들은 그 책들에 쓰여 있는 그들의 행위 대로 각각 심판을 받았습니다.

4.3. 바다와 사망과 음부가 죽은 자를 내어줌(13)

□ 본문

"바다가 그 가운데에서 죽은 자들을 내주고 또 사망과 음부도 그 가운데에서 죽은 자들을 내주매 각 사람이 자기의 행위대로 심판을 받고"

13. The sea gave up the dead that were in it, and death and Hades gave up the dead that were in them, and each person was judged according to what he had done.

■ 목자역

13. 바다도 그 안에 있는 죽은 자들을 내어놓았습니다. 그리고 하나님을 대적 하고 예수님을 영접하지 않고 죽은 자들의 영혼이 가 있던 음부(하데스)도 그 안에 있던 죽은 자들을 내어놓았습니다. 그들도 역시 그들이 행한 그 행위대로 각각 심판을 받았습니다.

4.4. 사망과 음부도 불 못에 던져짐(14)

□ 본문

"사망과 음부도 불 못에 던져지니 이것은 둘째 사망 곧 불 못이라"

14. Then death and Hades were thrown into the lake of fire. The lake of fire is the second death.

■ 목자역

14. 죽음과 음부도 그 불 못에 던져졌습니다. 이것이 두 번째 죽음인 불 못입니다.

4.5. 생명책에 기록되지 못한 자들은 불못에 던져짐(15)

□ 본문

"누구든지 생명책에 기록되지 못한 자는 불못에 던져지더라"

15. If anyone's name was not found written in the book of life, he was thrown into the lake of fire.

■ 목자역

15. 그리고 그 누구라도 생명책에서 그 이름이 발견되지 않는 사람은 반드시 그 불 못에 던져졌습니다.

묵상과 적용(계시록 20장(2)-4)

1 새 하늘과 새 땅과 새 예루살렘(1-2)

1.1. 새 하늘과 새 땅(1)

□ 본문

"또 내가 새 하늘과 새 땅을 보니 처음 하늘과 처음 땅이 없어졌고 바다도 다시 있지 않더라"

1. Then I saw a new heaven and a new earth, for the first heaven and the first earth had passed away, and there was no longer any sea.

■ 목자역

1. 그리고 나는 지금 우리가 살고 있는 이 하늘과 이 땅과는 완전히 다른 새 하늘과 새 땅을 보았습니다. 처음 하늘과 처음 땅은 완전히 사라졌습니다. 그리고 바다도 더 이상 있지 않습니다.

일곱 단계를 거쳐 이루어지는 새 하늘과 새 땅

1) 말세의 삼대 칠중 재앙 가운데 마지막 재앙인 일곱 번째 대접 재앙의 결과로 찾아오는 현 세속 문명의 붕괴(계16:17-18:24)

2) 예수님의 재림과 짐승과 거짓 선지자의 멸망(계19:19-20)

3) 천년왕국 이후 곡과 마곡의 최후의 전쟁(계20:4-7)

4) 사탄과 그 무리들의 완전한 멸망(계20:9-10)

5) 현 우주의 붕괴(계20:11)

6) 온 인류의 대 부활과 백 보좌 심판(계20:11-15)

7) 새 하늘과 새 땅의 창조로 인한 천국과 지옥의 시작(계 21:1-27)

1.2. 새 예루살렘 성(2)

□ 본문

"또 내가 보매 거룩한 성 새 예루살렘이 하나님께로부터 하늘에서 내려오니 그 준비한 것이 신부가 남편을 위하여 단장한 것 같더라"

2. I saw the Holy City, the new Jerusalem, coming down out of heaven from God, prepared as a bride beautifully dressed for her husband.

■ 목자역

2. 나는 거룩한 성 새 예루살렘이 하나님께로부터 하늘에서 내려오는 것을 보았습니다. 그 모습은 마치 신부가 그녀의 남편을 위해 곱게 단장을 한 모습과 같았습니다.

 묵상과 적용(계시록 21장-1)

2 하나님의 장막(3)

□ 본문

"내가 들으니 보좌에서 큰 음성이 나서 이르되 보라 하나님의 장막이 사람들과 함께 있으매 하나님이 그들과 함께 계시리니 그들은 하나님의 백성이 되고 하나님은 친히 그들과 함께 계셔서"

3. And I heard a loud voice from the throne saying, "Now the dwelling of God is with men, and he will live with them. They will be his people, and God himself will be with them and be their God.

■ 목자역

3. 그리고 나는 보좌에서 나는 큰 음성을 들었습니다. : 보십시오, 하나님의 장막이 사람들과 함께 있습니다. 그들은 하나님의 백성이 되고 하나님께서 친히 그들과 함께 하실 것입니다.

 묵상과 적용(계시록 21장-2)

❸ 하나님이 함께 하시는 증거(4)

□ 본문

"모든 눈물을 그 눈에서 닦아 주시니 다시는 사망이 없고 애통하는 것이나 곡하는 것이나 아픈 것이 다시 있지 아니하리니 처음 것들이 다 지나갔음이러라"

4. He will wipe every tear from their eyes. There will be no more death or mourning or crying or pain, for the old order of things has passed away.

■ 목자역

4. 하나님께서 그들의 눈에서 흐르는 모든 눈물들을 닦아주실 것입니다. **이제 죽음이 더 이상 없을 것입니다.** 슬픔이나 애통하는 것이나 고통도 더 이상 없을

것입니다. : 왜냐하면 처음에 있던 것들이 다 사라졌기 때문입니다.

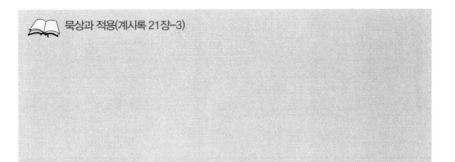

묵상과 적용(계시록 21장-3)

4 보좌에 앉으신 이의 말씀1 – 선언(5)

□ 본문

"보좌에 앉으신 이가 이르시되 보라 내가 만물을 새롭게 하노라 하시고 또 이르시되 이 말은 신실하고 참되니 기록하라 하시고"

5. He who was seated on the throne said, "I am making everything new!" Then he said, "Write this down, for these words are trustworthy and true."

■ 목자역

5. 그 보좌 위에 앉아 계신 하나님께서 말씀하셨습니다. : 보라 내가 모든 것들을 새롭게 한다. 그분이 또 말씀하셨습니다. : 너는 신실하고 진실한 이 말씀들을 기록하라!

묵상과 적용(계시록 21장~4)

5 보좌에 앉으신 이의 말씀2 – 구원의 완성과 이기는 자의 축복(6-7)

□ 본문

"또 내게 말씀하시되 이루었도다 나는 알파와 오메가요 처음과 마지막이라 내가 생명수 샘물을 목마른 자에게 값없이 주리니 이기는 자는 이것들을 상속으로 받으리라 나는 그의 하나님이 되고 그는 내 아들이 되리라"

6. He said to me: It is done. I am the Alpha and the Omega, the Beginning and the End. To him who is thirsty I will give to drink without cost from the spring of the water of life.

7. He who overcomes will inherit all this, and I will be his God and he will be my son.

■ 목자역

6. 그리고 하나님께서 또 나에게 말씀하셨습니다. : 다 되었다. 나는 알파요 오메가이며 시작이고 끝이다. 나는 목마른 자에게 생명수인 샘물을 값없이 주리라!

7. 이기는 자는 이것들을 차지하게 되리라. 나는 그에게 하나님이 되고 그는 내 자녀가 되리라.

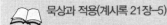

6 보좌에 앉으신 이의 말씀3 – 심판과 저주(8)

□ 본문

"그러나 두려워하는 자들과 믿지 아니하는 자들과 흉악한 자들과 살인자들과 음행하는 자들과 점술가들과 우상 숭배자들과 거짓말하는 모든 자들은 불과 유황으로 타는 못에 던져지리니 이것이 둘째 사망이라"

8. But the cowardly, the unbelieving, the vile, the murderers, the sexually immoral, those who practice magic arts, the idolaters and all liars--their place will be in the fiery lake of burning sulfur. This is the second death.

■ 목자역

8. 그러나 짐승이 두려워 벌벌 떠는 겁쟁이들과 믿지 않는 자들과 불법을 저지르는 자들과 살인자들과 음란한 짓을 하는 자들과 점치는 자들과 우상을 섬기는 자들과 모든 거짓말을 하는 자들은 불과 유황이 타는 그 불 못에 있게 되리라. **그것이 두 번째 죽음이다.**

묵상과 적용(계시록 21장-6)

7 어린 양의 신부 : 새 예루살렘 성(9-10)

7.1. 어린 양의 신부(9)

□ 본문

"일곱 대접을 가지고 마지막 일곱 재앙을 담은 일곱 천사 중 하나가 나아와서 내게 말하여 이르되 이리 오라 내가 신부 곧 어린 양의 아내를 네게 보이리라 하고"

9. One of the seven angels who had the seven bowls full of the seven last plagues came and said to me, "Come, I will show you the bride, the wife of the Lamb.

■ 목자역

9. 그리고 일곱 가지의 마지막 재앙들이 가득 담긴 그 대접들을 가지고 있던 일곱 천사들 가운데 하나가 나에게 와서 이렇게 말하였습니다. : 오시오. 내가 당신에게 어린 양의 아내인 신부를 보여주겠소.

7.2. 하늘에서 내려오는 거룩한 성(10)

□ 본문

"성령으로 나를 데리고 크고 높은 산으로 올라가 하나님께로부터 하늘에서 내려오는 거룩한 성 예루살렘을 보이니"

10. And he carried me away in the Spirit to a mountain great and high, and showed me the Holy City, Jerusalem, coming down out of heaven from God.

■ 목자역

10. 그때 그는 성령에 감동된 나를 크고 높은 산으로 데려갔습니다. 그리고 나에게 하나님께로부터 하늘에서 내려오는 그 거룩한 성 새 예루살렘을 보여주었습니다.

묵상과 적용(계시록 21장-7)

8.1. 하나님의 영광(11)

□ 본문

"하나님의 영광이 있어 그 성의 빛이 지극히 귀한 보석 같고 벽옥과 수정같이 맑더라"

11. It shone with the glory of God, and its brilliance was like that of a very precious jewel, like a jasper, clear as crystal.

■ 목자역

11. 그 성에는 하나님의 영광이 있습니다. : 그 영광의 빛은 수정처럼 맑고 벽옥같이 매우 값진 보석의 빛과 같았습니다.

8.2. 성곽의 특징과 크기(12a, 17a)

□ 본문

"크고 높은 성곽이 있고"

17a. "그 성곽을 측량하매 백사십사 규빗이니"

12a. It had a great, high wall

17a. He measured its wall and it was 144 cubits thick.

■ 목자역

12a. 그 성에는 크고 높은 성벽이 있으며

17a. 그 천사가 그 성벽을 측량하였더니 일백사십사 규빗입니다.

8.3. 12개의 문(12b-13)

□ 본문

"열두 문이 있는데 문에 열두 천사가 있고 그 문들 위에 이름을 썼으니 이스라엘 자손 열두 지파의 이름들이라 동쪽에 세 문, 북쪽에 세 문, 남쪽에 세 문, 서쪽에 세 문이니"

12b. with twelve gates, and with twelve angels at the gates. On the gates were written the names of the twelve tribes of Israel.

13. There were three gates on the east, three on the north, three on the south and three on the west.

■ 목자역

12b. 그 성에는 열두 개의 문이 있고 그 문들에는 열두 명의 천사가 있습니다. 그리고 그 문들 위에는 이스라엘의 자손들인 열두 지파의 이름들이 새겨져 있습니다.

13. 그 성에는 동쪽에 세 개의 문과 북쪽에 세 개의 문 그리고 남쪽에 세 개의 문과 서쪽에 세 개의 문이 있습니다.

8.4. 12개의 기초석(14)

□ 본문

"그 성의 성곽에는 열두 기초석이 있고 그 위에는 어린 양의 열두 사도의 열두 이름이 있더라"

14. The wall of the city had twelve foundations, and on them were the names of the twelve apostles of the Lamb.

14. 그 성을 둘러싸고 있는 성벽에는 열두 개의 기초 석이 있습니다. 그리고 그 기초석 위에는 어린 양의 열두 사도들의 이름이 있습니다.

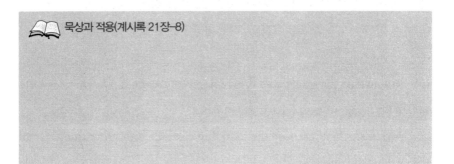

묵상과 적용(계시록 21장-8)

9 성의 크기와 모양(15-16)

9.1. 성을 척량하는 천사의 등장(15)

□ 본문

"내게 말하는 자가 그 성과 그 문들과 성곽을 측량하려고 금 갈대 자를 가졌더라"

15. The angel who talked with me had a measuring rod of gold to measure the city.

■ 목자역

15. 나에게 말을 하던 그 천사는 그 성의 문들과 성벽들을 측량하려고 황금으로 된 갈대 자를 가지고 있었습니다.

9.2. 새 예루살렘 성의 크기(16)

□ 본문

"그 성은 네모가 반듯하여 길이와 너비가 같은지라 그 갈대 자로 그 성을 측량하니 만 이천 스다디온이요 길이와 너비와 높이가 같더라"

16. The city was laid out like a square, as long as it was wide. He measured the city with the rod and found it to be 12,000 stadiain length, and as wide and high as it is long.

■ 목자역

16. 그 성은 네모반듯하여 길이와 너비가 같습니다. 그리고 그 천사가 그 성의 길이를 자로 재었더니 일만 이천 스다디온입니다. : 그 성은 길이와 너비와 높이가 같습니다.

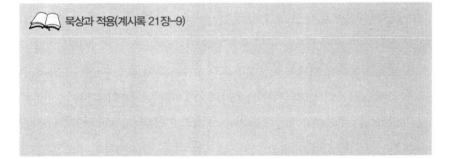

묵상과 적용(계시록 21장-9)

10 천사의 측량(17b)

□ 본문

"사람의 측량 곧 천사의 측량이라"

17b. by man's measurement, which the angel was using.

17b. 그 길이는 사람의 기준에 맞추어 천사가 잰 것입니다.

묵상과 적용(계시록 21장-10)

11 새 예루살렘 성의 모양(18-20)

□ 본문

"그 성곽은 벽옥으로 쌓였고 그 성은 정금인데 맑은 유리 같더라 그 성의 성곽의 기초석은 각색 보석으로 꾸몄는데 첫째 기초석은 벽옥이요 둘째는 남보석이요 셋째는 옥수요 넷째는 녹보석이요 다섯째는 홍마노요 여섯째는 홍보석이요 일곱째는 황옥이요 여덟째는 녹옥이요 아홉째는 담황옥이요 열째는 비취옥이요 열한째는 청옥이요 열두째는 자수정이라 그 열두 문은 열두 진주니 각 문마다 한 개의 진주로 되어 있고 성의 길은 맑은 유리 같은 정금이더라"

18. The wall was made of jasper, and the city of pure gold, as pure as glass.

19.The foundations of the city walls were decorated with every kind of precious stone. The first foundation was jasper, the second sapphire, the third chalcedony, the fourth emerald,

20. the fifth sardonyx, the sixth carnelian, the seventh chrysolite, the eighth beryl, the ninth topaz, the tenth chrysoprase, the eleventh jacinth, and the

twelfth amethyst.

21. The twelve gates were twelve pearls, each gate made of a single pearl. The great street of the city was of pure gold, like transparent glass.

■ 목자역

18. 그 성의 성벽은 벽옥으로 만들어졌으며 그 성은 깨끗한 유리 같은 순수한 정금으로 되어 있습니다.

19. 그 성의 성벽의 기초석들은 모두 값진 보석들로 꾸며져 있습니다. 첫 번째 기초 석은 벽옥입니다. 두 번째는 사파이어이고 세 번째는 옥수이며 네 번째는 에메랄드입니다.

20. 다섯 번째는 홍마노요 여섯 번째는 홍보석이요 일곱 번째는 황옥이요 여덟 번째는 녹옥입니다. 아홉 번째는 담황옥이요 열 번째는 비취옥이요 열한 번째는 청옥이요 열두 번째는 자수정입니다.

21. 그리고 그 성의 열두 문은 열두 개의 진주로 되어 있습니다. : 그 문들은 각각 하나의 진주로 되어 있습니다. 그리고 그 성의 길거리는 맑은 유리같이 깨끗하고 순수한 정금으로 되어 있습니다.

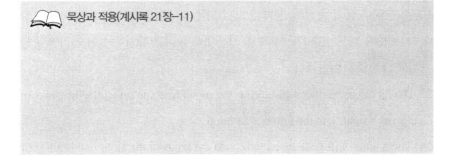
묵상과 적용(계시록 21장-11)

12.1. 성전이 없는 새 예루살렘 성(22)

□ 본문

"성안에서 내가 성전을 보지 못하였으니 이는 주 하나님 곧 전능하신 이와 및 어린 양이 그 성전이심이라"

22. I did not see a temple in the city, because the Lord God Almighty and the Lamb are its temple.

■ 목자역

22. 나는 그 성안에서 성전을 보지 못하였습니다. : 그 이유는 전능하신 주 하나님께서 그 성의 성전이시고 그분의 어린 양이 성전이시기 때문입니다.

12.2. 하나님의 영광의 빛으로 가득한 성(23-24) : 해와 달이 필요 없음

□ 본문

"그 성은 해나 달의 비침이 쓸 데 없으니 이는 하나님의 영광이 비치고 어린 양이 그 등불이 되심이라 만국이 그 빛 가운데로 다니고 땅의 왕들이 자기 영광을 가지고 그리로 들어가리라"

23. The city does not need the sun or the moon to shine on it, for the glory of God gives it light, and the Lamb is its lamp.

24. The nations will walk by its light, and the kings of the earth will bring their splendor into it.

■ 목자역

23. 그 성에는 그 성을 비추기 위한 해나 달이 필요 없습니다. : 왜냐하면 하나

님의 영광이 그 성을 비추기 때문입니다. 그리고 어린 양이신 예수님이 그 성의 등불이기 때문입니다.

24. 세상의 모든 나라들은 그 성에서 나오는 그 빛 가운데 다니게 될 것이며 그 땅의 왕들은 그들의 영광을 가지고 그 성으로 들어갈 것입니다.

12.3. 성문을 닫지 않음(25-26)

□ 본문

"낮에 성문들을 도무지 닫지 아니하리니 거기에는 밤이 없음이라 사람들이 만국의 영광과 존귀를 가지고 그리로 들어가겠고"

25. On no day will its gates ever be shut, for there will be no night there.

26. The glory and honor of the nations will be brought into it.

■ 목자역

25. 그 성에는 밤이 없기 때문에 그 성문들은 항상 열려 있을 것입니다. :

26. 그리고 사람들은 모든 나라들의 영광과 존귀함을 가지고 그 성으로 들어갈 것입니다.

12.4. 성안에 들어가는 자와 들어가지 못하는 자(27)

□ 본문

"무엇이든지 속된 것이나 가증한 일 또는 거짓말하는 자는 결코 그리로 들어가지 못하되 오직 어린 양의 생명책에 기록된 자들만 들어가리라"

27. Nothing impure will ever enter it, nor will anyone who does what is shameful or deceitful, but only those whose names are written in the Lamb's book of life.

27. 그러나 모든 더러운 것들과 부끄럽고 가증한 짓을 하는 자들과 거짓말 하는 자들은 결코 그리로 들어가지 못할 것입니다. 오직 어린 양의 생명책에 그 이름이 쓰여 있는 사람들만 그 성으로 들어갈 것입니다.

 묵상과 적용(계시록 21장-12)

| 계시록 22장 | 완성과 권면 그리고 축복과 소망

1 생명수가 흐르는 강(1-2a)

□ 본문

"또 그가 수정같이 맑은 생명수의 강을 내게 보이니 하나님과 및 어린 양의 보좌로부터 나와서 길 가운데로 흐르더라"

1. Then the angel showed me the river of the water of life, as clear as crystal, flowing from the throne of God and of the Lamb

2a. down the middle of the great street of the city.

■ 목자역

1. 그리고 그는 나에게 수정처럼 투명하게 빛나는 생명수가 흐르는 강을

보여주었습니다. 그 생명수 물은 하나님과 어린 양의 보좌로부터 흘러나왔습니다.

2a. 생명수가 흐르는 그 강은 그 성에 있는 길 한 가운데로 흐르고 있었습니다.

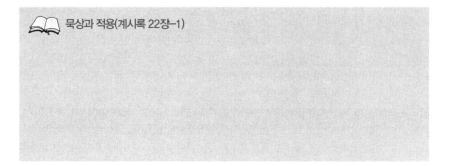

묵상과 적용(계시록 22장-1)

2 생명나무(2b)

□ 본문

"강 좌우에 생명나무가 있어 열두 가지 열매를 맺되 달마다 그 열매를 맺고 그 나무 잎사귀들은 만국을 치료하기 위하여 있더라"

2b. On each side of the river stood the tree of life, bearing twelve crops of fruit, yielding its fruit every month. And the leaves of the tree are for the healing of the nations.

■ 목자역

2b. 그 강의 좌우편에는 1년에 열두 번 열매들이 열리는 생명나무가 있어 매달 열매를 맺습니다. 그 나무의 잎들은 모든 나라들을 치료하기 위해 있습니다.

묵상과 적용(계시록 22장-2)

③ 천국은 저주와 어둠이 없는 곳(3-5)

3.1. 천국은 저주가 없는 곳(3a)

□ 본문

"다시 저주가 없으며"

3a. No longer will there be any curse.

■ 목자역

3. 이제는 더 이상 어떤 저주도 없습니다.

3.2. 천국은 성도가 하나님을 직접 대면하며 섬기는 곳(3b-4)

□ 본문

"하나님과 그 어린 양의 보좌가 그 가운데에 있으리니 그의 종들이 그를 섬기며 그의 얼굴을 볼 터이요 그의 이름도 그들의 이마에 있으리라"

3b. The throne of God and of the Lamb will be in the city, and his servants will serve him.

4. They will see his face, and his name will be on their foreheads.

■ 목자역

3b. 그 새 예루살렘 성의 중앙에는 하나님과 어린 양의 보좌가 있어 주님의 종들이 주님을 섬길 것입니다.

4. 그리고 그들은 주님의 얼굴을 볼 것입니다. 그들의 이마 위에는 주님의 이름이 있을 것입니다.

3.3. 천국은 밤이 없는 곳(5a)

□ 본문

"다시 밤이 없겠고 등불과 햇빛이 쓸 데 없으니 이는 주 하나님이 그들에게 비치심이라"

5a. There will be no more night. They will not need the light of a lamp or the light of the sun, for the Lord God will give them light.

■ 목자역

5a. 그곳에는 밤이 더 이상 없을 것입니다. 주 하나님께서 그 성안에 사는 그들에게 빛을 비추어주심으로 등불이나 태양 빛도 필요가 없을 것입니다.

3.4. 천국은 성도들이 영원히 왕 노릇 하는 곳(5b)

□ 본문

"그들이 세세토록 왕 노릇 하리로다"

5b. And they will reign for ever and ever.

■ 목자역

5b. 그들은 세세무궁토록 왕이 되어 통치하게 될 것입니다.

묵상과 적용(계시록 22장-3)

④ 천사의 마지막 부탁(6)

□ 본문

"또 그가 내게 말하기를 이 말은 신실하고 참된지라 주 곧 선지자들의 영의 하나님이 그의 종들에게 반드시 속히 되어질 일을 보이시려고 그의 천사를 보내셨도다"

6. The angel said to me, "These words are trustworthy and true. The Lord, the God of the spirits of the prophets, sent his angel to show his servants the things that must soon take place.

■ 목자역

6. 그리고 그 천사가 나에게 말했습니다. : 이 말씀들은 신실하고 참된 말씀입니다. 주님, 곧 그분의 예언자들의 영의 하나님께서 그분의 종들에게 이제 곧 신속하게 일어날 일들을 보이시려고 그의 천사들을 보내셨습니다.

묵상과 적용(계시록 22장-4)

5 계시록의 여섯 번째 복(7)

□ 본문

"보라 내가 속히 오리니 이 두루마리의 예언의 말씀을 지키는 자는 복이 있으리라 하더라"

7. Behold, I am coming soon! Blessed is he who keeps the words of the prophecy in this book.

■ 목자역

7. 보라, 내가 속히 오리라. **복이 있도다!** 이 두루마리에 예언된 그 말씀들을 지키는 그 사람은!

 묵상과 적용(계시록 22장-5)

6 사도 요한과 천사의 역할(8-9)

6.1. 보고 들은 자 요한(8a)

□ 본문

"이것들을 보고 들은 자는 나 요한이니 내가 듣고 볼 때에"

8a. I, John, am the one who heard and saw these things. And when I had heard and seen them,

■ 목자역

8. 그리고 나 요한은 이러한 일들을 보고 들은 사람입니다. 그리고 내가 이일들을 듣고 보았을 때에

6.2. 천사의 위치와 역할(8b-9)

□ 본문

"이 일을 내게 보이던 천사의 발 앞에 경배하려고 엎드렸더니 그가 내게 말하기를 나는 너와 네 형제 선지자들과 또 이 두루마리의 말을 지키는 자들과 함께 된 종이니 그리하지 말고 하나님께 경배하라 하더라"

8b. I fell down to worship at the feet of the angel who had been showing them to me.

9. But he said to me, "Do not do it! I am a fellow servant with you and with your brothers the prophets and of all who keep the words of this book. Worship God!"

■ 목자역

8b. 나는 이러한 일들을 나에게 보여준 그 천사에게 경배하려고 그의 발 앞에

엎드렸습니다.

9. 그러자 그가 나에게 말하였습니다. : 그렇게 하지 미시오. : 나는 당신과 그리고 예언자들인 당신의 형제들과 이 두루마리에 있는 말씀들을 지키는 사람들과 같은 종입니다. : 당신은 오직 하나님께만 예배하십시오.

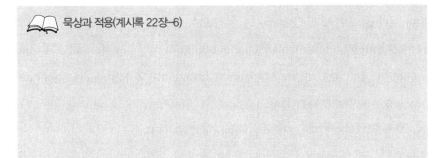

묵상과 적용(계시록 22장-6)

7 가까이 다가온 주님의 재림10-12)

7.1. 끝까지 완수해야 할 복음 전파의 사명(10)

□ 본문

"또 내게 말하되 이 두루마리의 예언의 말씀을 인봉하지 말라 때가 가까우니라"

10. Then he told me, "Do not seal up the words of the prophecy of this book, because the time is near.

■ 목자역

10. 그가 또 나에게 말하였습니다. : 이 두루마리에 있는 예언의 말씀들을 봉인하지 마시오. : 이제 주님이 재림하실 그 시간이 가까이 왔습니다.

7.2. 행한 대로 갚아주시는 하나님(11-12)

□ 본문

"불의를 행하는 자는 그대로 불의를 행하고 더러운 자는 그대로 더럽고 의로운 자는 그대로 의를 행하고 거룩한 자는 그대로 거룩하게 하라 보라 내가 속히 오리니 내가 줄 상이 내게 있어 각 사람에게 그가 행한 대로 갚아 주리라"

11. Let him who does wrong continue to do wrong; let him who is vile continue to be vile; let him who does right continue to do right; and let him who is holy continue to be holy.

12. "Behold, I am coming soon! My reward is with me,

■ 목자역

11. 이제부터는 불의를 행하는 자들은 그대로 불의를 행하게 놔두시오. 그리고 더러운 행동을 하는 자들은 그대로 더러운 행동을 하도록 놔두시오. 또한 주님이 오실 그때까지 정의를 행하는 자들은 그대로 정의를 행하게 놔두고 거룩한 자들도 그때까지 그대로 거룩하게 놔두시오.

12. 보라, 내가 신속하게 오리라! 나에게 줄 상이 있으니 그들이 행한 그대로 각각 그들에게 갚아 주리라!

묵상과 적용(계시록 22장-7)

□ 본문

"나는 알파와 오메가요 처음과 마지막이요 시작과 마침이라 자기 두루마기를 빠는 자들은 복이 있으니 이는 그들이 생명나무에 나아가며 문들을 통하여 성에 들어갈 권세를 받으려 함이로다"

13. I am the Alpha and the Omega, the First and the Last, the Beginning and the End.

14. Blessed are those who wash their robes, that they may have the right to the tree of life and may go through the gates into the city."

■ 목자역

13. 나는 알파요 오메가이며 처음이고 마지막이다.

14. **복이 있도다.** 그들의 옷을 예수님의 피에 빠는 사람들은! 그들은 생명나무에 나아갈 수 있는 권리를 얻게 될 것이다. 그리고 그 성문들을 통하여 그 성에 들어갈 수 있는 권세를 얻게 될 것이다.

 묵상과 적용(계시록 22장-8)

9 천국에 들어가지 못하는 자들(15)

□ 본문

"개들과 섬술가들과 음행하는 자들과 살인자들과 우상 숭배자들과 및 거짓말을 좋아하며 지어내는 자는 다 성 밖에 있으리라"

15. Outside are the dogs, those who practice magic arts, the sexually immoral, the murderers, the idolaters and everyone who loves and practices falsehood.

■ 목자역

15. 아주 악한 인격을 가진 도덕적으로 부패하고 사악한 종교적 위선자들인 개들과 마술사들과 음란한 행위를 한 자들과 살인자들과 우상 숭배자들과 거짓말을 좋아하고 또 거짓말을 지어내는 자들은 그 성 밖에 있으리라.

 묵상과 적용(계시록 22장-9)

10 계시록은 교회들을 위하여 주신 말씀(16)

□ 본문

"나 예수는 교회들을 위하여 내 사자를 보내어 이것들을 너희에게 증언하게 하였노라 나는 다윗의 뿌리요 자손이니 곧 광명한 새벽별이라 하시더라"

16. I, Jesus, have sent my angel to give you this testimony for the churches. I

am the Root and the Offspring of David, and the bright Morning Star.

■ 목자역

16. 나 예수는 **교회들을 위하여** 나의 천사들을 보내어 이 모든 일들을 너희들에게 증언하게 했다. 나는 다윗의 뿌리이며 자손이요 빛나는 새벽별이다.

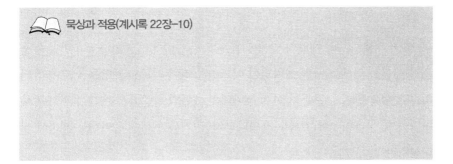

묵상과 적용(계시록 22장-10)

---

11 천국으로의 초청과 마지막 경고(17-19)

11.1. 천국으로의 초청(17)

□ 본문

"성령과 신부가 말씀하시기를 오라 하시는도다 듣는 자도 오라 할 것이요 목마른 자도 올 것이요 또 원하는 자는 값없이 생명수를 받으라 하시더라"

17. The Spirit and the bride say, "Come!" And let him who hears say, "Come!" Whoever is thirsty, let him come; and whoever wishes, let him take the free gift of the water of life.

■ 목자역

17. 성령님과 신부(예수님이 제림하실 때 이루어지는 혼인잔치에 참여하는 주의 종들과 성도들)가 말씀합니다. : 아 말씀을 듣는 사람들은 오시오 : 그리고

목이 마른 사람들과 원하는 사람들도 누구나 다 오십시오! 와서 하나님께서 선물로 주시는 생명수를 값을 치루지 말고 자유롭게 마시십시오.

11.2. 마지막 경고(18-19)

□ 본문

"내가 이 두루마리의 예언의 말씀을 듣는 모든 사람에게 증언하노니 만일 누구든지 이것들 외에 더하면 하나님이 이 두루마리에 기록된 재앙들을 그에게 더하실 것이요 만일 누구든지 이 두루마리의 예언의 말씀에서 제하여 버리면 하나님이 이 두루마리에 기록된 생명나무와 및 거룩한 성에 참여함을 제하여 버리시리라"

18. I warn everyone who hears the words of the prophecy of this book: If anyone adds anything to them, God will add to him the plagues described in this book.

19. And if anyone takes words away from this book of prophecy, God will take away from him his share in the tree of life and in the holy city, which are described in this book.

■ 목자역

18. 나는 이 예언의 말씀들을 듣는 모든 이들에게 증언합니다. : 만일 누구든지 이 두루마리에 기록된 말씀들 외에 자기 마음대로 종말과 심판과 구원에 대한 예언과 계시의 말씀을 더하면 하나님께서 이 두루마리에 기록되어 있는 그 재앙들을 그에게 더하실 것이요 :

19. 또 누구든지 종말과 심판과 구원에 대한 말씀들이 쓰여 있는 이 두루마리에 있는 예언과 계시의 말씀들을 자기 마음대로 빼면 하나님께서 생명나무와 그 거룩한 성에 그가 참여하지 못하도록 할 것입니다.

묵상과 적용(계시록 22장-11)

12 임박한 재림에 대한 예고와 재림에 대한 소망(20-21)

☐ 본문

"이것들을 증언하신 이가 이르시되 내가 진실로 속히 오리라 하시거늘 아멘 주 예수여 오시옵소서 주 예수의 은혜가 모든 자들에게 있을지어다 아멘"

20. He who testifies to these things says, "Yes, I am coming soon." Amen. Come, Lord Jesus.

21. The grace of the Lord Jesus be with God's people. Amen."

■ 목자역

20. 이것들을 증언하신 예수님이 말씀하십니다. 그렇다. 내가 속히 오리라. 아멘, 주 예수여! 오시옵소서.

21. 주 예수님의 은혜가 여러분 모두에게 있기를 바랍니다.(아멘)

묵상과 적용(계시록 22장-12)

지혜와 계시의 영을 받아

그 시대의 역사적 상황과 정통 교회의 신학을 담아

상징과 비유를 풀어

알기 쉽게 번역한 요한 계시록

읽으면 이해되는
요한계시록

| 계시록 1장 |

❧ ❧

1a. 이 계시의 말씀은 우리의 모든 죄의 문제를 해결하여주신 우리의 구세주이신 예수님에 관해 알려주신 것이고 또 그 예수님이 말세에 이루어질 모든 일들에 대해 우리에게 알려주신 것입니다.

1b. 이 계시의 내용은 성부 하나님께서 성자 예수님에게 주신 것입니다. 이 일들은 반드시 신속하게 이루어질 일들입니다. 하나님께서는 이 일들이 반드시 신속하게 이루어질 일들이기 때문에 그분의 종들에게 알게 하시려고 이 계시의 내용을 먼저 예수님에게 주셨습니다. 그래서 예수님은 그분을 돕는 천사들을 동원하여 이 계시록 전체의 내용을 요한에게 알려주었고 그 계시를 받은 요한이 우리에게 알게 한 것입니다.

2. 요한은 그가 본 모든 것들 곧 그가 본 예수 그리스도에 관한 증거와 예수님이 보여주신 증거와 그가 듣고 알았던 하나님의 말씀을 사람이나 상황에 따라 더하거나 빼지 않고 자신의 생명을 걸고 모두 다 증언하였습니다.

3. 복이 있습니다! 예수님이 요한을 통하여 주신 그 예언의 말씀들을 읽는 사람과 그 말씀을 듣는 사람들과 그 안에 기록되어 있는 일들을 가슴에 새기고 지키는 사람들은! 왜냐하면 예수님이 재림하실 그때가 바로 우리들의 눈앞에 가까이 왔기 때문입니다.

4a. 요한은 아시아에 있는 일곱 교회에 편지합니다.

4b. 지금도 계시고 전에도 계셨고 장차 오실 하나님과 하나님의 보좌 앞에 있는 일곱 영들(성령님)로부터 은혜와 평화가 있기를 빕니다.

5a. 그리고 또 목숨까지 바쳐 충성하신 신실한 증인이시고 죽은 자들 가운데에서 가장 먼저 부활하신 분이시며 땅에 있는 모든 왕들을 통치하실 수 있는 유일하신 주님이신 예수 그리스도로부터 은혜와 평화가 있기를 빕니다.

5b. 예수님은 우리를 사랑하십니다. 우리를 사랑하시는 예수님이 십자가에서 흘리신 그 피에 의해 우리들은 우리들을 묶고 있던 모든 죄에서 해방되었습니다.

6. 그리고 예수님은 그분의 아버지이신 하나님을 위하여 우리를 하나의 나라로 만드시고 또 하나님을 섬기는 제사장들로 만드셨습니다. 세세무궁토록 영광과 권능이 예수님께 있기를 원합니다. 아멘.

7. 보십시오! 예수님께서 하늘의 영광 가운데 구름을 타고 오실 것입니다. 그리고 그때 땅에 있는 모든 사람들이 그들의 눈으로 재림하시는 예수님을 보게 될 것입니다. 그리고 예수님을 상하게 했던 사람들도 그분을 보게 될 것이며 지구상의 모든 종족들이 재림하시는 예수님 때문에 슬피 울며 많은 눈물을 흘리게 될 것입니다. 반드시 그렇게 될 것입니다. 아멘.

8. 지금도 계시고 전에도 계셨고 장차 오실 전능하신 주 하나님께서 말씀하셨습니다. 나는 모든 것의 처음인 알파요 모든 것의 마지막인 오메가다.

9. 나 요한은 여러분의 형제입니다. 그리고 예수님이 당하신 그 환난과 나라와 참고 견디는 인내에 함께 참여한 사람입니다. 나는 지금 하나님의 말씀을 전한 일과 예수님을 증언한 것 때문에 밧모 섬에 유배되어 와 있습니다.

10a. 주일 곧 그 주님의 날에 나는 성령 안에 있었습니다.

10b. 그때 나는 내 뒤에서 나는 나팔(트럼펫) 소리 같은 큰 음성을 들었습니다.

11. 그리고 그 음성 가운데 예수님은 나에게 말씀하셨습니다. : 네가 본 것은 무엇이든지 두루마리에 기록하여라. 그리고 그 두루마리에 쓴 내용을 에베소와 서머나, 버가모와 두아디라, 사데와 빌라델비아 그리고 라오디게아에 있는 일곱 교회에 보내라!

12. 그래서 나는 나에게 말씀하신 그 목소리의 주인공이 누구인지 알아보려고 몸을 돌이켰습니다. : 그렇게 몸을 돌이켰을 때에 나는 일곱 개의 금 촛대(등잔대)를 보았습니다.

13. 그리고 나는 그 촛대들 사이에서 사람의 아들처럼 생긴 예수님을 보았습니다. 예수님은 발에 끌리는 옷을 입고 계셨으며 그 가슴둘레에 금띠를 띠고 계셨습니다.

14. 예수님은 머리와 머리털이 양털과 눈처럼 새하얀 분이셨습니다. 또한 그분의 눈은 타오르는 불꽃과 같았습니다.

15. 예수님의 발은 지독히 뜨거운 풀무 불로 잘 연마된 빛나는 놋쇠와 같았습니다. 또한 그분의 목소리는 많은 물들이 폭포수처럼 한꺼번에 흘러가는 소리와 같았습니다.

16. 예수님은 그 오른손에 일곱 개의 별을 가지고 계셨습니다. 그분의 입에서는 양쪽 끝이 아주 날카롭게 잘 벼려진 검과 같은 말씀이 나왔으며 얼굴은 해가 힘차게 빛나는 것 같았습니다.

17. 내가 예수님을 보았을 때 나는 그분의 발 앞에 마치 죽은 것처럼 쓰러졌습니다. : 그리자 예수님이 오른손을 내 위에 올려놓으시고 말씀하셨습니다.

17b. : 두려워 말라! 내가 처음이고 마지막이다.

18. 나는 지금 살아 있다. 예전에는 나도 한때 영혼과 육체가 분리되는 죽음을 경험한 때가 있었다. 그러나 이제 나는 영원히 살아 있다. 지금 나는 육체적인 죽음을 해결할 열쇠와 육체적인 죽음 이후에 지옥 형벌을 받을 자들이 들어가 그들의 영혼이 머무는 처소인 음부의 문을 열고 닫을 수 있는 열쇠를 가지고 있다.

19. 그러므로 너는 네가 본 그 일들과 네가 지금 보고 있는 그 일들과 **이러한 일들 후에** 앞으로 일어날 그 일들을 기록하라!

20. 네가 본 내 오른손에 있는 일곱 별들과 일곱 금 촛대의 비밀(미스터리)은

이러하다. 그 일곱 별들은 그 일곱 교회의 천사天使 곧 말씀을 전하는 주의 사자使者들이다. 그리고 그 일곱 촛대는 일곱 교회이다.

❧ ❧

1. 에베소교회

1. 너는 에베소 교회 안에서 말씀을 전하는 나의 종에게 편지를 써 보내라 : 이러한 일들을 말씀하신 분은 그의 오른손으로 일곱 별들을 붙잡고 계시는 분, 그 일곱 개의 금 촛대 사이를 거닐고 계신 예수님이시다.

2. 나는 너의 그 행위와 수고와 인내와 너희 가운데 악한 자들을 용납하지 않은 것을 안다. 그리고 그들 자신을 스스로 사도라고 부르지만 사도가 아닌 자들을 시험하여 그들의 거짓된 행위가 나타나게 함으로 그들이 거짓말하는 자들인 것이 드러나게 한 것을 안다.

3. 그리고 네가 나의 이름 때문에 견디어 내고 참아낸 것과 게으름을 피우지 않고 네가 해오던 일들을 계속한 것도 안다.

4. 그러나 내가 너를 책망할 것이 있으니 너는 나를 뜨겁고 진실하게 사랑하던 그 첫 사랑에서 떠나버렸다.

5. 그러므로 네가 언제 어떻게 타락했는지 기억해내라! 그리고 회개하라! 그리고 처음에 나를 사랑하던 그 때의 그 사랑과 행위를 다시 하라 : 만일 네가 그렇게 하지 않고 끝까지 회개하지 않으면 내가 너에게 와서 너의 그 촛대를 지금 그 자리에서 다른 곳으로 옮길 것이다.

6. 그러나 이것이 너에게 있다. 그것은 네가 니골라당들이 하는 행위들을 미워하는 것이다. 그것은 나도 역시 미워하는 것이다.

7. 귀가 있는 사람은 성령께서 교회들에게 말씀하시는 것들을 들어야 한다. 이

기는 그 사람에게 나는 생명나무의 열매를 주어 먹게 할 것이다. 그 생명나무는 하나님의 낙원에 있는 것이다.

2. 서머나 교회

8. 그리고 너는 서머나에 있는 그 교회에서 말씀을 전하고 있는 천사와도 같은 나의 종에게 편지를 써 보내라. : 이러한 일들은 처음이요 마지막이며 예전에 한번 죽으신 일이 있었으나 다시 살아나신 예수님께서 말씀하신 것이다.

9. 나는 너의 그 고통스럽고 힘든 환난과 가난을 안다. 그러나 내 눈으로 보기에는 네가 진짜 부자이다. 그리고 나는 유대인이라고 스스로 자칭하는 자들이 너를 핍박하고 모욕하는 것도 안다. 그러나 그들은 유대인들이 아니라 사탄이 역사하는 모임에 속한 사람들이다.

10. 너는 이제 곧 다가올 고난을 두려워하지 마라! 보라 이제 곧 마귀가 너희 가운데 몇 사람을 시험하기 위하여 감옥에 집어넣을 것이다. 그래서 너는 십 일 동안 환난을 당할 것이다. 그 고난 가운데 네가 죽임을 당할지라도 너는 끝까지 믿음을 지키고 충성하라! 그리하면 내가 너에게 생명의 면류관을 주겠다.

11. 귀 있는 사람은 성령께서 교회들에게 말씀하시는 것들을 들어야 한다. 이기는 사람은 절대로 두 번째 죽음을 당하지 않을 것이다.

3. 버가모 교회

12. 그리고 너는 버가모에 있는 교회에서 말씀을 전하는 나의 종에게 편지를 써 보내라. : 이러한 일들은 그 입에 양 쪽 끝이 시퍼렇게 날이 선 검과 같은 말씀을 가지신 예수님이 말씀하신 것이다.

13. 나는 네가 살고 있는 곳을 안다. 그곳은 사탄의 권좌가 있는 곳이다. 사탄의 권좌가 있는 그곳에서 너는 나의 이름을 최선을 다해 붙잡고 있다. 나는 사탄이 살고 있는 곳에서 그렇게 충성된 나의 증인이었던 안디바가 너희들 가운

데에서 살해를 당하던 그날에도 네가 나에 대한 믿음을 부인하지 않은 것을 안다.

14. 그러나 내가 너를 책망할 일들이 몇 가지 있다. 그것은 지금 너희들 가운데 몇 사람이 발람의 가르침을 따르고 있는 것이다. 발람은 거짓된 가르침으로 발락을 꾀어 가나안을 향해 가던 이스라엘의 자손들에게 우상의 제물을 먹게 하고 부도덕한 성행위를 하게 함으로써 그들의 앞길에 엄청난 장애물을 놓았던 자이다.

15. 그런데 지금 너희들 가운데에서도 몇 사람이 발람과 비슷한 짓을 하는 니골라당의 가르침을 지키면서 따르고 있다.

16. 그러므로 회개하라! 그렇게 하지 않으면 내가 너에게 신속히 가서 내 입에 있는 말씀의 검으로 그들과 싸울 것이다.

17. 귀 있는 사람은 성령께서 교회들에게 말씀하시는 것을 들어야 한다. 이기는 그 사람에게는 내가 지금까지 감추어 두었던 만나와 흰 돌을 줄 것이다. 그 흰 돌 위에는 하나의 새 이름이 쓰여 있을 터인데 그 이름은 지금까지도 그랬던 것처럼 그것을 받는 사람 외에는 아무도 모르는 이름이다.

4. 두아디라교회

18. 그리고 너는 두아디라에 있는 그 교회에서 말씀을 전하는 나의 종에게 편지를 써 보내라. 이러한 일들을 말씀하시는 분은 타오르는 불꽃같은 눈을 가지고 계시고 불로 잘 연마된 놋쇠와 같은 발을 가지신 하나님의 아들이시다.

19. 나는 네 사업과 사랑과 믿음과 섬김의 사역과 너의 그 한없는 인내를 안다. 그리고 네가 그 일들을 처음 시작할 때보다 지금 더 많이 하고 있다는 것도 안다.

20. 그러나 나는 너를 책망한다. 그 이유는 네가 그 자신을 스스로 선지자라고 자처하는 거짓 선지자인 이세벨이라는 여인을 받아들였기 때문이다. 그 여자

는 나의 종들에게 거짓된 것을 가르치고 그들을 속여서 음행하게 하고 우상의 제물을 먹게 하고 있다.

21. 그래서 나는 그 여자에게 회개할 수 있는 기회와 시간을 주었다. 그런데도 그 여자는 자신의 음행을 회개하기를 원하지 않았다.

22. 보라! 이제 내가 그 여자를 아주 심한 병이 들게 해서 침상에 눕게 하리라. 그리고 그 여자와 함께 음행한 자들도 그 여자와 더불어 행한 그 음란한 짓들을 회개하지 않는다면 큰 환난 가운데 던지리라!

23. 그리고 그 여자가 거짓된 가르침으로 낳은 그 여자의 자녀들은 살해당해 죽게 할 것이다. 그렇게 함으로써 모든 교회들은 내가 사람들의 생각과 마음의 깊은 곳까지 속속들이 살피는 자인 것을 알게 될 것이다. 그리고 나는 너희가 행한 그 행위대로 너희 각 사람에게 갚아줄 것이다.

24. 그리고 나는 두아디라에 남아 있으면서도 이러한 이세벨의 거짓된 가르침을 따르지 않는 자들에게 말한다. 이들은 소위 그들이 말하는 사탄의 깊은 것 곧 거짓된 교리나 교훈을 알려고 하지 않는 사람들이다. 나는 이렇게 순결한 믿음을 지키고 있는 자들에게는 다른 짐을 지게 하지 않겠다.

25. 그러니 남은 너희들은 너희가 지금 가지고 있는 것을 내가 올 때까지 놓치지 말고 꽉 붙잡고 있으라.

26. 그리하면 내가 끝까지 이긴 그 사람과 나의 일들을 끝까지 지킨 그 사람에게 나라들을 다스리는 권세를 주겠다.

27. 그는 철로 된 지팡이를 가지고 나라들을 다스리리라. 그것은 마치 쇠몽둥이로 질그릇을 깨트리는 것과 같은 강력한 힘이 있는 권세이다. 내가 나의 아버지로부터 받은 것이 그와 같은 권세이다.

28. 그리고 나는 그에게 새벽별을 주겠다.

29. 귀 있는 사람은 성령께서 교회들에게 말씀하시는 것을 들어야 한다.

❧ ❧

5. 샤데 교회

1. 그리고 너는 사데에 있는 그 교회에서 말씀을 전하는 내 종에게 편지를 써 보내라. 이러한 일들을 말씀하신 분은 하나님의 일곱 영과 일곱 별을 가지고 계신 예수님이시다. : 나는 네가 해온 그 모든 행위들을 다 알고 있다. 네가 하는 그 행위들을 보니 너는 겉으로 보기에는 그럴듯한 이름도 있고 살아 있는 것 같은데 실제로는 속이 썩어 있고 죽어 있다.

2. 그러므로 깨어나라! 그리고 그 영이 죽어가는 자들 가운데 조금이라도 그 숨이 남아 있는 자들을 다시 깨워 일으켜 세워라. 나는 나의 하나님 앞에서 네가 해온 모든 일들 가운데 어느 것 하나 온전하게 제대로 된 것을 본 일이 없다.

3. 그러므로 너는 지금 네가 그때 어떻게 구원을 받았는지 그리고 어떻게 그 말씀을 들었는지를 기억하라! 그리고 스스로 회개하고 정결하게 하라! 이렇게까지 말하여도 네가 정신을 차리지 않고 깨어나지 않고 회개하지 않는다면 내가 도적같이 너를 찾아올 것이다. 내가 분명히 말하지만 그때 너는 내가 오는 그 시간을 절대로 알지 못할 것이다.

4. 그러나 아직 적은 숫자이지만 샤데에 그 옷을 더럽히지 않은 몇 사람이 있다. 그들은 흰 옷을 입고 나와 함께 다니게 될 것이다. 그들은 거의 모든 사람들이 믿음을 저버리고 타락해가는 상황에서도 끝까지 자기들의 순결을 지켰으므로 그럴 만한 자격이 충분히 있다.

5. 이기는 그에게는 흰옷을 주어 입게 할 것이다. 그리고 내가 그의 이름이 기

록된 생명책에서 그의 이름을 절대로 지우거나 없애지 않을 것이다. 그리고 나는 그의 이름을 나의 아버지와 그의 천사들 앞에서 시인할 것이다.

6. 귀 있는 사람들은 성령께서 교회들에게 말씀하시는 것을 들어야 한다.

6. 빌라델비아 교회

7. 그리고 너는 빌라델비아에 있는 그 교회에서 말씀을 전하는 내 종에게 편지를 써 보내라. 이러한 일들을 말씀하신 분은 거룩하시고 진실하시며 열면 닫을 사람이 없고 닫으면 열 사람이 없는 다윗의 열쇠를 가지신 예수님이시다.

8. 나는 네가 하는 그 행위들을 안다. 내가 네 앞에 문을 열어두었는데 그 문은 누구도 닫을 수 없다. : 왜냐하면 네가 아주 적은 능력을 가지고도 나의 말을 지키고 내 이름을 부인하지 않았기 때문이다.

9. 볼지어다. 내가 사탄의 회당 가운데 있는 몇 사람을 너에게 주리라. 그들은 자기들 스스로 유대인이라고 하지만 그들은 진짜 유대인이 아니다. 그들은 거짓말하는 자들이다. 보라! 내가 반드시 그들이 너를 찾아와 네 발 앞에 엎드려 절하게 만들겠다. 그렇게 함으로 그들은 내기 너를 얼마나 사랑하는지 알게 될 것이다.

10. 내가 말한 참고 견디며 인내하라는 그 명령들을 네가 잘 지켰기 때문에 나도 또한 그 땅 위에 살고 있는 모든 사람들을 시험하기 위해 이제 곧 찾아오게 될 큰 시험의 때에 너를 건져내어 지킬 것이다.

11. 나는 신속하게 올 것이다. : 그러므로 너는 네가 가진 것을 꽉 붙잡아 아무도 네가 가진 면류관을 빼앗지 못하게 하라!

12. 이기는 그 사람, 나는 그를 나의 하나님의 성전의 기둥이 되게 할 것이다. 그러므로 그는 결코 더 이상 성전 밖으로 나가지 않을 것이다. 나는 그 사람에게 나의 하나님의 이름과 나의 하나님의 도성의 이름 곧 나의 하나님이 계시는 하늘에서 내려오는 새 예루살렘 성의 이름과 나의 새로운 이름을 기록할 것이다.

13. 귀 있는 사람은 성령께서 교회들에게 하시는 말씀을 들어야 한다.

7. 라오디게아교회

14. 그리고 너는 라오디게아에 있는 그 교회에서 말씀을 전하는 나의 종에게 편지를 써 보내라. 이러한 일들을 말씀하신 분은 아멘이시며 신실하시고 참된 증인이시며 하나님의 창조의 근원이신 분이다.

15. 나는 너의 그 행위들을 안다. 그것은 곧 네가 차지도 않고 뜨겁지도 않다는 것이다. 나는 네가 차든지 뜨겁기를 원한다.

16. 그런데 네가 이처럼 미지근하여 차지도 뜨겁지도 않기 때문에 나는 내 입이서 너를 토하여 뱉어버리겠다.

17. 너는 스스로 말하기를 나는 부자다. 나는 많은 것들을 가지고 있기 때문에 더 이상 필요한 것이 없다고 한다. 그런데 너는 네가 지금 얼마나 곤고하고 불쌍하고 가난하고 눈이 멀어 있고 벌거벗은 존재인지를 모르고 있다.

18. 내가 네게 권한다. 네가 진짜 부자가 되기 위하여 불로 잘 제련된 정금(순수한 믿음)을 나에게서 사라. 그리고 흰 옷을 사서 입어 너의 그 벌거벗은 수치를 가리도록 하라.(성결) 그리고 새로운 세상을 보는 영적인 눈을 뜨기 위하여 안약을 사서 그 눈에 바르도록 하라.(영적 분별력)

19. 나는 내가 사랑하는 사람은 누구나 책망한다. 그리고 징계한다. : 그러므로 너는 회개하라 그리고 열심을 내라!

20. 볼지어다. 나는 네 문 밖에 서 있다. 그리고 그 문을 두드리고 있다. : 이렇게 애타게 찾고 부르는 나의 음성을 듣고 그 문을 여는 사람에게 나는 들어갈 것이다. 그리고 나는 그와 함께 먹을 것이며 그도 나와 함께 먹게 되리라.

21. 이기는 자는 나의 보좌에 나와 함께 앉게 해주겠다. 마치 내가 이기고 내 아버지의 보좌에 아버지와 함께 앉았던 것처럼!

22. 귀 있는 사람은 성령께서 교회들에게 하시는 말씀을 들어야 한다.

1. **이러한 일들이 있은 후에** 나는 보았습니다. 그리고 자 보세요, 하늘에 한 문이 열려 있습니다. 그리고 나는 처음에 트럼펫 소리처럼 큰 소리로 나에게 말씀하시던 주님의 그 음성을 다시 들었습니다. 이리로 올라오라 그러면 내가 **이러한 일들이 있은 후에** 일어날 그 일들을 너에게 보여주겠다.

2. 그 즉시 나는 **성령 안에 있게 되었습니다.** 보십시오. 하늘에 하나의 보좌가 놓여 있는데 그 보좌 위에 한 분이 앉아 계십니다.

3. 보좌 위에 앉아 있는 하나님의 모습은 벽옥과 홍보석 같습니다. 그리고 그 보좌 주위에 둘려 있는 무지개는 에메랄드 같습니다.

4. 그리고 그 보좌 주위에는 이십사 보좌가 있습니다. 그 보좌들 위에는 이십사 장로들이 흰 옷을 입고 앉아 있는데 그들의 머리에는 금 면류관이 있습니다.

5a. 그리고 그 보좌로부터 번개와 음성들과 천둥소리들이 나왔습니다.

5b. 그 보좌 앞에 불이 활활 타오르는 일곱 등불들이 있는데 이는 일곱 영의 특성을 가지신 성령님이십니다. :

6a. 그리고 그 보좌 앞에 수정과 같이 맑은 유리바다가 있습니다.

6b : 그 보좌 앞의 한 가운데와 그 보좌 둘레에 앞뒤로 눈들이 가득한 모든 피조물을 대표하는 천사 장들인 네 생물이 있습니다.

7. 그 네 생물 가운데 첫째는 사자와 같고 둘째 생물은 송아지 같습니다. 그리고 셋째 생물은 그 얼굴이 사람의 얼굴과 같으며 네 번째 생물은 날아다니는 독수리 같습니다.

8a. 모든 피조물을 대표하는 천사 장들인 그 네 생물들은 모두 각각 여섯 개의 날개를 가졌는데 날개 안과 주위로 돌아가면서 눈들이 가득했습니다.

8b. 그들은 밤낮 쉬지 않고 말하였습니다. : 거룩하다, 거룩하다, 거룩하다, 전능하신 주 하나님, 전에도 계셨고 지금도 계시고 장차 오실 분이시여!

9. 이렇게 그 천사 장들이 영광과 존귀와 감사를 보좌에 앉아 계신 세세토록 살아 계신 하나님께 돌릴 때에

10. 보좌에 앉아 계신 세세토록 살아 계신 하나님께 그 이십사 장로들이 엎드려 경배합니다. 그리고 하나님의 보좌 앞에 그들의 면류관을 내려놓으며 말합니다.

11. 우리들의 유일하신 주님이시며 하나님이신 당신은 영광과 존귀와 권능을 받으시기에 합당하십니다. 왜냐하면 이 모든 것들을 주님께서 창조하셨기 때문입니다. 그것들은 주님의 뜻대로 창조되었으며 지금까지 존재해왔습니다.

| 계시록 5장 |

1. 나는 그 보좌 위에 앉아계신 하나님의 오른손에 있는 안과 밖으로 글이 쓰여 있고 일곱 개의 인으로 봉인되어 있는 하나의 두루마리를 보았습니다.

2. 그리고 나는 한 힘센 천사가 큰 소리로 외치는 것을 보았습니다. : 과연 그 누가 그 두루마리에 있는 그 봉인들을 떼어 내겠습니까? 그리고 그 누가 그 두루마리를 펼칠 만한 자격이 있겠습니까?

3. 그런데 그때 내가 보니 하늘에서나 땅 위에서나 땅 아래에서 그 두루마리를 펼치거나 그것을 볼 존재가 하나도 없었습니다.

4. 그래서 나는 통곡하며 큰 소리로 울었습니다. 왜냐하면 그 두루마리를 펼치거나 그것을 볼 만큼 합당한 자격이 있는 자가 하나도 없었기 때문입니다.

5. 그러자 장로들 가운데 한 사람이 나에게 말했습니다. : 울지 마시오! 자 보시오, 유다지파의 사자이시며 다윗의 뿌리이신 예수님이 이기셨습니다. 예수님이 그 두루마리의 일곱 봉인을 떼어 내시고 그 두루마리를 펼치실 것입니다.

6. 그리고 나는 보좌의 한 가운데와 네 생물들과 장로들 사이에 서 있는 일찍이 죽임을 당하신 것 같은 어린 양이신 예수님을 보았습니다. 어린 양이신 예수님은 완전한 권세를 나타내는 일곱 개의 뿔과 하나님의 완전한 지식과 지혜와 통찰력을 상징하는 일곱 개의 눈을 가졌습니다. 그 일곱 눈은 온 땅에 보내심을 받았던 하나님의 일곱 영입니다.

7. 어린 양이신 예수님이 나오셔서 보좌 위에 앉아 계시는 하나님의 오른손에서 그 두루마리를 취하셨습니다.

8. 어린 양이신 예수님이 그 책을 취하셨을 때에 그 네 천사 장들과 이십사 장로들이 예수님 앞에 엎드렸습니다. 그들은 각각 하나의 하프와 향으로 가득 차 있는 금 대접을 가지고 있습니다. 그 대접들에 담겨 있는 향들은 성도들의 기도를 모은 것들입니다.

9. 네 생물과 이십사 장로들은 새 노래를 부르며 말했습니다. : 예수님은 그 두루마리를 가지시기에 합당하십니다. 그리고 그 두루마리의 봉인들을 떼시기에 합당하십니다. 왜냐하면 예수님은 택함 받은 성도들을 위해 일찍이 죽임을 당하셔서 그 흘리신 피로 모든 종족과 언어와 백성과 나라에서 그들을 사서 하나님께 드렸기 때문입니다.

10. 그리고 예수님은 피값으로 산 그들을 하나님을 위해 하나의 나라로 만드시고 또한 그들을 그 나라의 제사장들로 만드셨습니다. 이제 그들은 땅 위에서 왕이 되어 다스리게 될 것입니다.

11. 그리고 나는 그 보좌와 네 생물들과 장로들을 둘러싸고 있는 천사들을 보고 그 천사들의 소리를 들었습니다. 천사들의 숫자는 감히 그 수를 헤아릴 수 없을 정도로 많았습니다. 그 수는 천천만만이었습니다.

12. 그 천사들은 아주 큰 소리로 말하였습니다. 일찍이 죽임을 당하신 예수님은 권능과 부요함과 지혜와 강한 힘과 존귀와 영광과 찬양을 받으시기에 합당하십니다.

13. 그리고 나는 모든 피조물들 곧 하늘에 있는 것들과 땅 위에 있는 것들과 땅 아래 있는 것들과 바다 위에 있는 것들과 바다 안에 있는 모든 것들이 말하는 것을 들었습니다. : 보좌 위에 앉아 계신 하나님과 그분의 어린 양이신 예수님께 찬송과 존귀와 영광과 권능이 세세토록 있기를 원합니다.

14.그러자 네 생물들이 말하였습니다. 아멘! 그리고 그 장로들은 모두 엎드려 경배하였습니다.

| 계시록 6장 |

❧ ❦

1. 나는 예수님께서 그 일곱 봉인 중의 하나를 떼어 내시는 모습을 보았습니다. 그때 나는 그 네 생물 중의 하나가 천둥소리와 같은 큰소리로 말하는 것을 들었습니다. : 오라!

2. 오라는 그 소리와 함께 한 마리의 흰 말이 나오는 것을 보았는데 그 말위에 앉아 있는 이는 이미 화살을 쏘아버린 하나의 활을 가지고 있습니다. 보좌에 계신 하나님께로부터 그에게 하나의 면류관이 주어졌습니다. 그러자 그는 나가서 싸움에서 이겼고 또 이긴 후에도 계속 이기려고 했습니다.

3. 예수님이 그 두루마리의 두 번째 봉인을 떼어낼 때에 나는 두 번째 생물이 말하는 것을 들었습니다. : 오라!

4. 그러자 다른 붉은 말이 나왔습니다. 그 말위에 앉아 있는 자에게는 땅에서 평화를 없애버리도록 하는 힘이 주어졌습니다. 그러자 그는 사람들이 서로 죽이게 했습니다. 그에게는 대량 살상 무기인 큰 칼이 주어졌습니다.

5. 예수님이 두루마리에 있는 그 세 번째의 봉인을 떼실 때에 나는 세 번째 생물이 말하는 것을 들었습니다. : 오라! 그때 나는 보았습니다. 한 검은 말과 그의 손에 저울을 가지고 그 말 위에 앉은 자를!

6. 그리고 나는 그 네 생물들 사이에서 나오는 한 목소리를 들었습니다. : 한 데나리온에 밀은 한 되요 보리는 석 되다. : 그럴지라도 감람나무 기름과 포도주는 해치지 말라.

7. 예수님이 두루마리의 네 번째 봉인을 풀었을 때에 나는 네 번째 생물이 말하

는 것을 들었습니다. : 오라!

8. 그때 나는 한 마리의 청황색 말과 그 말 위에 앉아 있는 자를 보았습니다. 그 말을 탄자는 죽음을 가져오는 사탄이요 그 사탄의 뒤를 구원받지 못하고 죽은 자들이 흰 보좌의 심판을 받기위해 부활할 때까지 머무는 장소인 음부가 따라오고 있었습니다. 그들은 땅의 사분의 일을 다스리는 권세를 받아 전쟁과 흉년과 전염병과 그 땅에 있는 짐승들 곧 적그리스도인 권력자와 거짓 선지자들을 이용하여 사람들을 죽였습니다.

9. 그리고 나는 예수님이 다섯 번째 봉인을 떼어냈을 때에 하나님의 말씀을 증언한 것과 그들이 기지고 있던 예수님을 믿는다는 사실을 밝혀주는 증거 때문에 죽임을 당한 자들의 영혼들이 하늘에 있는 그 제단 아래 모여 있는 것을 보았습니다.

10. 그들은 큰 소리로 부르짖으며 말했습니다. : 거룩하시고 진실하시며 모든 만물을 주관하시는 주님! 언제까지 심판하지 않으시렵니까? 언제 그 땅 위에 살고 있는 악한 자들을 심판하셔서 그들에 의해 흘린 우리들의 피값을 보상해 주시겠습니까?

11. 그러자 예수님께서 그들 각자에게 흰 옷을 주셨습니다. 그리고 그들을 죽인 자들을 예수님께서 심판하실 시간이 이제 얼마 남지 않았으니 그동안 잠깐 쉬면서 기다리라고 말씀하셨습니다. 그들이 기다려야 하는 시간은 그들의 동료 종들과 형제들이 죽임을 당해 이미 작정된 그 수가 꽉 채워질 때까지입니다.

12. 그리고 나는 예수님이 여섯 번째 봉인을 떼어 냈을 때에 하나의 큰 지진이 일어나는 것과 해가 마치 검은 머리털로 만든 천처럼 새카맣게 된 것과 달 전체가 피처럼 된 것을 보았습니다.

13. 그와 동시에 아주 세게 부는 바람 때문에 무화과나무가 크게 흔들려 아직 익지도 않은 무화과들이 마구 떨어지는 것처럼 하늘의 별들이 땅에 쏟아지듯이 떨어지는 것을 보았습니다.

14. 그때 하늘은 두루마리처럼 둘둘 말려 사라지고 모든 산들과 섬들은 그것들이 있던 장소에서 옮겨졌습니다.

15. 그러자 그 땅의 왕들과 고위 관료들과 장군들과 부자들과 강하고 힘센 자들과 모든 종들과 자유인들이 동굴 속과 산들의 바위틈에 숨었습니다.

16. 그리고 그들은 그 산들과 바위들에게 말하였습니다. : 우리 위에 무너져 내려 보좌 위에 앉으신 하나님의 얼굴과 예수님의 진노로부터 우리를 가려주어라!

17. 그들에게 우리 하나님 아버지와 예수님이 내리시는 그 엄청난 진노와 심판의 그 날이 찾아왔습니다. 그러니 그 누가 감히 그 앞에 서 있을 수 있겠습니까?

| 계시록 7장 |

1. **이 일 후에** 나는 땅의 네 모퉁이에 서 있는 네 명의 천사들을 보았습니다. 그들은 땅 위에나 바다 위에나 모든 나무들에게 환란과 재앙을 일으키는 바람이 불지 않도록 사방의 바람들을 붙들고 있었습니다.

2a. 그리고 나는 살아 계신 하나님의 도장을 가지고 해가 떠오르는 곳으로부터 올라오는 다른 천사를 보았습니다.

2b. 해가 떠오르는 곳으로부터 올라온 그 천사는 땅과 바다를 해칠 수 있는 권세를 받은 그 네 명의 천사들에게 큰 소리로 외쳤습니다.

3. 우리가 우리 하나님의 종들의 이마에 말세에 일어날 모든 재앙으로부터 보호할 것을 보증하는 도장을 찍기 전까지는 절대로 온 세상의 나라나 사람들을 해치지 말라!

4. 그때 내가 들은 인침을 맞은 주의 종들의 숫자는 육적인 혈통을 따른 것이 아닌 영적으로 구별된 모든 이스라엘 자손들의 각 지파에서 선택된 14만 4천 명이었습니다. :

5. 유다 지파 중에서 인침을 받은 사람들이 1만 2천 명이요, 르우벤 지파 중에서 1만 2천 명이요, 갓 지파 중에서 1만 2천 명이요

6. 아셀 지파 중에서 1만 2천 명이요, 납달리 지파 중에서 1만 2천 명이요 므낫세 지파 중에서 1만 2천 명이요,

7. 시므온 지파 중에서 1만 2천 명이요 레위 지파 중에서 1만 2천 명이요, 잇사갈 지파 중에서 1만 2천 명이요

8. 스블론 지파 중에서 1만 2천 명이요, 요셉 지파 중에서 1만 2천 명이요, 베냐민 지파 중에서 인침을 받은 사람들이 1만 2천 명입니다.

9. **이러한 일들이 있은 후에** 나는 아무도 그들의 수를 셀 수 없을 만큼의 많은 무리들을 보았습니다. 그들은 모든 나라와 종족들과 백성들과 다양한 언어를 쓰는 사람들 가운데에서 구원받은 사람들입니다. 그들은 흰 옷을 입고 하나님의 보좌 앞과 어린 양 앞에 서 있으며 손에 종려나무 가지를 들고 있습니다.

10. 그들은 아주 큰 소리로 외치며 말하였습니다. : 우리를 구원하신 분은 보좌 위에 앉으신 우리 하나님과 그분의 어린 양이신 예수님이십니다.

11. 그러자 하나님의 보좌와 장로들과 네 천사 장들의 주위에 둘러 서 있던 모든 천사들이 그들의 얼굴을 바닥에 대며 하나님의 보좌 앞에 엎드렸습니다. 그리고 하나님께 경배했습니다.

12. 그 천사들이 말하였습니다. 아멘! 찬송과 영광과 지혜와 감사와 존귀와 권능과 강한 힘이 세세무궁토록 우리들의 하나님께 있을 것입니다. : 아멘! 13. 그 장로들 가운데 한 사람이 천사들에게 응답하며 나에게 말하였습니다. : 흰 옷을 입고 있는 이 사람, 그들은 누구이며 어디에서 왔습니까?

14a. 그래서 나는 그에게 말하였습니다. : 장로님, 당신이 아십니다. 그러자 그 장로님이 나에게 말하였습니다. : 이들은 큰 환난에서 구원받아 나온 사람들입니다.

14b. 그들의 옷은 예수님이 흘린 피로 깨끗하게 빨아 새하얗게 되었습니다.

15a. 그러므로 그들은 하나님의 보좌 앞에 있습니다. 그리고 하나님의 보좌가 있는 성전에서 밤낮으로 하나님을 섬깁니다.

15b. 그때 그 보좌 위에 앉아계신 하나님께서 그들 위에 장막을 쳐 주실 것입니다.

16a. 그러므로 그들은 이제 다시는 굶주리지 않을 것이며 절대로 목마르지 않게 될 것입니다.

16b. 그리고 결코 태양이나 어떤 뜨거운 열기도 그들을 해치지 못할 것입니다.

17a. 왜냐하면 그 보좌의 한 가운데 계신 어린 양이신 예수님이 그들의 목자가 되어주시어 그들을 생명수가 솟아나는 샘들이 있는 곳으로 인도하여주실 것이기 때문입니다.

17b. 그리고 하나님께서 그들의 눈에서 흘러내리는 모든 눈물을 깨끗이 닦아주실 것이기 때문입니다.

1. 그리고 예수님이 그 일곱 번째 봉인을 떼어 냈을 때에 하늘에서는 약 반 시간 정도 아주 고요한 침묵의 시간이 흘렀습니다.

2. 그때 나는 하나님 앞에 서 있는 일곱 천사를 보았는데 그들에게 일곱 나팔이 주어졌습니다.

3. 그때 다른 천사가 하나의 황금 향로를 가지고 와서 그 제단 옆에 서 있었는데 그 천사에게 많은 향들을 주어졌습니다. 그 이유는 그 향들을 모든 성도들의 기도와 함께 섞어 하나님의 보좌 앞에 있는 황금으로 만들어진 분향단에 드리기 위함입니다.

4. 성도들의 기도와 함께 그 향이 탈 때 나는 향기로운 연기가 그 천사의 손에 의하여 하나님 앞으로 올라갔습니다.

5. 그 후에 그 천사가 그 향로를 제단의 불로 가득 채웠습니다. 그리고 그 향로를 땅에 쏟았습니다. : 그러자 땅에서 번갯불이 보이면서 천둥소리와 음성들이 들리고 지진이 일어났습니다.

6. 일곱 나팔을 가진 일곱 천사들이 나팔을 불려고 준비하였습니다.

7. 첫 번째 천사가 그가 가진 나팔을 불었습니다. : 그러자 하늘에서 피가 섞인 우박과 불이 나오면서 그것이 땅에 쏟아졌습니다. : 그 불로 땅의 삼분의 일이 타 버렸습니다. 그리고 나무들의 삼분의 일과 함께 각종 푸른 풀들도 타버렸습니다.

8. 두 번째 천사가 나팔을 불었습니다. : 그러자 불이 타오르는 큰 산과 같은 것

이 바다에 던져지면서 바다의 삼분의 일이 피가 되었습니다.

9. 그래서 바다 안에 있던 생명을 가진 피조물들의 삼분의 일이 죽게 되었고 바다에 있던 배들의 삼분의 일이 파괴되었습니다.

10. 세 번째 천사가 나팔을 불었습니다. : 그러자 횃불처럼 활활 타고 있던 하나의 큰 별이 하늘에서부터 강들의 삼분의 일과 물이 나오는 샘들의 삼분의 일 위에 떨어졌습니다.

11. 그 별의 이름은 쓴 쑥입니다. 그래서 그 물들의 삼분의 일이 쓰디쓴 쑥물과 같이 되었고 그 물들이 너무 써서 사람들 가운데 많은 이들이 그 쓴물들로 인해 죽게 되었습니다.

12. 네 번째 천사가 나팔을 불었습니다. : 그러자 해의 삼분의 일과 달의 삼분의 일과 별들의 삼분의 일이 아주 심한 타격을 받았습니다. 그 타격으로 해와 달과 별들의 삼분의 일이 어두워졌기 때문에 낮의 삼분의 일이 빛이 사라졌고 밤도 그렇게 되었습니다.

13. 그 후에 나는 하나님의 명령을 수행하는 한 마리의 독수리와 같은 모습의 천사가 큰 소리로 이렇게 말하며 공중을 날아가는 것을 보았습니다. : 이제 남아 있는 세 천사들에 의해 곧 울리게 될 세 번의 나팔 소리들이 울리는 그 기간에 땅 위에 사는 사람들에게 재앙이 있다, 재앙이 있다, 재앙이 있다!

| 계시록 9장 |

✧⌒ ⌒✧

1. 그리고 다섯 번째 천사가 나팔을 불었습니다. : 그때 나는 하늘에서 이미 오래전에 땅으로 떨어진 사탄을 보았습니다. 그는 마지막 심판이 있기 전에 악령들을 가두는 임시처소로서 죄를 지은 사탄의 무리를 가두는 징벌의 장소인 무저갱을 여는 열쇠를 받아 가지고 있습니다.

2. 그가 무저갱의 문을 열었습니다. : 그러자 큰 용광로에서 나오는 것과 같은 연기 속에서 많은 악한 영들이 그 무저갱의 문밖으로 나왔고 그 많은 악한 영들과 그들이 퍼트리는 거짓된 가르침 때문에 세상과 진리가 어두워졌습니다.

3. 그 악령들 속에서 온 세상을 황폐하게 하는 악한 권세를 가진 자들이 황충과 같은 모습을 가지고 땅 위에 나왔습니다. 그 황충들에게는 땅의 전갈들이 가진 것과 같은 권세가 주어졌습니다.

4. 그리고 악령에 사로잡힌 악한 권세를 가진 그 황충들에게는 그 이마에 하나님의 인을 받지 못한 사람들만 해치고 그 땅의 풀과 모든 푸른 채소와 나무는 아무것도 해치지 말라는 명령이 내려졌습니다.

5. 또한 그 황충들에게는 인침을 받지 못한 사람들을 다섯 달 동안 괴롭히기는 하되 죽이지는 말라는 명령이 내렸습니다. : 그 황충들이 주는 괴로움은 마치 전갈이 사람을 쏠 때 사람들이 겪는 고통과 같은 것입니다.

6. 그래서 이러한 일들이 계속되는 그 기간에 이마에 하나님의 인印을 받지 못한 사람들은 차라리 죽기를 구할 것입니다. 그런데 그들은 절대로 죽을 수가 없습니다. 그 사람들은 차라리 죽기를 간절히 바라지만 오히려 죽음이 그들을 피

할 것입니다.

7. 그 황충들의 모양은 전쟁을 위해 예비된 신속한 기동력을 가진 말들과 같았습니다. 그리고 그것들의 머리 위에는 잠깐 동안의 승리를 상징하는 황금으로 만든 것처럼 보이는 면류관들이 있었습니다. 그리고 그것들의 얼굴은 지혜와 능력을 상징하는 사람들의 얼굴과 같았습니다.

8. 황충들은 잘못된 가르침이지만 매력적인 사상을 상징하는 여인들의 머리털과 같은 머리털을 가졌고 그것들의 이빨은 강력한 파괴력과 강인함을 상징하는 사자의 이빨과 같았습니다.

9. 그것들은 가슴에 자신들을 방어하는 쇠로 만든 갑옷 같은 것을 입고 있었습니다. 또한 황충들의 날개들에서 나는 소리는 전쟁을 위하여 달려가는 많은 말들이 끄는 전차들의 소리와 같았습니다.

10. 그것들은 상대방을 강력하게 공격할 수 있는 전갈들이 가진 것과 같은 꼬리와 쏘는 침을 가졌습니다. 그리고 황충들은 그 꼬리로 사람들을 다섯 달 동안 해칠 수 있는 권세를 가지고 있었습니다.

11. 그들에게는 그들을 다스리는 왕인 무저갱의 사자가 있습니다. 그 왕의 이름은 히브리말로 아바돈인데 그것은 땅의 가장 깊은 곳으로 죽은 자들이 있는 장소라는 뜻을 가지고 있고 헬라어로는 그 이름이 멸망과 파괴라는 뜻을 가진 아폴리온입니다.

12. 첫째 화는 지나갔습니다. : 그러나 보세요, **이러한 일들 후에** 아직 두 가지 화가 더 남아 있습니다.

13. 여섯 번째 천사가 나팔을 불었습니다. : 그때 나는 하나님 앞에 있는 황금으로 되어 있는 그 분향단의 네 뿔들 사이에서 나오는 한 목소리를 들었습니다.

14. 분향단에서 나는 그 소리는 나팔을 가지고 있는 여섯째 천사에게 말했습니다. : 큰 강 유브라데에 묶여 있는 그 악한 네 영들을 풀어주어라.

15. 풀려난 그 네 악령들은 하나님께서 심판하시기로 작정하신 그 해의 그 달

그 날 그 시간에 사람들의 삼분의 일을 죽이기 위해 준비되어 있던 자들이었습니다.

16. 그들이 거느린 기병대의 숫자를 들었는데 그 수는 이억이었습니다.

17. 그리고 그때에 나는 환상 가운데 그 말들과 그 말들 위에 타고 있는 사람들을 보았습니다. 그들의 가슴에는 파괴와 멸망을 상징하는 불빛과 자줏빛과 유황빛이 나는 방패가 있습니다. : 그 말들의 머리는 사자의 머리 같고 그들의 입에서는 불과 연기와 유황이 나옵니다.

18. 그 세 가지 재앙들 곧 그들의 입으로부터 나오는 그 불과 연기와 유황으로 사람들의 삼분의 일이 죽임을 당했습니다.

19. 그 말들의 권세는 그들의 거짓을 말하는 입과 사탄의 권세로 사람들을 해치는 꼬리에 있습니다. : 그 꼬리는 뱀과 같은데 그것에 머리가 있어 그것들로 사람들을 상하게 했습니다.

20. 그런데 이러한 재앙들에 의해 죽지 않은 사람들은 그들이 그 손으로 행한 일들을 전혀 회개하지 않고 오히려 귀신들과 금이나 은이나 동이나 돌이나 나무로 만든 우상들을 섬기며 절하기를 그치지 않았습니다. 그 우상들은 볼 수도 없고 듣지도 못하고 걷지도 못하는 것들입니다.

21. 또한 그들은 사람들을 죽인 일이나 마술을 행한 것이나 그들의 음행이나 도적질한 것 등 그 어느 것 하나도 전혀 회개하지 않았습니다.

| 계시록 10장 |

❧ ❦

1. 또 나는 힘세고 강한 또 다른 천사가 하늘에서 내려오는 것을 보았습니다. 그는 하나님의 영광으로 가득한 구름에 싸여 있었습니다. 그의 머리 위에는 언약의 상징인 무지개가 있으며 그의 얼굴에서는 하나님의 거룩하심과 영광을 드러내는 햇빛과 같은 강한 빛이 나고 그의 발은 심판을 위해 타오르는 불기둥 같았습니다.

2. 그 천사의 손에는 세상 끝 날에 이루어질 내용들이 기록되어 있는 펼쳐진 작은 두루마리가 있었습니다. 그리고 그것에 쓰여 있는 내용들은 온 세상에서 이루어지게 될 일들입니다. 그의 오른발은 바다 위에 있고 그의 왼발은 땅 위에 있었습니다.

3. 그는 아주 위엄 있게 사자가 포효하는 것과 같은 큰 소리로 외쳤습니다. 이렇게 그가 외쳤을 때에 하늘에 있는 존재들인 일곱 천사들이 천둥 같은 소리로 하나님의 뜻이 담겨있는 소리를 내며 크게 말하였습니다.

4. 그래서 나는 그 일곱 천사들이 말하는 것을 즉시 기록하려고 했습니다. : 그런데 바로 그 순간 나에게 하늘에서 말씀하시는 한 음성이 들렸습니다. : 너는 그 일곱 천둥들이 말한 내용들은 봉인하고 그들이 말한 것은 기록하지 말라.

5. 내가 보았던 그 힘센 천사는 바다와 땅을 밟고 서 있었습니다. 그 천사는 하나님께 맹세하기 위해 하늘을 향하여 그의 오른손을 들었습니다.

6. 그리고 그는 영원히 살아 계신 하나님을 향하여 맹세하였습니다. 하나님은 하늘과 그 안에 있는 것들과 땅과 그 안에 있는 것들과 바다와 그 안에 있는 모

든 것들을 창조하신 분입니다. 이제 더 이상 지체할 시간이 없습니다. 이제 더 이상 구원받을 기회나 심판을 피할 시간이 없습니다.

7. 이제 그 일곱 번째 천사가 준비하고 있는 그 나팔 소리가 울리는 그 기간 동안에 하나님께서 그분의 종들 곧 그 선지자들에게 복음 안에서 말씀하셨던 그 심판과 구원의 비밀이 이루어지게 될 것입니다!

8. 그때 내가 들었던 하늘에서 나던 그 음성이 다시 나에게 말하였습니다. : 가서 바다와 땅을 밟고 서 있는 그 천사의 손에 펼쳐 있는 그 두루마리를 가져라!

9. 그래서 나는 그 천사에게 가서 그 작은 두루마리를 달라고 하였습니다. 그러자 그가 나에게 말하였습니다. : 이것을 가져다 먹어라. 그러면 이것이 네 입에서는 꿀같이 달겠지만 네 속은 쓰게 할 것이다.

10. 그래서 나는 그 천사의 손에서 작은 두루마리를 가져다가 그것을 삼켰습니다. 그것은 내 입에서는 꿀같이 달콤했습니다. : 그런데 그것을 내가 먹었을 때 그것은 내 속을 너무나 쓰리게 했습니다.

11. 그 천사는 나에게 말하였습니다. : 당신은 반드시 많은 민족들과 많은 나라들과 다양한 언어를 쓰는 사람들과 많은 왕들 앞에서 또 다시 예언해야 합니다.

1a. 그 천사는 나에게 지팡이 같은 갈대를 주었습니다.

1b. 그리고 나에게 말하였습니다. : 일어나 하나님의 성전에 있는 성소와 제단과 그 안에서 경배하는 자들의 수를 세어라.

2. 그러나 그 성전의 바깥마당은 그냥 두고 측량하지 말라. 그곳은 세상 사람들에게 주어졌으니 그들이 그 거룩한 성을 7년 환난의 기간 가운데 가장 큰 고난과 시련과 심판의 때인 마흔두 달 동안 짓밟게 될 것이다.

3. 하나님께서 그 두 증인에게 권세를 줄 것이다. 그러면 그들은 7년 환난의 기간 가운데 일천이백육십 일 동안 굵은 베옷을 입고 예언을 할 것이다.

4. 그 두 증인은 그 땅의 주님 앞에 서 있는 두 감람나무로서 말세에 복음을 전해야 할 사명을 맡은 주의 종들이며 세상에 빛을 비추는 촛대로서의 고난 중에도 자기의 사명과 역할을 감당하는 교회들이다.

5. 그 기간 동안 만일 누군가가 그들을 해치려고 하면 그들의 입에서 불같은 말씀이 나와 그들을 대적하는 자들을 삼켜버릴 것이다. : 그리고 만일 어떤 이들이 그들을 해치려고 하면 오히려 그들은 죽임을 당하게 될 것이다.

6. 그들은 예언을 하는 날 동안에 많은 비가 내리지 못하도록 하늘을 닫는 권세를 가지고 있다. 그리고 그들은 물들이 변하여 피가 되게 하는 능력과 원할 때마다 여러 가지 재앙들로 그 땅을 치는 권세를 가지고 있다.

7. 그들이 그 예정되었던 기간 동안의 증언을 마쳤을 때 무저갱에서 올라온 적그리스도인 그 짐승이 그들을 대항하여 전쟁을 일으킬 것이다. 그리고 그 짐승이 그 두 증인

을 이길 것이고 그들을 죽일 것이다.

8. 그 두 증인들의 시체는 그 큰 성 바벨론(로마)의 공개된 길가에 있을 것이다. 그곳은 예언자의 언어로나 성령께서 열어주시는 영적인 통찰력을 가지고 해석하면 소돔이라고도 하고 에굽이라고도 할 수 있다. 바로 그 장소에서 그들의 주님도 십자가에 못 박혀 매달려 죽으셨다.

9. 그때 백성들과 종족들과 언어들과 나라들 가운데 많은 사람들이 나와서 그 두 증인의 시체를 사흘 반 동안 보게 되리라. 그리고 그 두 증인의 시체는 무덤 안에 놓이는 것조차 허용되지 않으리라.

10. 그때 그 땅에 사는 사람들은 서로 기쁨이 넘치도록 즐거워하며 그들끼리 서로 선물을 주고받으리라. 왜냐하면 그동안 이 두 예언자가 그 땅 위에 사는 자들을 괴롭게 했기 때문이다.

11. 그 삼일 반이 지난 후에 하나님께로부터 생명의 영이 그 증인들 안에 들어왔습니다. 그 순간 그들은 그들의 발로 일어섰습니다. 그러자 그들을 바라보고 있던 사람들에게는 큰 두려움이 몰려왔습니다.

12. 그때 그 증인들은 하늘에서 그들에게 말씀하시는 큰 음성을 들었습니다. : 너희들은 이리로 올라오라 : 그러자 그들은 하나님의 능력과 영광 가운데 구름을 타고 하늘로 올라갔습니다. 그 모습을 그들의 원수들도 보았습니다.

13. 그 때에 큰 지진이 일어났습니다. 그러자 그 바벨론 성(로마)의 삼분의 일이 무너졌습니다. 그리고 그 지진으로 칠천 명의 사람들이 죽임을 당했습니다. 그 재앙을 피하고 살아남은 사람들은 두려움에 떨면서 하늘의 하나님께 영광을 돌렸습니다.

14. 둘째 재앙은 지나갔습니다. : 보십시오, 이제 셋째 재앙이 아주 빠르게 다가오고 있습니다.

15. **일곱 번째 천사가 나팔을 불었습니다.** : 그러자 하늘에서 나는 큰 음성들이 있었습니다. : 세상의 나라가 우리 하나님과 그분의 그리스도의 왕국이 되었습

니다. 그러므로 주님이 왕이 되어 영원히 통치하실 것입니다.

16. 그러자 하나님 앞에 있는 그 보좌들 위에 앉아 있던 이십사 장로들이 그들의 얼굴들을 바닥에 대고 엎드려 하나님께 경배했습니다.

17. 그 장로들이 말하였습니다. : 지금도 계시고 전에도 계셨던 전능하신 주 하나님. 우리는 주님께 감사합니다. 왜냐하면 이제 주님께서 친히 왕이 되셔서 크신 권능으로 통치하시기 때문입니다.

18a. : 그 소식을 들은 이방나라들이 분노하자 주님께서 진노하시고 그들에게 재앙을 내리셨습니다. 이제 하나님께서 친히 죽은 사람들을 심판하실 시간이 왔습니다.

18b. 그리고 하나님께서는 주님의 종 예언자들과 성도들 그리고 작은 자든지 큰 자든지 주님의 이름을 경외하는 사람들에게 상을 주십니다.

18c. 이제는 그 땅을 더럽히고 망하게 하는 자들은 멸망시키실 때입니다.

19. 그때 하늘에 있는 하나님의 성전이 열렸습니다. 그리고 하나님의 성전 안 지성소에 있는 주님의 언약 괘가 보이며 번개와 음성들과 천둥과 지진과 큰 우박이 있었습니다.

| 계시록 12장 |

1. 하늘에서 하나의 큰 표적이 보였습니다. 빛나는 태양을 마치 옷처럼 입고 있어 하나님의 영광의 빛으로 가득 싸여 있는 교회의 모습을 보여주는 한 여자가 있습니다.

1b. 그 여자의 발아래에는 예수 그리스도의 복음이 전파되기 이전의 시대를 상징하는 달이 있고 그 여자의 머리 위에는 이스라엘 열두 지파와 열두 사도로 대표되는 모든 주의 종들과 하나님의 백성들을 상징적으로 나타내는 열두 개의 별들이 있는 면류관이 있었습니다.

2. 그때 그 여자는 임신 중이었습니다. 그 여자는 곧바로 아이를 낳게 되었는데 해산하면서 아이를 낳는 고통이 심해 아파서 애를 쓰며 부르짖었습니다.

3. 그때 하늘에서 또 다른 이적이 보였습니다. 자 보십시오! 저 일곱 개의 머리와 열 개의 뿔을 가지고 있는 한 거대한 붉은 용 곧 사탄을! 그 용은 그 일곱 개의 머리 위에 각각 왕관을 쓰고 있습니다.

4. 그 용은 꼬리에 있는 그의 권세로 하늘에 있는 별들의 삼분의 일 곧 그와 함께 타락한 천사들을 끌어다가 땅에 던졌습니다. 또한 그 용은 그 여자가 아이를 낳기만 하면 즉시 그 아이를 삼켜버리려고 이제 곧 아이를 낳으려고 하는 그 여자 앞에 서 있습니다.

5a. 그때 그 여자는 장차 하나의 쇠몽둥이를 휘두르는 것과 같은 권세를 가지고 세상 모든 나라들을 다스리게 될 사내아이인 예수님을 낳았습니다.

5b. 사람의 씨가 아닌 성령께서 잉태하게 하심으로 태어난 그 여자의 아이 곧

예수님은 하나님과 그분의 보좌가 있는 곳으로 이끌려 올림 받았습니다.

6a. 그리고 그 여자는 광야로 피해갔습니다.

6b. 그 여자가 피해간 그곳에는 큰 환난의 기간인 일천이백육십 일 동안 그녀 곧 교회와 성도들이 보살핌을 받을 수 있도록 하나님께서 미리 준비해 두신 한 장소가 있었습니다.

7. 하늘에서 전쟁이 터졌습니다. 하나님의 군대장관인 천사 장 미가엘과 그에게 속한 천사와 용과 그 용에게 속한 악한 영들이 싸움을 합니다.

8. 그러나 그 용과 그에게 속한 악한 영들은 미가엘과 그에게 속한 천사들을 이기지 못하였습니다. 그래서 그 용과 악한 영들은 하늘에서는 더 이상 잠시 동안이라도 있을 만한 장소조차 찾을 수 없게 되었습니다.

9. 옛 뱀, 마귀 그리고 사탄이라고 불리는 온 세상에 살던 사람들을 속이던 거대한 그 용이 땅으로 쫓겨났습니다. 그리고 그에게 속해 있던 악한 영들도 함께 땅으로 쫓겨났습니다.

10a. 그때 나는 하늘에서 나는 매우 큰 음성을 들었습니다.

10b. 이제 우리 하나님의 구원과 능력과 나라와 그분의 그리스도의 권세가 나타났습니다. 그리고 우리의 형제들을 참소하던 그 마귀가 쫓겨났습니다. 그 마귀는 하나님 앞에서 우리 형제들을 밤낮으로 헐뜯고 거짓말로 비난하던 자입니다.

11. 그리고 우리의 형제들도 어린 양의 피와 그들이 증언하는 말씀으로 마귀를 이겼습니다. 이렇게 끝내 승리한 우리의 형제들은 믿음 때문에 죽임을 당하는 그 순간에도 자기들의 생명까지 아끼지 않고 믿음을 지켰습니다.

12. 그러므로 하나님이 통치하시는 영적인 세계인 하늘들과 그 안에서 살고 있는 성도들은 기뻐하며 즐거워하십시오! : 그러나 땅과 바다 곧 마귀가 쫓겨 내려간 온 세상은 화가 있을 것입니다. 왜냐하면 마귀가 크게 화를 내면서 당신들에게 내려갔기 때문입니다. 마귀는 이제 그에게 남아 있는 시간이 거의 없다는

것을 잘 알고 있습니다.

13. 그 용은 자기가 땅으로 쫓겨난 것을 알고 그 남자아이(예수님)를 낳은 여자(교회)를 괴롭혔습니다.

14a. 그러사 그렇게 사탄에게 핍박을 받던 그 여사는 하나님의 특별하신 보호하심과 인도하심 가운데 큰 독수리의 두 날개를 받아 그녀가 있도록 준비된 광야의 그 장소로 날아갔습니다.

14b. 그곳에서 그 여자는 그 사탄의 핍박을 피하여 한 해와 두 해와 반 년 곧 큰 환난의 기간 동안 돌보아주심을 받았습니다.

15. 그러자 그 뱀은 그 여자가 물에 떠내려가게 하려고 그 여자의 뒤에서 강물과 같은 많은 물 곧 엄청난 핍박과 갖은 유혹 및 이단 사설들을 그의 입에서 토해냈습니다.

16. 그런데 바로 그 순간 하나님의 역사로 땅이 그 여자를 도와 자신의 입을 열어 용이 입으로 토해 낸 그 강물을 다 삼켰습니다.

17. 일이 이렇게 되자 그 용은 핍박을 피해 광야로 피신한 그 여자에게 크게 화를 내었습니다. 그리고 그 여자의 남은 자손들과 전쟁을 하려고 돌아갔습니다. 그 여자의 남은 자손들은 하나님의 계명을 지키는 성도들이며 예수의 증거를 가지고 있는 성도들입니다.

(18) 그 용이 그 바다의 모래 위에 서 있었습니다.

| 계시록 13장 |

1a. 그리고 나는 바다에서 한 짐승 곧 적그리스도가 올라오는 것을 보았습니다.
1b. 그 짐승 곧 적그리스도는 각 지역을 통치하는 왕을 상징하는 열 개의 뿔과 온 나라를 통치하는 황제들을 상징하는 일곱 개의 머리를 가지고 있습니다. 그리고 그 짐승의 뿔들 위에는 열 개의 왕관이 있으며 그 짐승의 일곱 개의 머리 위에는 하나님을 모독하는 이름들이 쓰여 있습니다.
2. 내가 본 그 짐승은 표범같이 생겼습니다. 그 짐승의 발은 곰의 발 같고 그 입은 사자의 입같이 생겼습니다. 용 곧 사탄이 그 짐승 곧 적그리스도에게 자신의 능력과 보좌와 큰 권세를 주었습니다.
3. 그 짐승의 머리들 곧 로마의 황제들 가운데 하나가 거의 죽을 정도로 치명적인 타격을 받았습니다. 그러나 그 치명적인 상처를 입었던 그 짐승의 머리는 곧 치료를 받아 낫게 되었습니다. 그러자 그 땅에 있는 사람들 모두가 깜짝 놀라 그 짐승을 따랐습니다.
4. 그 땅에 있는 모든 이들은 용 곧 사탄이 머리가 상하였다가 나은 그 짐승 곧 적그리스도인 황제에게 자기의 권세를 주었기 때문에 사탄과 그 황제을 경배하며 말하였습니다. : 누가 그 황제와 같으랴? 그리고 누가 감히 그 황제와 싸울 수 있겠는가?
5. 그뿐만 아니라 그 짐승에게는 하나님을 심하게 과장하여 모독하는 말을 할 수 있는 입이 주어졌습니다. 그리고 적그리스도인 그 짐승에게는 큰 환난의 기

간인 마흔두 달 동안 제 멋대로 행동할 수 있는 권세도 주어졌습니다.

6. 그 짐승이 그 입을 열어 하나님의 이름과 그분의 장막 곧 하늘에 있는 장막에 사는 이들을 모독하고 희롱했습니다.

7a. 그리고 그 짐승은 권세를 받아 성도들과 싸워 이기게 되었습니다.

7b. 또한 적그리스도인 그 황제는 모든 종족들과 백성들과 언어들과 나라들을 다스리는 권세를 받았습니다.

8. 그래서 천지가 창조될 그때부터 죽임을 당하신 어린 양의 생명책에 그의 이름이 기록되지 못하고 그 땅 위에 살고 있는 사람들은 모두 다 그 황제에게 절하며 섬기게 될 것입니다.

9. 누구든지 들을 귀가 있는 사람은 다 들으라!

10. 이제 붙잡혀 가게 될 사람이면 붙잡혀가게 될 것이며 칼에 의해 살해당할 사람이면 그는 반드시 죽임을 당하게 될 것이다. 그러기에 성도들은 그 엄청난 고난과 시험을 이길 수 있도록 끝까지 참고 견딜 수 있어야 하고 확실한 믿음이 있어야 한다.

11a. 그리고 나는 또 땅으로부터 올라오는 다른 짐승인 거짓 선지자를 보았습니다.

11b. 그 짐승은 어린 양처럼 보이게 하는 두 뿔을 가지고 있었습니다. 그러나 그는 용처럼 말하였습니다.

12a. 이 거짓 선지자는 첫 번째 짐승 곧 황제의 모든 권세를 위임받아 행했습니다.

12b. 그 거짓 선지자는 그 땅과 그 땅에 살고 있는 사람들을 모두 그 황제에게 경배하게 했습니다. 그 황제는 그 머리에 죽을 정도의 심한 타격을 받았다가 그 상처가 나은 자입니다.

13. 그 거짓 선지자는 큰 표적을 행하였는데 심지어 하늘에서부터 불이 내려와 땅에 있는 사람들 앞에 떨어지게까지 했습니다.

14a. 그리고 그 거짓 선지자는 그 황제에게서 받은 권세를 이용하여 이상한 기적을 행하며 땅 위에 살고 있는 사람들을 속였습니다.

14b. 그 두 번째 짐승인 거짓 선지자는 그 땅 위에 살고 있는 사람들에게 첫번째 짐승인 그 황제의 형상을 새긴 우상을 만들라고 말합니다. 그 황제는 칼에 의해 큰 타격을 받았으나 다시 살아난 자입니다.

15a. 그리고 그 거짓 선지자는 그가 받은 것을 이용하여 그 황제의 형상을 새긴 우상에게 숨을 불어넣어 그 우상이 말하도록 했습니다.

15b. 그리고 그 우상에게 경배하지 않는 자들은 모두 다 죽임을 당하도록 했습니다.

16. 그 거짓 선지자는 낮은 자나 높은 자나 부자나 가난한 사람이나 자유인들이나 종들에게 반드시 그들의 오른손 위에나 이마 위에 하나의 표를 받도록 했습니다.

17a. 그리고 그 표를 가지지 않은 사람은 그 누구도 사거나 팔거나 할 수 없게 했습니다.

17b. 그것은 짐승의 이름이나 그 짐승의 이름을 풀어서 합한 수입니다.

18. 여기에 지혜가 있어야 합니다. 통찰력을 가지고 그 첫 번째 짐승의 수를 세어보십시오 : 그것은 어떤 한 사람의 이름이 가리키는 숫자를 풀어 계산할 때 합해지는 수입니다. 그 이름을 숫자로 풀어 합한 수는 육백 육십육입니다.

❧ ❧

1a. 그리고 나는 보았습니다. 자, 보세요! 그 어린 양이신 예수님이 영원한 하나님의 성 새 예루살렘이 있는 시온 산 위에 서 있습니다.

1b. 어린 양이신 예수님과 함께 십사만 사천 명이 서 있습니다.

1c. 그들의 이마에는 어린 양이신 예수님의 이름과 그의 아버지의 이름이 새겨져 있습니다.

2. 그리고 나는 하늘에서 나는 많은 물들이 흘러가는 소리와도 같고 하나의 큰 천둥소리와도 같은 소리를 들었습니다. 그런데 내가 들은 그 소리는 하프를 가진 사람들이 연주하는 음악과 같은 소리였습니다.

3. 그들은 하나님의 보좌 앞과 네 생물들과 장로들 앞에서 하나의 새 노래를 부릅니다. 하나님의 구원을 찬양하며 감사하고 또 증거하는 그 새 노래는 그 14만 4천 명 외에는 그 누구도 배울 수 없습니다. 그들은 예수님께서 땅에서 값을 치루고 산 사람들입니다.

4a. 그들은 음행하는 여자와 더불어 더럽히지 않은 자들입니다. : 그들은 순결한 자들입니다.

4b. 그들은 어린 양이신 예수님이 가는 곳은 어디든지 따라갑니다.

4c. 그들은 사람들 가운데에서 값을 주고 산 처음 익은 열매로 하나님과 어린 양이신 예수님께 속한 사람들입니다.

5a. 그들은 그 입으로 전혀 거짓말을 하지 않는 사람들입니다. 그들은 예수 그리스도를 부인하지 않고 진리를 실천하며 사는 사람들입니다.

5b : 또한 그들은 흠이 없는 사람들입니다. 그들은 성령 안에서 구원의 기쁨을 누리며 자신들의 사명을 감당하기 위해 최선을 다합니다. 그들은 낮에 일하지 않고 노는 것이나 즐기는 것을 좋아하지 않는 사람들입니다.

6a. 그리고 나는 공중을 날아가는 또 다른 천사를 보았습니다.

6b. 그 천사는 땅 위에서 살고 있는 사람들과 모든 나라와 종족과 언어와 백성들에게 전해야 할 영원한 복음을 가지고 있습니다.

7. 그 천사가 큰 소리로 말하였습니다. : 당신들은 하나님을 두려워하십시오! 그리고 그분에게 영광을 돌리십시오. 이제 그분이 심판하실 바로 그 시간이 다가왔습니다. 그러므로 하늘과 땅과 바다와 물들의 근원을 만드신 하나님께 경배하십시오.

8. 그 뒤를 이어 또 다른 두 번째 천사가 날아가면서 말하였습니다. : 망하였도다! 망하였도다! 그 큰 성 바벨론이여, 바벨론은 그의 음란한 행위 때문에 하나님께서 내리신 진노의 재앙을 그와 함께 음행한 모든 나라들이 당하게 한 자다.

9. 그리고 또 다른 세 번째 천사가 그 뒤를 따라 날아가면서 큰 소리로 그들에게 말하였습니다. : 만일 누구든지 그 첫 번째 짐승과 그 짐승의 우상에게 절하며 섬기거나 그의 이마 위에나 혹은 그의 오른손위에 그 첫 번째 짐승의 표를 받는다면,

10a. 그도 반드시 하나님의 진노가 담긴 포도주를 마시게 될 것입니다. 그 잔 안에는 하나님의 진노가 완전히 가득 차 있습니다.

10b. 그리고 그들은 거룩한 천사들과 어린 양 앞에서 타오르는 유황불에 의해 고난을 받게 될 것입니다.

11. 그들이 당하는 그 고난의 연기는 세세무궁토록 올라갈 것입니다. 그 첫 번째 짐승과 그 짐승의 우상에게 경배하는 자들은 밤낮으로 쉬지 못합니다. 그리고 누구든지 그 첫 번째 짐승의 이름표를 받는 사람도 역시 밤낮으로 쉬지 못하

게 될 것입니다.

12. 그러므로 성도들에게는 고난을 이길 만한 특별한 인내가 있어야 합니다. 성도들은 언제나 하나님의 계명들과 예수님께 대한 믿음을 지키는 사람들입니다.

13a. 또 나는 하늘에서 나는 한 음성을 들었습니다. : 당신은 기록하십시오. : **복이 있습니다!** 지금부터 주님 안에서 죽는 성도들은!

13b. 성령께서 말씀하십니다. 그렇다. 그들은 그 수고로부터 벗어나 쉬게 될 것이다.

13c. : 왜냐하면 그들이 행한 그 일들이 그들을 보증하기 때문이다.

14a. 또 나는 하늘에서 흰 구름과 그 구름 위에 앉아계신 사람의 아들 같으신 분 곧 예수님을 보았습니다.

14b. 그분의 머리 위에는 황금 면류관이 있고

14c. 또 그분은 손에 예리한 낫을 가지고 계셨습니다.

15. 그때 또 다른 천사 하나가 하늘에 있는 성전으로부터 나와 그 구름 위에 앉아 계신 예수님에게 큰 소리로 외쳤습니다. : 당신의 그 낫을 휘두르십시오. 그리고 곡식들을 거두십시오. 땅에서 추수할 그 곡식들이 다 익어 거둬들일 바로 그 시간이 되었습니다.

16. 그러자 그 구름 위에 앉아 계신 예수님이 그 손에 있던 낫을 땅에 휘둘렀고 그 땅의 곡식들은 추수되었습니다.

17. 또 다른 천사가 하늘에 있는 그 성전으로부터 나왔습니다. 그도 역시 손에 날카로운 낫을 가지고 있습니다.

18. 그리고 다른 천사가 성전에 있는 제단으로부터 나왔습니다. 그 천사는 불을 다스리는 권세를 가지고 있는 천사입니다. 그 천사가 그 날카로운 낫을 가진 천사에게 큰 소리로 말하였습니다. : 당신의 그 날카로운 낫을 휘두르시오. 땅에 있는 포도송이들이 다 익었으니 땅의 포도송이들을 거두어들이시오.

19. 그러자 그 천사가 그의 낫을 땅에 휘둘렀습니다. 그리고 땅의 포도들을 거두어 그것들을 하나님의 진노가 담긴 포도주를 짜는 큰 틀에 던졌습니다.

20. 그리고 그 성 밖에 있던 그 포도주 틀이 밟히게 되었습니다. 그러자 그 포도주 틀에서 서 있는 말들의 몸통에까지 닿을 정도로 많은 피가 흘러나왔고 그 피는 이스라엘 온 땅의 길이인 일천육백 스다디온으로 상징되는 온 세상에 흘러갔습니다.

❧ ❧

1a. 또 나는 하늘에서 일어난 크고 놀라운 또 다른 표적을 보았는데 그 표적은 일곱 천사들이 하나님을 믿지 않는 모든 자들과 하나님을 대적하는 온 세상을 심판하게 될 일곱 가지 재앙이 담긴 대접들을 가지고 있는 모습입니다.

1b. 이 재앙들이 마지막 재앙입니다. 그 재앙들로 하나님의 진노가 다 끝나게 될 것입니다.

2a. 그리고 나는 하나님의 보좌 앞에 있는 유리바다에 심판의 불이 섞여 있는 모습을 보았습니다.

2b. 그 유리 바닷가에 첫 번째 짐승과 그 짐승의 우상과 그 짐승의 이름의 수를 이기고 승리한 사람들이 하나님을 찬양하기 위해 하프를 가지고 서 있습니다.

3a. 그들이 하나님의 종인 모세의 노래 곧 어린 양을 찬양하는 노래를 불렀습니다.

3b. : 오! 전능하신 주 하나님, 주님이 하시는 그 일들은 크고 놀라우십니다!

3c. : 모든 나라들의 왕이시여! 주님의 길은 의로우시면서 진실하십니다.

4a. 오, 주여! 누가 주의 이름을 두려워하지 않겠습니까? 또 누가 주님의 이름을 영화롭게 하지 않겠습니까? 오직 주님만 홀로 거룩하십니다.

4b. 이제 주님의 그 의로우심이 명백하게 나타났기 때문에 모든 나라들이 와서 주님 앞에 예배를 드릴 것입니다.

5a. 이러한 일들이 있은 후에 나는 보았습니다.

5b. 하늘에서 하나님의 언약의 증거물들을 담은 언약 괘가 있어 증거 장막성전

이라고도 불리는 성전이 열렸습니다.

6. 그 성전으로부터 하나님의 마지막 진노를 쏟아내는 일곱 재앙을 시행할 일곱 천사들이 나왔습니다. 그들은 깨끗하게 빛나는 세마포 옷을 입고 있습니다. 그리고 그 가슴에는 황금으로 된 금띠를 띠고 있습니다.

7a. 네 천사 장 가운데 하나가

7b. 세세토록 살아 계신 하나님의 진노가 가득 담긴 황금으로 된 일곱 개의 대접을 그 일곱 천사들에게 각각 하나씩 나누어주었습니다.

8. 그러자 그 성전이 하나님의 영광과 권능을 드러내는 연기로 가득 찼습니다. 이제부터 그 누구도 그 일곱 천사들에 의해 시행되는 그 일곱 가지 재앙이 완전히 끝날 때까지는 그 성전에 들어갈 수가 없습니다.

| 계시록 16장 |

1. 그때 나는 성전에 있는 보좌에서 그 일곱 천사에게 말하는 큰 음성을 들었습니다. : 너희는 가라 그리고 하나님의 진노가 가득 담긴 그 일곱 대접을 그 땅 위에 쏟으라.

2a. 그 천사들 가운데 첫째 천사가 나아가 그가 가진 대접을 땅 위에 쏟았습니다.

2b. : 그러자 오른손이나 이마에 첫 번째 짐승의 표를 받은 사람들과 그 짐승의 형상을 본떠 만든 우상에게 절하며 섬기던 사람들에게 고칠 수 없는 아주 고약한 악성 종기가 생겼습니다.

3. 두 번째 천사가 그의 대접을 바다 위에 쏟았습니다. : 그러자 바다는 죽은 사람의 피같이 되었고 그 바다 안에 있던 모든 생물들이 죽었습니다.

4. 이어서 세 번째 천사가 그가 가진 대접을 강 위에와 물의 근원이 되는 샘들에 쏟았습니다. 그러자 그 물들은 피가 되었습니다.

5. 그때 나는 그 물들의 관리를 책임진 천사가 말하는 것을 들었습니다. : 전에도 계셨고 지금도 계신 하나님, 이렇게 심판하시는 주님은 의로우십니다.

6. 왜냐하면 그들이 성도들과 예언자들의 피를 흐르게 했기 때문입니다. 그러므로 그들에게 피를 마시게 하는 것은 당연한 일입니다.

7. 그리고 나는 순교자들의 영혼이 모여 있던 바로 그 제단에서 나오는 음성을 들었습니다. : 그렇습니다. 전능하신 주 하나님! 주님의 심판은 진실하시고 옳으십니다.

8. 네 번째 천사가 그가 가진 대접을 해위에 쏟았습니다. : 그러자 해가 권세를 받아 불로 사람들을 태웠습니다.

9. 그때 그 짐승을 경배하던 사람들이 엄청나게 뜨거운 불로 태워졌습니다. 그러자 사람들은 이러한 재앙들을 행할 권세를 가지신 하나님의 이름을 모독하면서 그들의 죄를 회개하기는커녕 하나님께 영광을 돌리는 것조차 거절하였습니다.

10a. 이어서 다섯 번째 천사가 지기가 가지고 있던 대접을 첫 번째 짐승(적그리스도)의 보좌 위에 쏟았습니다. : 그러자 그 첫 번째 짐승이 다스리던 나라가 어두워졌습니다.

10b. 사람들은 그 고통 때문에 아파서 자기들의 혀를 깨물었습니다.

11. 그들은 그 고통과 악성 종기들 때문에 하늘에 계신 하나님을 모독했습니다. 그들은 자기들이 행한 그 악한 일들은 전혀 회개하지 않았습니다.

12. 이어서 여섯 번째 천사가 대접을 그 큰 강 유브라데 위에 쏟았습니다. : 그러자 강물이 말라 동쪽 방향 곧 해가 떠오르는 곳으로부터 오는 왕들의 길이 준비되었습니다.

13. 또 나는 사탄인 그 용의 입에서와 적그리스도인 첫 번째 짐승의 입에서와 두 번째 짐승인 거짓 선지자의 입에서 개구리같이 더러운 세 영이 나오는 것을 보았습니다. :

14. 그것들은 이적을 행하는 능력을 가진 사탄의 악한 영들입니다. 그것들은 전능하신 하나님이 심판하러 오실 그 큰 날에 하나님을 대적하여 싸우기 위해 온 땅에 있는 왕들에게로 가서 그들을 모았습니다.

15. 자, 보라! 내가 도적같이 오리라! **복이 있도다!** 누구든지 깨어 있어 자기 옷을 잘 지켜 벌거벗고 다니지 아니하며 자기의 부끄러움을 보이지 않는 사람은!

16. 그리고 그 세 부류의 악령들은 그들에게 미혹된 왕들을 히브리말로 아마겟돈이라 불리는 장소로 모았습니다.

17. 일곱 번째 천사가 그가 가진 대접을 사탄이 권세를 잡은 영역을 상징하는 공중에 쏟았습니다. : 그러자 그 성전에 있는 보좌에서 큰 음성이 나면서 말씀하셨습니다. : **되었다**

18. 그러자 공중에서는 번개와 음성들과 천둥소리가 있고 땅 위에서는 사람들이 그 땅 위에 살아온 이후로 단 한 번도 경험하지 못한 매우 큰 지진이 일어났습니다.

19. 그러면서 그 큰 성(로마)이 세 조각으로 나누어졌고 모든 나라의 도시들은 다 망해버렸습니다. 그리고 하나님께서 기억하고 계셨던 그 큰 성 곧 하나님을 떠나버린 종교와 문화와 문명으로 가득 차 있던 바벨론(로마)에게 하나님의 진노가 가득히 담긴 그 포도주 잔이 주어졌습니다.

20. 그 순간 모든 섬들이 사라졌으며 산들도 찾아볼 수가 없었습니다.

21. 이어서 한 달란트 무게의 큰 우박이 하늘에서부터 사람들에게 쏟아졌습니다. 그러자 사람들은 그 우박의 재앙이 그들이 감당하기에는 너무 크고 또 그 재앙으로 인한 고통을 견디기가 너무 힘들었기 때문에 하나님을 비방하고 욕하였습니다.

| 계시록 17장 |

❦ ❦

1. 그 후에 그 일곱 대접을 가지고 있는 일곱 천사들 가운데 하나가 나에게 와서 이렇게 말하였습니다. : 이리 오시오, 내가 당신에게 많은 물들(온 땅에 있는 백성들과 무리들과 많은 나라들과 언어들) 위에 앉아 있는 그 큰 음녀(땅의 왕들을 다스리는 큰 성 곧 바벨론으로 불리는 로마)에 대한 심판을 보여드리겠소.

2a. 땅의 왕들은 그 여자와 함께 우상을 섬기며 음란한 행동을 하였습니다.

2b. 땅에 사는 자들도 그녀의 음행으로 인한 포도주(우상숭배와 거짓된 진리와 쾌락)에 취해버렸습니다.

3a. 그리고 곧 그 천사는 성령에 감동된 나를 이끌고 광야로 갔습니다.

3b. 그곳에서 나는 그 음란한 여자가 하나님을 대적하는 권력자들과 나라들을 상징하는 붉은빛 짐승 위에 타고 있는 것을 보았습니다. 그 짐승의 온 몸에는 하나님을 모독하는 이름들이 가득하였으며 그 짐승은 일곱 개의 머리와 열 개의 뿔을 가지고 있습니다.

4a. 그 여자는 자줏빛과 붉은빛의 옷을 입고 있었으며 황금과 보석들과 진주들로 치장하고 있었습니다.

4b. 그 여자의 손에는 금으로 된 잔이 있었는데 그 안에는 우산 숭배에 쓰이는 가증한 물건들과 그녀의 우상숭배와 음란한 행위들로 더러워진 것들이 가득 차 있었습니다.

5. 그리고 그 음녀의 이마에는 한 이름이 쓰여 있는데 공개적으로 말할 수 없는 비밀입니다. : **큰 바벨론, 땅의 음녀들과 가증한 것들의 어미.**

6. 그리고 나는 그 음녀가 성도들을 핍박하고 죽일 때 성도들이 흘린 피와 예수님의 증인들에게 폭력을 행사할 때 그 증인들이 흘린 피에 흠뻑 젖어 있는 것을 보았습니다. 그래서 나는 그 여자를 보고 크게 놀라면서 매우 이상하게 생각했습니다.

7. 그러자 그 천사가 나에게 말하였습니다. : 왜 놀라십니까? 내가 당신에게 **그 여자의 비밀**을 알려주겠습니다. 그리고 일곱 개의 머리와 열 개의 뿔을 가지고 그 여자를 태우고 있는 **그 짐승의 비밀**도 설명해주겠습니다.

8. 당신이 보았던 그 짐승(적그리스도 혹은 그의 나라)은 지금은 없지만 장차 무저갱에서 나올 자입니다. 그리고 멸망을 당하게 될 자입니다. : 세상이 창조될 때부터 생명책에 그 이름이 기록되어 있지 않은 사람들 곧 그 땅에 살고 있는 사람들은 과거에 있었으나 지금은 없고 이제 곧 나타나게 될 그 짐승을 보고 많이 놀라게 될 것입니다.

9. 이것을 해석하려면 지혜가 있어야 합니다. 그 일곱 개의 머리는 그 성에 있는 일곱 개의 산이며 또 그 나라 전체를 계속해서 다스리는 일곱 명의 황제들입니다. 그 여자는 그 일곱 명의 황제들 위에 앉아 있습니다. 그 일곱 명의 황제들 가운데 :

10. 다섯은 이미 망하였고 하나는 지금 있으며 또 다른 하나는 아직 오지 않았습니다. 그가 오게 되면 그는 아주 잠깐 동안 머무르게 될 것입니다.

11. 전에는 있었으니 지금은 없는 그 짐승은 여덟 번째 황제이지만 일곱 중에 속해 있던 자입니다. 그도 장차 멸망당할 자입니다.

12. 당신이 본 그 열 뿔은 그 짐승의 나라에 속한 각 지역을 나누어 다스리는 열 명의 왕입니다. 그들은 아직 그들이 다스릴 왕국을 받지 못했습니다. 그러나 다스릴 나라를 받게 되면 그들도 그 짐승과 함께 짧은 시간이나마 왕이 되어 그 지역에 있는 나라를 통치하게 될 것입니다.

13. 그때가 되면 그들은 하나님을 대적할 같은 생각을 가지고 그들의 능력과

권세를 적그리스도인 그 짐승에게 넘겨줄 것입니다.

14. 그들은 어린 양이신 예수님을 대항하여 싸움을 일으킬 것입니다. 그러나 그 어린 양이신 예수님이 그들을 이기실 것입니다. 왜냐하면 예수님은 주님이라고 불리는 모든 자들의 주님이시며 모든 왕들의 왕이시기 때문입니다. 그리고 항상 그분을 따르며 그분과 함께 있는 부르심을 받고 택하심을 받은 신실한 믿음이 있는 사람들도 이기게 될 것입니다.

15. 또 그 천사가 나에게 말했습니다. : 당신이 본 그 음녀가 앉아 있는 많은 물들은 온 땅에 있는 백성들과 무리들과 많은 나라들과 언어들입니다.

16. 당신이 보았던 그 열 뿔과 짐승은 그 음녀를 미워하여 그 음녀를 아주 망하게 할 것입니다. 그들은 그 음녀를 벌거벗겨 죽이고 그 여자가 가지고 있던 모든 것들을 약탈할 것이며 그 여자를 불로 다 태워 버릴 것입니다. :

17. 하나님께서는 하나님의 뜻이 온전히 성취되도록 그 왕들에게 그렇게 할 생각을 그들의 마음속에 심어주었습니다. 그래서 그 왕들은 한 마음으로 그들의 왕국을 그 짐승 곧 적그리스도인 황제에게 준 것입니다.

18. 그리고 당신이 보았던 그 여자는 그 땅의 왕들을 다스리는 통치권을 가진 인본주의와 악령들로 가득한 우상숭배의 도시인 큰 성 로마입니다.

❧ ❧

1. **이러한 일들이 있은 후에** 나는 또 다른 천사가 큰 권세를 가지고 하늘에서 내려오는 것을 보았습니다. 그 천사가 나타내는 하나님의 영광으로 땅이 환하여졌습니다.

2a. 그가 크고 강한 목소리로 외치며 말하였습니다. : 무너졌도다. 무너졌도다! 큰 성 바벨론이여!

2b. 바벨론(로마)은 귀신들의 소굴과 더러운 모든 영들의 처소가 되었도다. 그리고 더럽고 흉측한 모든 새들의 처소가 되었도다.

3a. 또한 우상을 섬기는 그 행위들로 인해 하나님이 내리시는 진노로 말미암아 세상 모든 나라들이 다 무너졌다. 그 땅을 다스리던 왕들은 그 음녀와 함께 음행을 하였으며

3b. 그 땅의 상인들은 바벨론(로마)에 살면서 지나치게 사치하는 사람들 때문에 부자가 되었다.

4. **그리고 나는 또 하늘에서 이렇게 말씀하시는 다른 음성을 들었습니다. : 나의 백성들아, 바벨론(로마)으로부터 나와라! 너희들은 바벨론(로마)이 짓는 죄에 동참하지 말라. 그리고 너희들은 그가 받을 재앙들을 받지 않도록 하라!**

5. : 바벨론이 쌓은 죄는 하늘에까지 닿았고 바벨론의 못된 행실들을 하나님께서 기억하신다.

6. 그러므로 참으로 바벨론이 지은 죄만큼 그에게 돌려주라! 그리고 그가 한 못된 행위들은 갑절로 갚아주라. : 바벨론이 여러 가지를 섞어 만든 그 잔에도 가

득하고도 충분하도록 갑절로 섞어서 그에게 주라!

7. 바벨론이 자기 스스로를 영화롭게 하고 지나치게 사치했던 그만큼 그에게 고통과 슬픔으로 돌려주어라. 그 음녀는 스스로 마음속에 나는 여왕으로 앉아 있고 과부가 아니기 때문에 절대로 슬픈 일을 당하지 않는다고 말하고 있다.

8. 그러므로 하루 동안에 갑자기 바벨론에게 죽음과 슬픔과 기근의 재앙들이 닥치게 될 것입니다. 그리고 바벨론은 불로 완전히 태워지게 될 것입니다. : 바벨론(로마)을 심판하시는 주 하나님은 그와 같은 능력과 권세를 가지신 강하신 분이십니다.

9. 바벨론과 함께 음행하고 사치하던 그 땅의 왕들은 그 바벨론이 불탈 때 나오는 연기를 보고 많은 눈물을 흘리며 가슴을 치며 애통하게 될 것입니다.

10. 그 왕들은 바벨론이 당하는 재앙을 보면서 생긴 두려움 때문에 멀리 서서 이렇게 말합니다. : 큰 재앙이로다, 감당할 수 없는 재난이로다! 그 큰 도시, 강한 성 바벨론이여! 순식간에 너에 대한 심판이 찾아왔도다.

11. 그런데 그 땅의 상인들이 바벨론(로마)이 당한 재난에 대한 슬픔으로 많은 눈물을 흘리는 진짜 이유는 이제 더 이상 그들의 상품을 사 줄 사람들이 없어졌기 때문입니다.

12. 그 상품들은 황금으로 된 것과 은으로 된 것과 값진 보석들과 진주들입니다. 또한 좋은 세마포와 자주색 옷감과 비단과 자줏빛이 나는 옷감들입니다. 그리고 향이 나는 모든 나무들과 각종 상아로 된 그릇들과 매우 값진 나무로 만든 갖가지 종류의 그릇들과 구리와 철과 대리석으로 만든 그릇들입니다.

13. 그리고 계피와 향료와 향과 향유와 유향과 포도주와 올리브기름과 고운 밀가루와 밀입니다. 그리고 짐을 싣고 다니는 짐승들과 양과 말과 짐을 나르는 것들과 종들과 사람들의 영혼들입니다.

14. 바벨론아! 너의 영혼이 탐내던 그 과일들이 네게서 사라졌다. 또한 맛있는 것들과 찬란함으로 너를 그렇게 빛나게 하던 모든 것들이 네게서 사라졌다. 사

람들은 이제 더 이상 네게서 그것들을 발견할 수 없게 될 것이다.

15. 이러한 모든 상품들 때문에 바벨론(로마)에 의해 부자가 되었던 상인들은 그가 당하는 재앙을 보고 두려워서 멀리 서서 많은 눈물을 흘리며 슬퍼하고 있습니다.

16. 그들은 말합니다. : 큰 재앙이다, 감당할 수 없는 재난이다! 좋은 세마포 옷과 자주색 옷과 붉은 옷을 입고 황금과 값진 보석과 진주로 치장을 한 그 큰 성이여!

17a. 그렇게 엄청난 부가 한순간에 망하였구나!

17b. 모든 선장들과 배를 타고 여러 곳을 다니는 사람들과 선원들 그리고 바다에서 일을 하는 사람들이 멀리 서서

18. 그 성이 불에 타면서 올라오는 그 연기를 보면서 크게 외치며 말하였습니다. : 무엇이 저 큰 성 바벨론과 같이 저렇게 크겠는가?

19. 그러면서 그들은 그들 자신의 머리 위에 티끌을 뿌렸습니다. 그리고 애통함으로 많은 눈물을 흘리면서 크게 외치며 말하였습니다. : 화가 닥쳤다. 재앙이로다! 큰 성 바벨론이여! 바다에서 배를 가지고 있으면서 너에게 비싼 상품들을 팔아 부자가 되었는데 이제 우리들도 모두 한순간에 다 망하였도다!

20. 그러나 하늘과 성도들과 사도들과 예언자들이여, 당신들은 기뻐하십시오! 하나님께서 당신들을 위하여 그 못된 바벨론을 심판하셨습니다.

21. 그때 한 힘센 천사가 큰 맷돌 같은 돌 하나를 들어 바다에 던지며 말했습니다. : 큰 성 바벨론이 이렇게 비참하게 던져질 것이니 이후에는 절대로 더 이상 보이지 않게 될 것이다.

22. 그리고 하프를 타는 사람들의 소리와 음악 하는 사람들의 소리와 플루트를 부는 자들의 소리와 트럼펫을 부는 자들의 소리가 이제 다시는 네게서 전혀 들리지 않게 될 것이다. 또한 모든 세공업자들의 세공하는 모습도 전혀 보이지 않게 될 것이며 밀을 가는 소리도 앞으로는 결코 다시 들리지 않을 것이다.

23a. 이제 다시는 등잔 빛이 전혀 네게 비치지 않을 것이며 신부나 신랑의 소리도 너에게서는 전혀 들리지 않게 될 것이다.

23b : 너에게 물건을 팔던 상인들은 그 땅에서 권세를 잡은 자들이었으며

23c. 또 너는 점치는 마술과 우상 숭배로 모든 나라들이 바른 길을 떠나게 했으며

24. 그 바벨론(로마) 성안에서는 예언자들과 성도들과 그 땅에서 죽임을 당한 모든 이들의 피가 발견되었다.

| 계시록 19장 |

❧ ❧

1. **이러한 일들이 있은 후에** 많은 무리들이 큰 소리로 찬양하는 것을 들었습니다 : **할렐루야** : 구원과 영광과 권능이 우리 하나님께 있습니다.

2. 주님의 심판은 참되고 의로우십니다. : 주님은 음행으로 땅을 더럽힌 큰 음녀를 심판하셨고 그 음녀의 손으로 흘린 그의 종들의 피에 대해 갚으셨습니다.

3. 그리고 두 번째로 그들은 말하였습니다. : **할렐루야!** : 그때 그 음녀가 불에 타면서 나오는 그 연기가 세세토록 올라갔습니다.

4. 이십사 장로들과 네 생물들이 바닥에 엎드렸습니다. 그리고 그 보좌에 앉아 계신 분께 경배를 드리며 말하였습니다. : 아멘, **할렐루야!**

5. 그때 그 보좌로부터 한 목소리가 나오면서 말하였습니다. : 너희들은 우리들의 하나님께 찬양하여라. 작은 자들이나 큰 자들이나 그분을 경외하는 주님의 모든 종들아!

6a. 그리고 나는 많은 무리들의 소리와도 같고 많은 물소리와도 같으며 강한 천둥소리와도 같이 말하는 한 음성을 들었습니다. :

6b. **할렐루야**, 이제 우리들의 주님이신 전능하신 하나님께서 통치하시도다!

7a. 우리 모두 함께 즐거워하며 크게 기뻐하며 하나님께 영광을 돌립시다.

7b. 어린 양이 결혼할 때가 왔고

7c. 그분의 신부도 자기 자신을 준비했습니다.

8a. 그 신부에게 결혼식 때 입을 깨끗하고 밝게 빛나는 좋은 세마포로 만든 옷이 주어졌습니다.

8b. 그 세마포 옷은 성도답게 순결하고 바르게 살았음을 증명합니다.

9a. 그 천사가 나에게 말씀하였습니다. 기록하시오. **복이 있습니다.** 어린 양의 혼인 잔치에 청함을 받은 사람들은!

9b. 그리고 그 천사가 나에게 말씀하였습니다. : 이 말씀들은 하나님께서 주신 진실한 말씀들입니다.

10. 그래서 나는 그 천사에게 경배하기 위하여 그의 발 앞에 엎드렸습니다. 그러자 그 천사가 나에게 이렇게 말하였습니다. : 그렇게 하지 마시오. : 나는 당신이나 예수님을 증언하는 당신의 형제들과 같은 종입니다. : 당신은 오직 하나님께만 경배하십시오. 예수님을 증언하는 것은 예언의 영께서 하시는 일입니다.

11. 그리고 나는 다시 하늘이 열려 있는 것을 보았습니다. 자, 보십시오. 흰 말과 그 말을 타고 계시는 충성되시고 참된 진리이시며 구세주이신 예수님을! 이제 재림하실 예수님은 의로 심판하시며 싸우시는 분입니다.

12a. 흰 말을 타고 계시는 예수님의 눈은 활활 타오르는 불꽃같습니다. 그리고 그분의 머리 위에는 많은 면류관들이 있습니다.

12b. 그리고 예수님에게 쓰인 이름이 또 하나 있는데 그 이름은 예수님 자신만 아는 이름입니다.

13a. 예수님은 심판하실 때 원수들이 흘린 피가 뿌려져 있는 옷을 입고 계셨습니다.

13b. 그 이름은 **하나님의 말씀**입니다.

14. 하늘의 군대들이 흰 말을 타고 예수님을 따랐습니다. 그들은 희고 깨끗한 세마포 옷을 입고 있습니다.

15a. 예수님의 입에서는 모든 나라들을 심판하실 날카로운 검과 같은 말씀이 나왔습니다.

15b. : 이제 예수님은 친히 쇠몽둥이로 그들을 다스리실 것입니다.

15c. 또 예수님은 전능하신 하나님의 진노가 가득히 담긴 포도주를 짜기 위해 친히 그 포도주 틀을 밟으실 것입니다.

16. 그리고 예수님이 입고 있는 그 옷과 그 분의 다리에는 하나의 이름이 쓰여 있습니다. : **모든 왕들의 왕, 주님이라고 불리는 모든 자들의 주님!**

17. 그리고 나는 한 천사가 태양 안에 서 있는 것을 보았습니다. 그는 공중에 날아다니는 모든 새들에게 큰 소리로 외치며 말하였습니다. : 이리로 오라, 하나님의 큰 잔치에 모여라!

18. 와서 왕들의 살과 장군들의 살과 강한 자들의 살과 말들의 살과 그것들 위에 앉아 있는 자들의 살과 모든 자유인들과 종들과 작은 자들이나 큰 자들의 살을 먹어라.

19. 그리고 나는 적그리스도인 그 짐승과 그 짐승이 통치하는 땅의 각 지역을 다스리는 왕들과 그들의 군대들이 모여 말 위에 타고 계신 예수님과 그분의 군대들과 전쟁을 하는 것을 보았습니다.

20. **그 전쟁 중에 그 전쟁을 일으킨 첫째 짐승과 첫째 짐승 앞에서 표적을 행하던 그 거짓 선지자가 함께 붙잡혔습니다. 그 거짓 선지자는 첫째 짐승의 표를 받은 사람들과 그 짐승의 우상에게 경배하던 사람들을 표적을 보이며 속이던 자입니다. : 그둘은 살아 있는 상태로 유황이 타는 불 못에 던져졌습니다.**

21. 그 남은 자들은 말 위에 앉아 계신 주님의 입에서 나오는 말씀의 검으로 죽임을 당하였습니다. 모든 새들은 그들의 살로 배부르게 먹었습니다.

❧ ❧

1. 또 나는 한 천사가 하늘에서 내려오는 것을 보았습니다. 그 천사는 손에 무저갱의 열쇠와 큰 쇠사슬을 가지고 있습니다.

2. 그 천사는 옛 뱀이요 마귀이며 사탄인 그 용을 붙잡아 일천 년 동안 결박하였습니다.

3a. 그리고 그 천사는 그 마귀를 무저갱에 던져 넣고 그 무저갱의 문을 닫고 작정된 천 년이 완전히 끝나기 전에는 그 마귀가 더 이상 세상 모든 나라들을 속이는 활동을 하지 못하도록 무저갱의 입구를 봉인하였습니다. :

3b. **이러한 일들이 있은 후에** 사탄은 아주 잠깐 동안 풀려날 것입니다.

4a. 또 나는 보좌들을 보았습니다. 거기에는 심판하는 권세를 받은 자들이 앉아 있었습니다.

4b. 그들은 예수님이 주님이심을 증언한 것과 하나님의 말씀을 대언한 것 때문에 목 베임을 당한 자들의 영혼들입니다.

4c. 그리고 첫째 짐승과 그것의 형상을 새긴 우상에게 경배하지 아니한 자들과 그들의 이마 위에나 오른손 위에 짐승의 표를 받지 아니한 자들입니다. : 그들은 **다시 살아나서** 그리스도와 함께 그 천 년 동안 다스릴 것입니다.

5. 그들 외에 나머지 죽은 사람들은 그 천 년이 완전히 끝나기 전까지 다시 살아나지 못합니다. 이것이 **첫째 부활**입니다.

6. **복이 있습니다.** 거룩합니다. 이 첫째 부활에 참여하는 사람들은! : 두 번째 죽음이 그들을 다스리는 권세가 없습니다. **오히려 그들은 하나님과 그리스도의 제사**

장들이 되어 주님과 함께 그 천 년 동안 왕으로 살게 될 것입니다.

7. 그 천 년이 지났을 때 사탄은 그가 있던 무저갱에서 풀려나게 될 것입니다.

8. 그리고 사탄은 곡과 마곡 곧 그 땅의 사방에 있는 모든 나라들에 가서 사람들을 속여 마지막 전쟁을 위해 그들을 모을 것입니다. 그들의 숫자는 바다의 모래와 같습니다.

9. 그들은 온 땅에 널리 퍼져 가서 성도들이 모여 있는 공동체가 있는 곳과 하나님께 사랑받고 있는 그 성을 둘러쌌습니다. 그러자 하늘에서 불이 내려와 그들을 태워버렸습니다.

10. 그리고 그들을 속이는 마귀는 유황불이 타오르는 못에 던져졌습니다. 그곳에는 그 짐승과 그 거짓 선지자가 이미 던져져 있습니다. 그곳에서 그들은 밤낮 세세무궁토록 영원히 고통을 당하게 될 것입니다.

11. 그 후에 나는 크고 흰 보좌와 그 보좌 위에 앉으신 하나님을 보았습니다. 그 땅과 하늘은 하나님 앞에서 사라졌습니다! 그리고 그것들이 있는 어느 장소도 발견되지 않았습니다.

12. 그리고 나는 그때까지 살아 있던 큰 자들과 작은 자들과 또 죽었다가 두 번째 부활 때 변화된 몸으로 다시 살아난 모든 자들이 하나님이 계시는 그 보좌 앞에 서 있는 것을 보았습니다. : 그 보좌 앞에는 책들이 펴 있고 다른 책들도 펴져 있는데 그것은 생명책입니다. : 죽은 자들은 그 책들에 쓰여 있는 그들의 행위대로 각각 심판을 받았습니다.

13. 바다도 그 안에 있는 죽은 자들을 내어놓았습니다. 그리고 하나님을 대적하고 예수님을 영접하지 않고 죽은 자들의 영혼이 가 있던 음부(하데스)도 그 안에 있던 죽은 자들을 내어놓았습니다. 그들도 역시 그들이 행한 그 행위대로 각각 심판을 받았습니다.

14. 죽음과 음부도 그 불 못에 던져졌습니다. 이것이 두 번째 죽음인 불 못입니다.

15. 그리고 그 누구라도 생명책에서 그 이름이 발견되지 않는 사람은 반드시 그 불 못에 던져졌습니다.

❧ ❦

1. 그리고 나는 지금 우리가 살고 있는 이 하늘과 이 땅과는 완전히 다른 새 하늘과 새 땅을 보았습니다. 처음 하늘과 처음 땅은 완전히 사라졌습니다. 그리고 바다도 더 이상 있지 않습니다.

2. 나는 거룩한 성 새 예루살렘이 하나님께로부터 하늘에서 내려오는 것을 보았습니다. 그 모습은 마치 신부가 그녀의 남편을 위해 곱게 단장을 한 모습과 같았습니다.

3. 그리고 나는 보좌에서 나는 큰 음성을 들었습니다. : 보십시오, 하나님의 장막이 사람들과 함께 있습니다. 그들은 하나님의 백성이 되고 하나님께서 친히 그들과 함께 하실 것입니다.

4. 하나님께서 그들의 눈에서 흐르는 모든 눈물들을 닦아주실 것입니다. 이제 죽음이 더 이상 없을 것입니다. 슬픔이나 애통하는 것이나 고통도 더 이상 없을 것입니다. : 왜냐하면 그 처음에 있던 것들이 다 사라졌기 때문입니다.

5. 그 보좌 위에 앉아 계신 하나님께서 말씀하셨습니다. : 보라 내가 모든 것들을 새롭게 한다. 그분이 또 말씀하셨습니다. : 너는 신실하고 진실한 이 말씀들을 기록하라!

6. 그리고 하나님께서 또 나에게 말씀하셨습니다. : **다 되었다.** 나는 알파요 오메가이며 시작이고 끝이다. 나는 목마른 자에게 생명수인 샘물을 값없이 주리라!

7. 이기는 자는 이것들을 차지하게 되리라. 나는 그에게 하나님이 되고 그는 내 자녀가 되리라.

8. 그러나 짐승이 두려워 벌벌 떠는 겁쟁이들과 믿지 않는 자들과 불법을 저지르는 자들과 살인자들과 음란한 짓을 하는 자들과 점치는 자들과 우상을 섬기는 자들과 모든 거짓말을 하는 자들은 불과 유황이 타는 그 불 못에 있게 되리라. **그것이 두 번째 죽음이다.**

9. 그리고 일곱 가지의 마지막 재앙들이 가득 담긴 그 대접들을 가지고 있던 일곱 천사들 가운데 하나가 나에게 와서 이렇게 말하였습니다. : 오시오. 내가 당신에게 어린 양의 아내인 신부를 보여주겠소.

10. 그때 그는 성령에 감동된 나를 크고 높은 산으로 데려갔습니다. 그리고 나에게 하나님께로부터 하늘에서 내려오는 그 거룩한 성 새 예루살렘을 보여주었습니다.

11. 그 성에는 하나님의 영광이 있습니다. : 그 영광의 빛은 수정처럼 맑고 벽옥같이 매우 값진 보석의 빛과 같았습니다.

12a. 그 성에는 크고 높은 성벽이 있으며

12b. 그 성에는 열두 개의 문이 있고 그 문들에는 열두 명의 천사가 있습니다. 그리고 그 문들 위에는 이스라엘 자손들인 열두 지파의 이름들이 새겨져 있습니다.

13. 그 성에는 동쪽에 세 개의 문과 북쪽에 세 개의 문 그리고 남쪽에 세 개의 문과 서쪽에 세 개의 문이 있습니다.

14. 그 성을 둘러싸고 있는 성벽에는 열두 개의 기초석이 있습니다. 그리고 그 기초석 위에는 어린 양의 열두 사도들의 이름이 있습니다.

15. 나에게 말을 하던 그 천사는 그 성의 문들과 성벽들을 측량하려고 황금으로 된 갈대 자를 가지고 있었습니다.

16. 그 성은 네모반듯하여 길이와 너비가 같습니다. 그리고 그 천사가 그 성의 길이를 자로 재었더니 일만 이천 스다디온입니다. : 그 성은 길이와 너비와 높이가 같습니다.

17a. 그 천사가 그 성벽을 측량하였더니 일백사십사 규빗입니다.

17b. 그 길이는 사람의 기준에 맞추어 천사가 잰 것입니다.

18. 그 성의 성벽은 벽옥으로 만들어졌으며 그 성은 깨끗한 유리 같은 순수한 정금으로 되어 있습니다.

19. 그 성의 성벽의 기초석들은 모두 값진 보석들로 꾸며져 있습니다. 첫 번째 기초석은 벽옥입니다. 두 번째는 사파이어이고 세 번째는 옥수이며 네 번째는 에메랄드입니다.

20. 다섯 번째는 홍마노요 여섯 번째는 홍보석이요 일곱 번째는 황옥이요 여덟 번째는 녹옥입니다. 아홉 번째는 담황옥이요 열 번째는 비취옥이요 열한 번째는 청옥이요 열두 번째는 자수정입니다.

21. 그리고 그 성의 열두 문은 열두 개의 진주로 되어 있습니다. : 그 문들은 각각 하나의 진주로 되어 있습니다. 그리고 그 성의 길거리는 맑은 유리같이 깨끗하고 순수한 정금으로 되어 있습니다.

22. 나는 그 성안에서 성전을 보지 못하였습니다. : 그 이유는 전능하신 주 하나님께서 그 성의 성전이시고 그분의 어린 양이 성전이시기 때문입니다.

23. 그 성에는 그 성을 비추기 위한 해나 달이 필요 없습니다. : 왜냐하면 하나님의 영광이 그 성을 비추기 때문입니다. 그리고 어린 양이신 예수님이 그 성의 등불이기 때문입니다.

24. 세상의 모든 나라들은 그 성에서 나오는 그 빛 가운데 다니게 될 것이며 그 땅의 왕들은 그들의 영광을 가지고 그 성으로 들어갈 것입니다.

25. 그 성에는 밤이 없기 때문에 그 성문들은 항상 열려 있을 것입니다. :

26. 그리고 사람들은 모든 나라들의 영광과 존귀함을 가지고 그 성으로 들어갈 것입니다.

27. 그러나 모든 더러운 것들과 부끄럽고 가증한 짓을 하는 자들과 거짓말 하는 자들은 결코 그리로 들어가지 못할 것입니다. 오직 어린 양의 생명책에 그 이름이 쓰여 있는 사람들만 그 성으로 들어갈 것입니다.

✦✦

1. 그리고 그는 나에게 수정처럼 투명하게 빛나는 생명수가 흐르는 강을 보여주었습니다. 그 생명수 물은 하나님과 어린 양의 보좌로부터 나왔습니다.

2a. 생명수가 흐르는 그 강은 그 성에 있는 길 한 가운데로 흐르고 있었습니다.

2b. 그 강의 좌우편에는 1년에 열두 번 열매들이 열리는 생명나무가 있어 매달 열매를 맺습니다. 그 나무의 잎들은 모든 나라들을 치료하기 위해 있습니다.

3a. 이제는 더 이상 어떤 저주도 없습니다.

3b. 그 새 예루살렘 성의 중앙에는 하나님과 어린 양의 보좌가 있어 주님의 종들이 주님을 섬길 것입니다.

4. 그리고 그들은 주님의 얼굴을 볼 것입니다. 그들의 이마 위에는 주님의 이름이 있을 것입니다.

5a. 그곳에는 밤이 더 이상 없을 것입니다. 주 하나님께서 그 성안에 사는 그들에게 빛을 비추어주심으로 등불이나 태양 빛도 필요가 없을 것입니다.

5b. 그들은 세세무궁토록 왕이 되어 통치하게 될 것입니다.

6. 그리고 그 천사가 나에게 말했습니다. : 이 말씀들은 신실하고 참된 말씀입니다. 주님, 곧 그분의 예언자들의 영의 하나님께서 그분의 종들에게 이제 곧 신속하게 일어날 일들을 보이시려고 그의 천사들을 보내셨습니다.

7. 보라, 내가 속히 오리라. **복이 있도다!** 이 두루마리에 예언된 그 말씀들을 지키는 그 사람은!

8. 나 요한은 이러한 일들을 보고 들은 사람입니다. 그리고 내가 이 일들을 들

고 보았을 때에

8b. 나는 이러한 일들을 나에게 보여준 그 천사에게 경배하려고 그의 발 앞에 엎드렸습니다.

9. 그러자 그가 나에게 말하였습니다. : 그렇게 하지 마시오. : 나는 당신과 예언자들인 당신의 형제들과 이 두루마리에 있는 말씀들을 지키는 사람들과 같은 종입니다. : 당신은 오직 하나님께만 예배하십시오.

10. 그가 또 나에게 말하였습니다. : 이 두루마리에 있는 예언의 말씀들을 봉인하지 마시오. : 이제 주님이 재림하실 그 시간이 가까이 왔습니다.

11. 이제부터는 불의를 행하는 자들은 그대로 불의를 행하게 놔두시오. 그리고 더러운 행동을 하는 자들은 그대로 더러운 행동을 하도록 놔두시오. 또한 주님이 오실 그때까지 정의를 행하는 자들은 그대로 정의를 행하게 놔두고 거룩한 자들도 그때까지 그대로 거룩하게 놔두시오.

12. 보라, 내가 신속하게 오리라! 나에게 줄 상이 있으니 그들이 행한 그대로 각각 그들에게 갚아 주리라!

13. 나는 알파요 오메가이며 처음이고 마지막이다.

14. **복이 있도다.** 그들의 옷을 예수님의 피에 빠는 사람들은! 그들은 생명나무에 나아갈 수 있는 권리를 얻게 될 것이다. 그리고 그 성문들을 통하여 그 성에 들어갈 수 있는 권세를 얻게 될 것이다.

15. 아주 악한 인격을 가진 도덕적으로 부패하고 사악한 종교적 위선자들인 개들과 마술사들과 음란한 행위를 한 자들과 살인자들과 우상 숭배자들과 거짓말을 좋아하고 또 거짓말을 지어내는 자들은 그 성 밖에 있으리라.

16. 나 예수는 **교회들을 위하여** 나의 천사들을 보내어 이 모든 일들을 너희들에게 증언하게 했다. 나는 다윗의 뿌리이며 자손이요 빛나는 새벽별이다.

17. 성령님과 신부(예수님이 재림하실 때 이루어지는 혼인잔치에 참여하는 주의 종들과 성도들)가 말씀합니다. : 아 말씀을 듣는 사람들은 오시오 : 그리고

목이 마른 사람들과 원하는 사람들도 누구나 다 오십시오! 와서 하나님께서 선물로 주시는 생명수를 값을 치루지 말고 자유롭게 마시십시오.

18. 나는 이 예언의 말씀들을 듣는 모든 이들에게 증언합니다. : 만일 누구든지 이 두루마리에 기록된 말씀들 외에 자기 마음대로 종말에 대한 예언과 계시의 말씀을 더하면 하나님께서 이 두루마리에 기록되어 있는 그 재앙들을 그에게 더하실 것이요 :

19. 또 누구든지 종말에 대한 말씀들이 쓰여 있는 이 두루마리에 있는 예언과 계시의 말씀들을 자기 마음대로 빼면 하나님께서 생명나무와 그 거룩한 성에 그가 참여하지 못하도록 할 것입니다.

20. 이것들을 증언하신 분이 말씀하십니다. 그렇다. 내가 속히 오리라. 아멘, 주 예수여! 오시옵소서.

21. 주 예수님의 은혜가 여러분 모두에게 있기를 바랍니다. (아멘)

| 제3부 |

정통 교회의 신학과 성경에 나타난 구원사의 관점에서

풀어보는 쉽게 배우는 요한계시록 세미나

영원한 복음인 요한계시록을 아십니까?
(예수 재림의 비밀과 실상)

세미나 순서

첫째 시간 : 계시록과 성경
둘째 시간 : 계시록과 역사
셋째 시간 : 계시록의 주제
넷째 시간 : 정통과 이단

다루어지는 주제들

1 – 정통 교회의 신학과 성경에 나타난 구원의 역사에 대한 이해
2 – 창세로부터 신구약 중간시대까지
 – 신구약 중간시대
 – 복음서로부터 계시록까지의 역사
3 – 계시록의 연결된 구조와 요절을 통한 계시록의 주제 이해
4 – 아홉 가지 사건으로 나누어 보는 계시록 전장 강해
 – 이단들의 계시록 해석과 비교하여

읽으면 이해되는
요한계시록

계시록과 성경

정통 교회의 신학과 성경에 나타난 구원의 역사에 대한 이해

1. 복음의 두 가지 성격

1) **은혜의 복음(행20:24)** : 내가 달려갈 길과 주 예수께 받은 사명 곧 하나님의 은혜의 복음을 증언하는 일을 마치려 함에는 나의 생명조차 조금도 귀한 것으로 여기지 아니하노라.(참고, 엡1:13)

2) **영원한 복음(계14:6-7)** : 또 보니 다른 천사가 공중에 날아가는데 땅에 거주하는 자들 곧 모든 민족과 종족과 방언과 백성에게 전할 영원한 복음을 가졌더라 그가 큰 음성으로 이르되 하나님을 두려워하며 그에게 영광을 돌리라 이는 그의 심판의 시간이 이르렀음이니 하늘과 땅과 바다와 물들의 근원을 만드신 이를 경배하라 하더라.

2. 복음에 대한 교단별 기본 이해

1) 감리교, 성결교 – 중생, 성결, 신유, 재림(사중 복음)
2) 순복음 – 중생, 축복, 성령충만, 신유, 재림(오중 복음)
3) 장로교 – 하나님의 영광의 신학(중생 – 성화 – 영화)
4) 기장의 선교신학 – 하나님의 선교(MISSIO DEI)
: 정의 평화 창조질서의 보전(JPIC)

3. 성경과 요한계시록

1) 계시록의 저자와 집필시기
예수님의 제자였던 요한 사도가 A.D. 96년경에 집필

2) 성경에서의 요한계시록의 위치(예언서)
(1) 구약 – 율법서, 역사서, 지혜서(시가서), 예언서
(2) 신약 – 복음서, 역사서, 서신들, 예언서

4. 요한계시록의 특성

계시록은 예수 그리스도를 통해 종말에 이루어질 구원과 심판에 대한 영원한 복음의 완성된 계시를 역사와 상징과 비유와 같은 여러 형식들을 통하여 보여 주는 신약의 예언서이다. 계시록의 가장 큰 주제는 신정론神正論이다.

1) 예수 그리스도의 계시
: 예수 그리스도의 계시라 이는 하나님이 그에게 주사 반드시 속히 일어 날 일들을 그 종들에게 보이시려고 그의 천사를 그 종 요한에게 보내어 알게 하신 것이라(계1:1)
: The revelation of Jesus Christ, which God gave him to show his servants what must soon take place. He made it known by sending his angel to his servant John.

2) 묵시黙示(apocalypse, 종말에 대한 특정한 계시)와 계시啓示(revelations, 구원사)

5. 계시록이 쓰인 시대적 배경

계시록은 견디기 힘든 외적인 핍박과 내적인 이단의 도전 속에 고난 중에 있는 교회와 성도들의 믿음을 견고하게 세우기 위해 교회에 주어진 편지이다

1) 확산되어 가는 로마의 황제숭배 강요와 박해

(1) **1차 박해** : 네로 시대(54-68)에 있었던 로마의 화재와 대대적 박해

(2) **2차 박해** : 도미티안 시대(81-96)의 황제숭배와 함께 로마가 통치하는 전 지역에서의 조직적이고 혹독한 박해

(3) **로마와 소아시아** : 로마는 정치의 중심지이지만 아시아 주에 속한 소아시아는 경제와 문화의 중심지여서 황제 숭배를 위한 신전이 많이 건립됨에 따라 기독교와의 대대적 충돌이 있었으며 콘스탄티누스 황제에 의해 기독교가 공인되는 A.D. 313년까지 계속 박해를 받음.

(4) **시대적 상황에 대한 성경의 증언** : 여자들은 자기의 죽은 자들을 부활로 받아들이기도 하며 또 어떤 이들은 더 좋은 부활을 얻고자 하여 심한 고문을 받되 구차히 풀려나기를 원하지 아니하였으며 또 어떤 이들은 조롱과 채찍질뿐만 아니라 결박과 옥에 갇히는 시련도 받았으며 돌로 치는 것과 톱으로 켜는 것과 시험과 칼로 죽임을 당하고 양과 염소의 가죽을 입고 유리하여 궁핍과 환난과 학대를 받았으니 (이런 사람은 세상이 감당하지 못하느니라) 그들이 광야와 산과 동굴과 토굴에 유리하였느니라(히11:35-38)

2) 교회 안에 나타나는 이단들에 대한 대응이 필요

(1) 니골라당 : 영지주의의 한 분파이며 초대 교회의 대표적인 이단인 니골라당은 성도들은 예수님의 보혈에 의해 이미 죄를 용서받았으므로 육

신에 죄를 더 짓는다고 해도 크게 문제가 되지 않는다고 주장했다. 그들의 거짓된 가르침을 따르는 무리들이 교회 안에도 생겨 우상 숭배와 부도덕한 성적 행위를 정당화하면서 무도덕주의와 쾌락주의가 만연하게 되었다.

(2) 니골라당에 대한 계시록의 증언 : 그러나 네게 두어 가지 책망할 것이 있나니 거기 네게 발람의 교훈을 지키는 자들이 있도다 발람이 발락을 가르쳐 이스라엘 자손 앞에 걸림돌을 놓아 우상의 제물을 먹게 하였고 또 행음하게 하였느니라 이와 같이 네게도 니골라당의 교훈을 지키는 자들이 있도다.(계2:14-15)

6. 계시록 해석이 어려운 이유

1) 비유와 상징이 많다
2) 과거 현재 미래의 사건이 뒤섞여 있다.
3) 오늘날에도 계속되는 사건을 현재 완료 진행형으로 보도하는 경우가 있다.
4) 미래에 반드시 이루어질 일들을 말씀하는 예언적 미래완료의 형태가 있다.

그러므로 계시록은 바르게 해석하고 바르게 적용해야 한다.

7. 성경 해석에 대한 일반적인 다섯 가지 원리

1) 문자적 해석   2) 문학적(성서학, 역사, 상황, 저자) 해석
3) 그리스도 중심의 해석   4) 유형론적 해석(typology)
5) 우의적 해석(寓意, allegory)

8. 계시록 해석의 여덟 가지 기본 원리

1) 계시록은 정경正經으로서의 성경이다.(요20:31, 딤후3:15-17)

2) 계시록은 예수님을 중심으로 해석하여야 한다.(계1:1, 22:20-21)

3) 계시록은 교회 중심으로 해석하여야 한다.(계2장-3장, 계22:16)

4) 계시록은 역사를 바탕으로 예언과 계시와 상징과 비유를 해석하여야
한다.(계1:1-6)

5) 계시록은 사도 요한의 신학적 관점을 존중해서 해석하여야 한다.
(계21:8, 요한1서 2:22)

6) 계시록은 믿음의 행위를 강조하는 책이다.(계2:23, 22:12)

7) 계시록의 주제는 신정론이다.(계11:17-18, 20:12-13)

8) 계시록은 종말에 대한 완성된 계시를 말씀하고 있다.(계1:1, 22:18-19)

계시록과 역사

1.창세로부터 신구약 중간시대까지
2. 신구약 중간시대
3. 복음서부터 계시록까지의 역사

1. 창세로부터 신구약 중간시대까지

   B.C

1) 창조(?)

2) 족장시대의 인물

  (1) 아담으로부터 아브라함의 출생까지 1948년(B.C. 2166년)

  (2) 이삭의 출생(2066년)

  (3) 에서와 야곱의 출생(2006년)

  (4) 아브라함의 사망(1991년)

  (5) 요셉의 출생(1915년)

  (6) 이삭의 사망(1886년)

  (7) 야곱의 애굽이주(1876년)

  (8) 야곱의 사망(1859년)

  (9) 요셉의 사망(1805년)

3) 출애굽에서 사사시대까지

    (1) 모세의 출생(1557년)

    (2) 출애굽, 라암셋 출발(1446년)

    (3) 모세의 고별 설교(1406년)

    (4) 요단강 건넘(1405년) : 두 번째 우월절, 만나가 그침

    (5) 여호수아의 사망(1390년)

    (6) 사사시대의 시작(1375년)

    (7) 룻과 나오미(1117년)

    (8) 사무엘의 출생(1103년)

4) 사울부터 다윗까지

    (1) 사울치하의 통일 왕국 시대(1050년)

    (2) 다윗의 출생(1040년)

    (3) 사울의 전사와 다윗의 등극(1010년)

    (4) 다윗의 통일왕국(1003년) : 예루살렘 천도, 법궤 안치

    (5) 다윗의 죽음(970년)

5) 솔로몬 시대부터 왕국의 분열까지

    (1) 솔로몬의 등극(970년)

    (2) 성전 기공(966년)

    (3) 성전 완공 및 왕궁 기공(959년)

    (4) 솔로몬의 죽음(931년)

6) 통일 왕국의 분열에서부터 남 왕국 유다의 멸망까지

    (1) 통일 왕국의 분열(922년)

(2) 엘리야의 사역 시작(875년) : 오무리 왕조

(3) 엘리사의 사역 시작(848년)

(4) 요엘의 시역 시작(835년)

(5) 앗수르에 의해 북 이스라엘의 멸망(722년)

(6) 주전 8세기 예언자들 : 아모스, 요나, 스가랴, 호세아, 미가.

(7) 주전 7세기 예언자들 : 나훔, 스바냐, 예레미야, 하박국,

(8) 요시야왕의 종교개혁(622년)

(9) 다니엘이 바벨론에 포로로 끌려감(605년, 1차 포로)

(10) 2차포로(598년)

(11) 남 왕국 유다의 멸망(586년, 3차 포로)

  : 하박국의 예언 성취(합 1:5-11)

  : 스바냐의 예언 성취(습 1:8-18)

  : 예레미야의 사역 종결, 오바댜의 사역 시작

7) 바벨론 포로기와 귀환

  (1) 느브갓넷살의 사망(562년)

  (2) 바사의 고레스 즉위(559년)

  (3) 다니엘의 네 짐승 환상(550년, 다니엘 7장)

  (4) 다니엘의 사자굴(538년, 고레스의 1차 귀환 조서)

  (5) 1차 귀환(537년, 스2:1, 스룹바벨과 함께)

  (6) 성전 재건 작업 시작(536년)

  (7) 다니엘의 사망(530년)

  (8) 다리오의 바사왕 즉위(522년)

  (9) 학개 스가랴의 사역 시작, 성전 공사 재개(520년)

  (10) 제 2 성전 완공(516년, 스6:15, 스가랴의 사역)

(11) 아닥사스다의 2차 귀환 조서(458년, 스7:11, 2차 귀환, 에스라)

(12) 3차 귀환(444년, 느 2:9-11, 성곽 중수를 마침, 느헤미야)

(13) 말라기의 사역 시작(435년)

2. 신구약 중간시대

1) 페르시아 시대 : 450년 - 330년

2) 그리스(헬라) 시대 : 330년 - 166년

   (1) 알렉산더의 통치 : 336년 - 323년

   (2) 알렉산더 사후 과도기 : 322년 - 302년

   (3) 헬라 왕국이 4개의 왕조로 분열 : 301년

   (4) 프톨레미 왕조의 팔레스틴 통치 : 301년 - 199년

   (5) 셀류커스 왕조의 팔레스틴 통치 : 199년 - 163년

     : 유다에 대한 헬라화 정책(169년)

     : 에피파네스 4세의 유대인 핍박과 성전에 우상 설치(167년)

3) 마카비 독립전쟁 : 166년 - 160년

   : 마카비 혁명기 - 성전 숙정(164년)

4) 마카비 가문의 통치 : 160년 - 143년

5) 하스몬 독립 왕조 : 143년 - 63년

6) 로마 시대 : 63년 이후

7) 헤롯이 유다의 왕이 됨 : 37년

8) 세례 요한의 탄생 : A.D. 4년

3. 복음서로부터 계시록의 시대까지

1) 예수님의 탄생과 십자가와 부활(복음서와 교회시대의 시작)

  (1) 예수님의 탄생(마 2:11), 헤롯의 유아 학살(마 2:16-18) : A.D. 4년

  (2) 헤롯 대왕의 죽음

  (3) 복음서 시대 : 26-29년

  (4) 예수님의 죽음과 부활 승천 : 29년

  (5) 성령강림과 예루살렘 교회의 시작 : 29년

2) 사도 바울의 회심과 선교

  32   사울의 다메섹 회심 (행 9:1-9)

  35   바울의 예루살렘 1차 방문 (행 9:26, 갈 1:18)

  44   요한이 형제 야고보의 순교 (행 12:12), 베드로의 투옥 (행 12:4)

  45   대 기근 〈글라우디오 치하〉

  47-48   바울의 1차 선교여행 (행 13:1-14:28)

  49   예루살렘 공의회 (갈 2:1), 로마로부터 유대인 축출

  50-52   바울의 2차 선교여행 (행 15:36-18:23, 살전 1:56, 3:1-6)

  51   데살로니가 전.후서 기록

  53-58   바울의 3차 선교여행 (행 18:23-21:16)

          로마서 기록, 고린도전.후서 기록

  54   네로의 로마황제 즉위

  56   갈라디아서 기록

  58   바울 체포 (행 21:27-39)

59	베스도의 유다총독 부임, 바울의 로마여행 (행 27:1-28:15)
60	히브리서 기록
61	바울의 로마 투옥 (행 28:16, 엡 3:16, 엡 1:12)
62	야고보서 기록, 주의 형제 야고보의 순교, 에베소서 기록, 빌립보서 기록, 골로새서 기록, 빌레몬서 기록
63	바울 석방, 디모데를 권고하여 에베소 교회에 머물게 함(딤전 1:3) 디모데전서 기록

3) 로마정부의 교회에 대한 본격적인 박해의 시작

64	로마 대화재, 네로의 박해(1차 박해), 베드로전서 기록
66	유대인의 반란, 디모데후서 기록, 디도서 기록, 베드로후서 기록
67	바울의 순교
68	베드로의 순교
69	베스파시아누스의 아들 디도의 예루살렘 침입
70	예루살렘 함락, 산헤드린 공회 폐지
70-80	유다서 기록
81-96	도미티아누스의 박해(2차 박해)
90	요한복음, 요한서신(1, 2, 3서) 기록
95	요한의 밧모 섬 유배(계 1:6)
96	도미티아누스의 죽음, 요한계시록 기록
100	얌니아 회의, 요한 사도의 죽음

계시록의 주제

계시록의 연결된 구조와 요절을 통한 계시록의 주제 이해

1. 계시록의 구조

1) 둘로 나눌 때(1장 – 11장, 12장 – 22장)

2) 셋으로 나눌 때(과거 – 1장, 현재 2–3장, 미래 – 4장이후)

3) 7년 환난을 중심으로 넷으로 나눌 때

   (1) 예수 그리스도와 교회(1장 – 3장)

   (2) 전 3년 반(4장 – 8장)

   (3) 후 3년 반(9장 – 18장)

   (4) 예수님의 재림과 심판과 구원의 완성(19장 – 22장)

4) 아홉으로 나눌 때

   "이일 후에": Μετά τομτο(After this)나 Μετά ταμτα(After these things) 라는 용어를 중심으로

   (1) 서론에서부터 일곱 교회에 대한 말씀까지(1장 – 3장)

   (2) 천상의 예배와 어린 양 예수께서 여섯 인을 뗄 때까지(4장 – 6장)

   (3) 14만 4천 명의 주의 종들을 인칠 때까지(7장 1절 – 8절)

   (4) 큰 무리의 구원에서부터 다섯 번째 나팔 재앙이 끝날 때까지
     (7장 9절 – 9장 11절)

   (5) 여섯 번째 나팔부터 승리의 찬양까지(9장 12절 – 15장 4절)

   (6) 하늘의 증거 장막 성전이 열린 것부터 큰 음녀에 대한 심판까지

(15장 5절 – 17장 18절)

(7) 적그리스도적인 세상인 바벨론에 대한 심판(18장)

(8) 예수 그리스도의 재림과 사탄의 결박과 천년왕국까지(19:1–20:3a)

(9) 천년왕국 이후 풀려난 사탄에 대한 심판과 백보좌 심판

그리고 새 하늘과 새 땅(20:3b–22:21)

참고 : 그 외에 계시록에서 "이 일 후에"라는 용어가 쓰인 곳(1:19, 4:1)

2. 계시록의 성격과 주제

1) 사도 요한이 예수님의 계시를 받아 일곱 교회에 보낸 편지(계1:4)

2) 은혜의 복음(행20:24)과 영원한 복음(계14:6–7)

3) 음녀(계17:5)와 재림 주(계19:16)의 대결

4) 주님의 승리와 구원의 완성(21:6)

3. 세 가지 비밀

1) 교회의 비밀(계1:20, 2장–3장)

2) 구원과 심판의 비밀(계10:7, 11:15–19, 21:1–7, 22:1–5)

3) 음녀와 짐승의 비밀(계17:5–7, 계13장,17–18장)

4. 일곱 번의 전쟁

1) 충돌하는 두 세력

(1) 음녀와 바벨론 : 그의 이마에 이름이 기록되었으니 비밀이라, 큰 바벨
론이라, 땅의 음녀들과 가증한 것들의 어미라 하였더라(계17:5)

This title was written on her forehead: MYSTERY BABYLON
THE GREAT THE MOTHER OF PROSTITUTES AND OF THE
ABOMINATIONS OF THE EARTH.

(2) 예수 그리스도와 교회 : 그 옷과 그 다리에 이름을 쓴 것이 있으니 만
왕의 왕이요 만주의 주라 하였더라(계19:16)

On his robe and on his thigh he has this name written: KING OF
KINGS AND LORD OF LORDS.

2) 일곱 번의 전쟁

(1) 첫 번째 전쟁 : 붉은 말(계6:4) – 두 번째 인

(2) 두 번째 전쟁 : 유브라데 전쟁(계9:12 – 19) – 여섯 번째 나팔

(3) 세 번째 전쟁 : 두 증인과 짐승의 전쟁(계11:7)

　　　　　　　　– 순교와 휴거(계11:8–12)

(4) 네 번째 전쟁 : 미가엘과 마귀의 전쟁(계12:7–11)

　　　　　　　　– 짐승의 승리(13장)

(5) 다섯 번째 전쟁 : 아마겟돈 전쟁(계16:14,16)

(6) 여섯 번째 전쟁 : 짐승의 군대와 재림주의 군대와의 전쟁

　　　　　　　　(계19:19–20)

(7) 일곱 번째 전쟁 : 곡과 마곡의 전쟁(계20:7–10) – 마귀 심판(20:10)

5. 이긴 자와 이기는 자(성도)들의 일곱 가지 승리

1) 이긴 자

이기는 그에게는 내가 내 보좌에 함께 앉게 하여주기를 내가 이기고 아버
지 보좌에 함께 앉은 것과 같이 하리라(계3:21, 요16:33, 요19:19–20)

2) 이기는 자

(1) 이기는 자의 네 가지 정체성(17:14)

그들이 어린 양과 더불어 싸우려니와 어린 양은 만주의 주시요 만왕의 왕이시므로 그들을 이기실 터이요 또 그와 함께 있는 자들 곧 부르심을 받고 택하심을 받은 진실한 자들도 이기리로다.(계17:14)

(2) 승리의 3대 무기(어린 양의 피, 하나님의 말씀, 순교자의 믿음)

또 우리 형제들이 어린 양의 피와 자기들이 증언하는 말씀으로써 그를 이겼으니 그들은 죽기까지 자기들의 생명을 아끼지 아니하였도다.(계12:11)

3) 이기는 자에게 주어지는 축복

(1) 에베소 교회의 이기는 자(계2:7)

: 낙원에 있는 생명나무 열매를 줌

(2) 서머나 교회의 이기는 자(계2:11)

: 둘째 사망의 해를 받지 않음

(3) 버가모 교회의 이기는 자(계2:17)

: 감추었던 만나와 새 이름이 기록된 흰 돌을 줌

(4) 두아디라 교회의 이기는 자(계2:26-28)

: 만국을 다스리는 권세와 새벽별을 줌

(5) 샤데 교회의 이기는 자(계3:5)

: 흰옷을 주고 생명책에 기록된 이름을 지우지 않으며 하나님 앞과 천사들 앞에서 그 이름을 시인함,

(6) 빌라델비아 교회의 이기는 자(계3:12)

: 성전 기둥이 되게 하고 그 위에 하나님과 새 예루살렘의 이름과 주님

의 새 이름을 기록함

    (7) 라오디게아 교회의 이기는 자(계3:21)

      : 예수님의 보좌에 함께 앉게 함

    (8) 이기는 자는 하나님의 자녀가 된다(계21:7)

6. 계시록의 일곱 가지 복

1) 말씀을 읽는 자와 듣는 자들과 지키는 자들의 복(계1:3)

2) 주 안에서 죽는 자들의 복(계14:13)

3) 자기 옷을 지키는 자의 복(계16:15)

4) 어린 양의 혼인잔치에 청함을 받은 자의 복(계19:9)

5) 첫째 부활에 참여하는 자의 복(계20:6)

6) 두루마리의 예언의 말씀을 지키는 자의 복(계22:7)

7) 어린 양의 피에 두루마기를 빠는 자의 복(계22:14)

7. 네 번의 성령의 감동

1) 전체를 시작할 때(서론)

   : 영광 가운데 계신 주님을 보게 됨(계1:10-)

2) 본격적인 사건의 시작(본론)

   : 하늘의 보좌를 보게 됨(계4:2-)

3) 음녀와 바벨론에 대한 심판의 시작(결론1)

   : 광야에 있는 여저와 짐승을 봄(계17:3)

4) 거룩한 성 예루살렘과 새 하늘과 새 땅(결론2)

   : 하나님께로부터 내려오는 새 예루살렘을 보게 됨(21:10)

8. 세 번의 힘센 천사의 등장

1. 예수님이 심판주가 되실 때 대관식에서(계5:1-2)
2. 사도 요한이 두 번째 사명을 받을 때(계10:1-2)
3. 바벨론이 멸망당할 때(계18:21)

9. 성경에 나타나는 구원 역사의 완성

1) 창조의 완성(창2:1)
2) 속죄의 완성(요19:30)
3) 심판의 완성(계15:1, 16:17)
4) 구원의 완성(계21:6)

10. 예수님의 재림과 마지막 종말 사건에 대한 신학적 이해

1) 무천년설
   (1) 천지 창조 (2) 구약 시대 (3) 예수의 초림 (4) 신약시대(천년왕국)
   (5) 7년 환난(대배교, 대환난)
   (6) 예수 재림(부활 휴거, 아마겟돈 전쟁, 곡과 마곡의 전쟁)
   (7) 최후 심판(성도 - 천국, 불신자 - 지옥)

2) 후천년설
   (1) 천지창조 (2) 구약시대 (3) 예수의 초림 (4) 신약시대
   (5) 천년왕국 (6) 예수의 재림(대부활, 아마겟돈전쟁, 곡과 마곡의 전쟁)
   (7) 최후심판(성도 - 천국, 불신자 - 지옥)

3) 세대주의 전천년설

   (1) 천지창조 (2) 구약시대 (3) 예수의 초림 (4) 신약시대

   (5) 1차 공중 재림(성도의 부활과 휴거)

   (6) 7년 환난 후(공중혼인잔치, 지상재림, 아마겟돈 전쟁)

   (7) 천년왕국 후(곡과 마곡의 전쟁)

   (8) 최후 심판(성도 천국, 불신자 −지옥)

4) 역사적 전천년설

   (1) 천지창조 (2) 구약시대 (3) 예수의 초림 (4) 신약시대

   (5) 7년 환난

   (6) 예수의 재림(부활, 휴거, 아마겟돈 전쟁)

   (7) 천년왕국

   (8) 곡과 마곡의 전쟁

   (9) 최후 심판(성도 − 천국, 불신자 − 지옥)

정통과 이단

아홉 가지 사건으로 나누어 보는 계시록 전장 강해

– 이단들의 계시록 해석과 비교하여

1. 아홉 가지 사건으로 나누어 본 요한계시록

제 1 부 : 첫 번째 사건(1장 – 3장)

　재림하실 예수 그리스도와 교회

　1. 제 1장 : 예수 그리스도의 계시

　2. 제 2장 : 교회(1) : 에베소 서머나 버가모 두아디라

　3. 제 3장 : 교회(2) : 샤데 빌라델비아 라오디게아

제 2 부 : 두 번째 사건 (4장 – 6장)

　하늘나라의 예배와 심판 주 등극 예식과 인을 뗄 때 임하는 재앙

　1. 제 4장 : 하늘의 보좌와 예배

　2. 제 5장 : 심판주로 등극하시는 예수님

　3. 제 6장 : 복음 전파와 다섯 인을 뗄 때 천지에 임하는 다양한 재앙들

제 3 부 : 세 번째 사건(7:1-8)

　재앙과 환난 가운데 사명자인 주의 종들을 구별하여 인침

　1. 제 7장(1) : 인침을 받은 십사만 사천 명의 주의 종들

제 4 부 : 네 번째 사건 (7:9 – 9:11)

  세상 모든 나라와 백성 가운데 구원받은 성도들과 큰 환난의 시작

  1. 제 7장(2) : 구원받은 백성들의 모습과 하나님의 보호와 축복(7:9–17)

  2. 제 8장   : 성도들의 기도와 일곱 나팔 재앙 가운데 네 나팔의 재앙

  3. 제 9장(1) : 큰 환난의 시작

              – 세 가지 화禍 가운데 첫 번째 화(9:1–11)

           : 황충 재앙(다섯 번째 나팔 재앙)

제 5 부 : 다섯 번째 사건(9:12 – 15:4)

  영적 전쟁과 사명을 감당하는 교회와 사탄의 박해 그리고 승리의 노래

  1. 두 번째 화(9:12–21) : 유브라데 전쟁(여섯 번째 나팔 재앙)

  2. 목자와 교회의 사명

     1) 말세에 선택받은 목자의 사명(10장)

     2) 환난 중에도 감당해야 할 교회의 사명과 그리스도의 나라(11장)

  3. 교회에 대한 사탄의 핍박

     1) 하늘의 영광을 입은 교회와 붉은 용(사탄)의 등장(12장)

     2) 두 짐승(적그리스도와 거짓 선지자)의 등장과 짐승의 표 666(13장)

  4. 교회의 승리

     1) 어린 양 예수와 함께 시온 산에 있는 14만 4천 명의 주의 종들(14:1–5)

     2) 세 천사의 경고와 알곡과 포도송이의 두 가지 추수(14:6–20)

     3) 하나님의 보좌 앞에 있는 유리 바닷가에서의 승리의 노래(15:1–4)

제 6 부 : 여섯 번째 사건(15:5 – 17:18)

  증거 장막 성전과 여섯 대접의 재앙과 음녀의 멸망

  1. 증거 장막 성전과 마지막 재앙을 담당한 일곱 천사의 등장(15:5–8)

2. 온 세상과 공중에 임하는 마지막 재앙인 일곱 대접의 재앙(16장)

3. 음녀(로마의 타락한 거짓 종교와 문화)에 대한 심판과 멸망(17장)

제 7 부 : 일곱 번째 사건(18장)

1. 바벨론(하나님을 대적하는 로마의 정치권력)에 대한 심판과 멸망

제 8 부 : 여덟 번째 사건(19:1 − 20:3a)

1. 네 번의 할렐루야 찬양과 어린 양의 혼인잔치와 예수님의 재림(19:1−16)

2. 두 짐승(적그리스도와 거짓 선지자)에 대한 불 못 심판(19:17−21)

3. 천사에 의해 마귀가 천 년 동안 결박되어 무저갱에 갇힘(20:1−3a)

제 9 부 : 아홉 번째 사건(20:3b − 22장)

1. 천년왕국과 사탄과 산 자와 죽은 자 모두에 대한 흰 보좌 심판
   (20:3b−20:15)

2. 천국(1) : 새 하늘과 새 땅과 새 예루살렘 성(21장)

3. 천국(2) : 생명수가 흐르는 천국 − 아멘! 주 예수여, 오시옵소서!(22장)

부록 (1)

1. 일곱 별과 일곱 금 촛대(계1:19-20)
2. 낙원(계2:7)과 천년왕국(계20:4-6)과 새 하늘과 새 땅(계21:1-6)
3. 음부(계1:18)와 무저갱(계9:1)과 불 못(계20:14-15)
4. 주의 사자들과 교회들(계2장과 3장)
5. 하늘 보좌와 네 생물과 24장로와 천사들(계4장과 5장)
6. 일곱 인의 역사(계6장)
7. 인침 받는 주의 종들(계 7: 3, 21:10, 22:9)과 성도들(계8:3)
8. 14만 4천(계 7:1-8,14:1-5, 약1:1)과 흰 옷 입은 큰 무리(7:9)
9. 일곱 나팔의 재앙(8장 - 9장)
10. 작은 두루마리(계10:2)와 요한의 사명(계10:11)
11. 두 감람나무와 두 촛대와 두 증인의 정체와 그들의 사명(계11:5-7)
12. 부활과 휴거(계11:11-12)
13. 아이를 낳은 여자의 정체(계12:1-2)와 마귀(계12:9)
14. 두 짐승(계13:1, 11, 16:13,19:19-20)
15. 666의 의미(계13:17-18)
16. 마지막 재앙의 준비와 증거장막성전(계15장)
17. 일곱 대접 재앙의 대상과 심판(계16장)
18. 음녀(계 17장)
19. 바벨론(계18장, 벧전 5:13)
20. 예수님의 재림과 어린 양의 혼인잔치와 두짐승 심판(19장)
21. 천년왕국(계20:4-6)과 마지막 심판(계20:11-15)
22. 새 예루살렘과 새 하늘과 새 땅(계21-22장)

부록(2) 3대 7중 재앙의 구조(6장, 8–9장, 16장)

순서	재앙의 순서와 내용						
	1	2	3	4	5	6	7
일곱인 6장	첫째인 (2) 흰말 복음의 전파 심판의 시작	둘째인 (3) 붉은말 전쟁	셋째인 (5, 6) 검은말 기근	넷째인 (7, 8) 청황색말 질병1/4 죽음사탄의 역사	다섯째 인 (9–11) 순교자와 그들의 탄원,	여섯째 인 (12–17) 우주적 재앙 (해, 달, 별, 하늘, 땅)	일곱 번째 인 8장 1절 일곱나팔 재앙의 시작
일곱 나팔 8–9장	첫째 7: 7 땅1/3 피섞인 우박과 불	둘째 8–9 바다1/3 불붙는 큰산	셋째 10,11 강1/3 불같이 타는 큰별	넷째 7:12 해달별1/3 낮과 밤의 어두움	다섯째 9:1–11 첫째 화 사탄에 의한 황충재앙 큰환난의 시작	여섯째 9:13–21 둘째 화불, 연 기 유황의 전쟁재앙	일곱째 11:15 16:2 그리스도의 나라, 일곱대접 (셋째화)
일곱 대접 16장	첫째 2 우상 경배한 자들 종기	둘째 3 바다 피	셋째 3–7 강 물근원 피	넷째 8–9 해 크게 태움	다섯째 10–11 짐승의 보좌 어둠과 종기	여섯째 12–16 유브라데 아마겟돈 전쟁	일곱째 17–21 바벨론 심판 (17–18장) 재앙의 마침

3대 7중 재앙의 내용과 시기에 대한 해설

1. 승천하신 예수님이 하늘에서 심판주로 등극하시고 인을 떼시면서 부터 온
세상에 복음이 본격적으로 전파되는 동시에 세상에 대한 본격적인 심판(전
쟁, 기근, 각종 질병과 적그리스도인 권력자와 거짓 선지자들의 등장과 천재
지변으로 땅 사분의 일이 재앙을 당함)도 시작되었다. 이 시기는 두 번째 인
을 뗄 때부터 시작되어 일곱 번째 인을 뗄 때 계속되는 일곱 번의 나팔 재앙

가운데 네 번째 나팔의 시기까지 계속된다. 다섯 인의 재앙에서 이미 폐허가 된 땅 사분의 일을 제외한 나머지 땅의 사분의 삼 가운데 삼분의 일이 나팔이 계속 울리면서 하나님의 심판으로 다시 폐허가 되어 땅 전체의 이분의 일이 완선히 폐허가 된다. 이 시기를 예수님은 재난이 시작되는 시기라고 하셨다.(마24:8)

2. 일곱 번 나팔이 울리는 시기 가운데 다섯 번째 나팔이 울릴 때부터 여섯 번째 나팔이 울릴 때까지 사탄과 그 추종세력들(적그리스도와 거짓 선지자)의 교회와 성도들에 대한 본격적인 핍박은 더 심해지는데 이 시기가 교회가 당하는 가장 큰 환난의 시기이다. 이 시기의 마지막에는 교회가 거의 없어져 버리고 많은 주의 종들과 성도들이 순교하게 된다. 이 시기를 계시록에서는 마흔 두달 혹은 1,260일 또는 한때 두때 반때라고 표현하고 있다. 이때를 예수님께서는 큰 환난의 시기라고 하셨다.(마24:21)

3. 마지막 일곱 번째 나팔이 울리면 미듬을 지키다가 순교한 주의 종들과 성결한 성도들은 휴거攜擧하게 되고 교회와 성도들을 핍박하던 음녀와 베벨론으로 상징되는 적그리스도의 세력은 일곱 대접의 재앙으로 완전히 멸망하게 된다. 그 내용은 계시록 16장부터 18장까지의 내용이며 이것을 계시록에서는 마지막 재앙이라고 한다.(계15:1)

4. 계시록 해석에서 혼란을 느끼는 가장 큰 이유는 다섯 번째 나팔 재앙과 여섯 번째 나팔 재앙과 일곱 대접의 재앙을 모두 세 가지 화禍로 표현하기 때문이다. 일곱 인과 일곱 나팔 가운데 여섯 나팔까지의 시기에는 교회가 포함되어 있으나 일곱 대접의 재앙에는 교회와 성도들이 포함되어 있지 않기 때문에 이 세 가지 화 가운데 인의 재앙과 나팔 재앙 그리고 대접 재앙은 구별해서 보아야 한다. 그래야 하나님의 궁극적인 심판의 대상은 사탄과 적그리스도와 거짓 선지자와 그 추종 세력이고 하나님의 구원의 대상이 신실한 하나님의 종들과 성결한 하나님의 백성들인 것을 알게 된다. 하나님의 사랑은 궁

극적으로 악에 대한 철저한 심판과 신실한 주의 종들과 성도들에 대한 구원이 이루어지는 완전한 정의 실현으로 완성된다. 계시록의 가장 큰 주제는 신정론神正論이다.

5. 두 번째 인을 뗄 때부터 시작되어 일곱 나팔 가운데 네 번째 나팔까지의 재앙은 악이 가득한 세상에 대한 하나님의 심판으로 일어나는 재난이 시작되는 기간이다. 일곱 나팔의 재앙 가운데 다섯 번째와 여섯 번째 나팔의 재앙은 적그리스도에 의해 교회가 당하게 될 가장 큰 환난의 시기이다. 그리고 마지막 나팔인 일곱 번째 나팔이 울릴 때 순교한 주의 종들과 성결한 성도들이 휴거하게 되면서 시작되는 일곱 번의 대접 재앙은 예수님의 지상 재림 이전 모든 악의 근원인 적그리스도와 거짓 선지자와 그들을 추종하던 모든 666세력에 대한 결정적인 심판인 마지막 재앙이다. 이렇게 마지막 시대에 대한 성경에서 말씀하는 이 세 시기(재난의 시작 – 큰 환난 – 마지막 재앙)를 바르게 구별할 줄 알아야 우리들은 마지막 시대의 징조와 우리가 살아가는 때를 분별하고 예수님의 재림을 준비하게 된다.

부록(3) 관련된 성경 본문들을 통한 계시록 본문 이해

1. 축도(1:4) : 고후13:13

2. 속죄(1:5) : 히9:12

3. 구름(1:7) : 마24:30, 26:64(하늘 구름)

4. 성령의 감동 : 1:10(서론), 4:2(본론), 17:3(결론1), 21:10(결론2)

5. 교회(1:20): 엡2:20

6. 하늘의 열린 문(4:1) : 창28:16-17, 겔1:1, 마3:16

    하늘들 - 창1:1(heaven, universe, sky)

7. 24장로(4:4) : 요한1서1:1

8. 일곱 영(4:5) : 사11:1

9. 네 생물(4:6) : 겔1:10, 여섯 날개(사6:2-3)

10. 힘 있는 천사(5:2, 10:1, 18:21)

11. 붉은 말(6:4) : 겔 5:12

12. 검은 말(6:5) : 암8:11

13 : 감람유와 포도주(6:6) : 남은 은총, 보리추수 밀추수 감람나무 추수,

14. 청황색 말(6:8) : 악성질병 혹은 종교적 혼합주의(요한1서2:21-23)

15. 인침(7:3)

    1) 성령의 인침(엡1:13-14, 4:30)

    2) 짐승의 표(13:16-18, 악령을 받음 - 딤전4:1)

16. 영적 이스라엘(7:4) : 약1:1

17. 흰 옷(7:9) : 계16:15, 19:8

18. 환난의 구분

    1) 성도들이 포함된 환난의 시기

      : 예수 재림 전에 있는 여섯 번째 나팔까지의 모든 환란

2) 환난의 구분

    : 재난의 시작(마24:80, 큰 환란(마24:21-22), 마지막 재앙(계15:1)

3) 성도들이 포함되지 않은 환난의 시기

    : 일곱 대접의 재앙(계16장)

19. 모든 성도들의 기도(계8:3-4), 향(출30:34-38)

20. 네 나팔(8:7-12) : 땅과 공기의 오염, 바다, 강(쑥 : 렘9:13-16),

    해(하나님의 영광, 진리) 달(성도) 별(목회자들)

    해 - 신약성도, 달 - 율법성도, 별 - 율법 이전 성도

21. 큰독수리(8:13) : 신명기32:10-12

22. 무저갱(9:1)

    : 무저갱(유1:6), 음부(계1:18), 지옥(벧후2:4, 막9:43, 47-48)

23. 황충(9:3, 귀신의 영, 탐욕) : 요엘1:3-7, 고전6:10, 딤후3:1-7

24. 입과 꼬리(9:19) : 꼬리(사9:14-16)는 거짓 선지자(살후 2:8-12)

25. 인봉하고(10:4) : 벧후3:15-18(억지로 풀지 말라)

26. 먹으라(10:9) - 신6:4-9, 시19:7-10, 시107:8-9

27. 42달, 1260일(11:2-3) : 단9:25-27, 단7:25

28. 두 감람나무(11:4) : 슥4:2-3, 11-14, 증인 - 신17:6-7

29. 짐승(11:7) : 단7:3, 16-20

30. 교회의 환난(11:9-10) : 히11:35-38,

31. 부활과 휴거(11:11-12) : 고전15:51-58, 살전4:14-17,

32. 그 때(11:13) : 마24:36, 암3:7, 살전 5:1-6,

33. 사탄(12:9) : 사14:12-15, 겔28:13-17

34. 바다(큰 물) - 계17:1, 17:15, 시69:13-15

35. 책(13:8)

    : 생명책과 행위책(계20:12), 기념책(말3:16), 구원계획서(계5:1)

36. 짐승의 표666(13:17-18)

    1) 짐승은 사람(13:18)

    2) 받는 대상이 제한됨(계13:16-18, 계6:15와 비교)

37. 시온 산(14:1) : 미가4:1-2, 시84:5-7, 히12:22-24

38. 속량(14:3) : 엡1:7

39. 흠(14:5) : 벧후2:12-14

40. 모세의 노래(15:3) : 출15:1-18.

41. 일곱 번째 대접(공중16:17) : 공중의 권세 잡은 자 마귀(엡2:2)

42. 음녀(17:1) : 나훔3:4-7(니느웨), 17:18, 17:15,

    : 음녀 문화(정신세계) : NEW AGE 운동─종교적 혼합주의

43. 자줏빛과 가증한 것과 잔(17:4)

    1) 자줏빛은 파랑과 빨강의 혼합색(종교 혼합주의)

    2) 가증한 것은 우상(신7:25-26)

    3) 잔은 인생의 그릇(시23:5)

44. 일곱 머리와 열뿔(17:3)

    1) 일곱 머리는 일곱 황제(17:9-10)

    2) 열 뿔은 열왕(17:12, 열 발가락, 단2:41-42)

45. 바벨론(18:2) : 벧전5:13 - 바벨론의 문명(물질의 영역)

46. 성별의 요구(18:4) : 렘51:45, 고후6:17

47. 거문고(18:22) : 렘25:10

48. 어린 양의 혼인잔치와 흰 옷(계19:8)

    1) 그릇에 기름을 사서 준비(마25:9, 계3:18)

49. 철장(19:15) : 시2:9

50. 큰 잔치와 새들(19:17) : 겔39:17-20

51. 천년왕국(20:4-6)

1) 무천년설 - 신약교회시대

2) 후천년설 - 천년왕국 후에 예수 재림(교회의 황금시대)

3) 세대주의 전천년설 : 환난 전 휴거(7장)

4) 역사적 전천년설 - 환난 후 휴거(19장)

5) 환난 중 휴거(11장)

52. 살아서(20:3, came to life)

53. 그 천 년(20:5, The thousand)

54. 첫째 부활(20:5)

1) 부활의 순서(고전15:22-26)

55. 둘째 사망(계2014, 21:8)

1) 죽은 자의 사후상태(눅16:19-31)

2) 천년왕국에서 왕 노릇 하는 자들(계20:4-6)

56. 곡과 마곡(20:7)

1) 노아의 손자(창10:2), 두발 왕 곡(겔38:1-3, 39장)

57. 생명수(22:1) : 겔47:1-5

58. 개(22:15) : 사56:10-12, 빌3:1-2

읽으면 이해되는 요한계시록

초판 인쇄 2016년 01월 21일
초판 발행 2016년 01월 27일

지은이 손법상
발행인 윤석현
발행처 박문사
등 록 제2009-11호

주 소 서울시 도봉구 우이천로 353 성주빌딩 3F
전 화 (02) 992-3253 (대)
전 송 (02) 991-1285

전자우편 bakmunsa@daum.net
홈페이지 http://www.jncbms.co.kr
책임편집 김선은

ISBN 978-89-98468-85-9 03230   정가 22,000원